Sigrid-Maria Größing

Sisi

und ihre Familie

UEBERREUTER

Für Guki und Willi, Eva und Peter

Alle verwendeten Abbildungen stammen aus dem
Bildarchiv der ÖNB, Wien.

ISBN 978-3-8000-3857-2

Covergestaltung: Martin Gubo
Coverfoto: Bildarchiv der Österreichischen Nationalbibliothek

Druck: Druckerei Theiss GmbH, A-9431 St. Stefan
6 8 10 11 9 7 5

Ueberreuter im Internet: www.ueberreuter.at

Inhalt

Vorwort

Ihre bayerische Familie, in die sie hineingeboren war, nahm im Gegensatz zu der habsburgischen, die sie »erheiratet« hatte, einen wichtigen Platz im Leben Kaiserin Elisabeths ein. Im Kreise ihrer Eltern und Geschwister fühlte sie sich geborgen, nach Possenhofen am Starnberger See oder in das Stadtpalais nach München kam sie, wenn sie die Atmosphäre am Wiener Kaiserhof zu erdrücken schien. Vater Max in Bayern und Mutter Ludovika sowie ihre drei Brüder und vier Schwestern standen ihrem Herzen so nahe wie nur noch ihre jüngste Tochter Marie Valerie. Ihre beiden anderen Kinder, Gisela und Rudolf spielten für Sisi eine Nebenrolle, die sich erst nach dem tragischen Tod ihres Sohnes ändern sollte.

Sisi war durch und durch eine bayerische Prinzessin, die vielleicht in der oberbayerischen Heimat, in die sie immer wieder zurückkehrte, ein erfülltes Leben hätte führen können, die aber wenig geeignet war, Kaiserin von Österreich zu werden. Nach dem persönlichen Glück fragte man aber zu dieser Zeit wenig, wenn es galt, vorteilhafte Heiraten abzuschließen. Daher schien es für die Mutter Sisis, für Herzogin Ludovika ein vorteilhafter Zufall zu sein, als der Kaiser von Österreich sein Herz für Elisabeth entdeckte und ihr seine Hand anbot. Dass Franz Joseph, der seine Frau zwar bis zu deren tragischen Tod über alles geliebt hatte, nicht der Mann war, der eine Elisabeth verstehen und glücklich machen konnte, war keine Überlegung wert gewesen. Die Ehe zwischen den beiden ist bis heute vielfach untersucht und interpretiert worden, wobei die Ergebnisse von der Betrachtungsweise und dem historischen Hintergrund der Autoren abhängen. Dass in dieser komplizierten Zweierbeziehung gerade der Mutter Franz Josephs eine entscheidende Bedeutung zukommt, ist nicht abzuleugnen. Aber nur wenn man das Schicksal dieser intelligenten, politisch äußerst interessierten Frau beleuchtet, die ebenfalls eine bayerische Prinzessin war, kann man viele Gründe für ihr Handeln Sisi gegenüber verstehen.

Dieses Buch soll nicht nur die Bedeutung der engeren Familie für die Kaiserin darlegen, es soll auch die Beziehung zur königlich bayeri-

schen Verwandtschaft wie zu König Ludwig I. und König Ludwig II. aufzeigen, deren Lebenswege sich immer wieder mit der Possenhofener Familie kreuzten.
Nicht alle Geschwister Elisabeths waren für die Geschichte bedeutungsvoll. Daher war eine gewisse Beschränkung auf die Brüder und Schwestern der Kaiserin angebracht, die sowohl für das Leben Elisabeths als auch für die Nachwelt interessant sind. Sisis Schwester Mathilde, die mit dem Grafen Trani, einem Bruder des Exkönigs von Neapel, verheiratet war und der Bruder Max Emanuel, der die Prinzessin von Sachsen, Coburg und Gotha, Amalie geheiratet hatte, werden daher nur im Vorwort erwähnt. Ebenso ist Herzog Max und Herzogin Ludovika kein eigenes Kapitel gewidmet, da ihr Leben innig mit den Schicksalen ihrer Kinder verknüpft ist und der Leser auf diese Weise sich ein Bild über den Charakter der Eltern Sisis machen kann.
Da das Buch kein wissenschaftliches Werk darstellt, sondern der Unterhaltung der Leser dienen soll, wurde auf Fußnoten bei den Zitaten verzichtet, Hinweise auf die Autoren befinden sich im Literaturverzeichnis, das eine Auswahl der wichtigsten verwendeten Literatur bringt.

Großgmain, Juni 2005 Sigrid-Maria Größing

Sisi und ihre Kinder

Sophie, Gisela, Rudolf, Marie Valerie

Als sich der junge, gut aussehende Kaiser von Österreich Franz Joseph Hals über Kopf in die frische, unkomplizierte 15-jährige Tochter des Herzogs in Bayern Elisabeth in Ischl verliebte, konnte er nicht ahnen, dass ihr gemeinsames zukünftiges Leben, das er sich – trotz seiner an und für sich nüchternen Art – rosig ausmalte, zu beiderseitigen jahrelangen Enttäuschungen führen sollte. Die Liebe hatte Franz Joseph wie ein Blitz aus heiterem Himmel getroffen, sodass keine Macht der Welt ihn von seinem Entschluss abbringen konnte. Auch nicht seine Mutter, die in ihrer Menschenkenntnis, aber auch mit ihren fixen Vorstellungen von einer Kaiserin mit allen Mitteln versuchte, den Sohn von seiner Wahl abzuraten. Nie zuvor hatte sich der junge Kaiser gegen die Pläne der »lieben Mama« gestellt, jetzt aber erklärte er der erstaunten Erzherzogin rundheraus, er werde Sisi und keine andere zur Frau nehmen.

Vielleicht hatte Franz Joseph damals in Ischl einen lebensentscheidenden Fehler begangen, indem er seine Mutter vor die vollendete Tatsache gestellt hatte. Er hätte sich vor Augen führen müssen, dass sie es gewesen war, die bisher alle Fäden im Hintergrund gezogen, die ihn von Kindesbeinen an zum Herrscher erzogen hatte und durch deren Verzicht er mit 18 Jahren zum Kaiser gekrönt worden war. Ihre Lebenserfahrung hätte er ins Kalkül ziehen müssen, aber die Liebe hatte ihn blind gemacht, sodass er jetzt in dieser wohl sehr persönlichen, aber auch dynastisch so wichtigen Frage die Bevormundung durch seine Mutter mit allem Nachdruck ablehnte und seinen Wunsch durchsetzte.

Dabei hatte er gewusst, dass Sisi in einem bunten, beinahe bohemienartigen Elternhaus aufgewachsen war, ganz anders als die Prinzessinnen, die er bisher gekannt hatte. Frei von Standesdünkel und Etikette hatte sie ihre Neigungen völlig frei entfalten können, sie kannte keine starren Regeln und keine auferlegten Zwänge.

Vielleicht hatte den Kaiser in Ischl gerade die frische herzliche Art Elisabeths so fasziniert, ihn, der nach den unbeugsamen Regeln des spanischen Hofzeremoniells erzogen worden war. Das romantische Abenteuer mit dem reizenden Mädchen sollte für ihn ein ganzes Leben andauern und er überlegte viel zu wenig, dass alles, was ihm im Salzkammergut so an Sisi gefallen hatte, eigentlich keinen richtigen Platz am reglementierten Wiener Kaiserhof hatte. Sisi war noch jung, und daher war Franz Joseph felsenfest davon überzeugt gewesen, dass sie die Regeln der Etikette, die für eine Kaiserin unerlässlich waren, in kurzer Zeit annehmen würde.
Für die junge Sisi begann das völlig andere Leben, das ihr nach kurzer Zeit unerträglich erscheinen sollte, schon am Hochzeitstag. Wahrscheinlich war sie bei dem hingehauchten »Ja«, das sie auf immer mit Franz Joseph verband, nicht sicher, ob sie diesem Mann wirklich fürs restliche Leben angehören wollte. Alles rundherum war für sie seit den Tagen von Ischl viel zu schnell gegangen, sie war gleichsam in einen Strudel geraten, aus dem es kein Entrinnen gab. Sie war weder geistig noch körperlich reif, um an der Seite des Kaisers von Österreich, einem der mächtigsten Männer der damaligen Zeit, als Ehefrau den Platz einzunehmen, den man von ihr forderte. Sie war ein kindliches, verspieltes Mädchen, als sie in Wien angekommen war, das sich von der Zukunft wenig Vorstellungen gemacht hatte. Durch ihr »Ja« in der Augustinerkirche war sie plötzlich zu einer Frau geworden, die in Rang und Stellung in Europa ihresgleichen suchte.
Es war zu viel für die kleine Sisi, was man ihr schon in den ersten Wochen und Monaten zugemutet hatte. Völlig unaufgeklärt war sie in die Ehe gegangen und hatte deshalb wahrscheinlich von allem Anfang an eine Abneigung gegen alles Sexuelle entwickelt, obwohl sich Franz Joseph seiner jungen Ehefrau gegenüber bewundernswert rücksichtsvoll verhielt. Er, der von so genannten »hygienischen Damen« schon längst in die Praktiken der Liebe eingeführt worden war, liebte seine junge Frau viel zu sehr, um sie in der ersten gemeinsamen Nacht schockieren zu wollen. Viel später, als über die seltsam unglückliche Ehe der beiden gesprochen und geschrieben wurde, gab man für so manches dem Kaiser die Schuld. Man warf ihm vor, sich nicht genügend hinter Sisi gestellt zu haben, aber alle Kritiker vergaßen und vergessen, dass Franz Joseph ein Leben lang Elisabeth

gegenüber ein feinfühliger Mann gewesen sein muss, der sich selbst in der Hochzeitsnacht so beherrschen konnte.
Die Flitterwochen, die Sisi in dem düsteren Schloss Laxenburg verbrachte, waren alles andere als das, was sie sich in ihren Jungmädchenträumen ausgemalt hatte. So sehr Franz Joseph auch in seine kleine Frau verliebt war, konnte er sich doch nicht entschließen, diese erste und wichtige Zeit der Ehe in trauter Zweisamkeit mit ihr zu verbringen. Sein Pflichtbewusstsein verbot ihm dieses kurze private Glück, er ließ seine junge Frau den ganzen Tag über allein und lieferte sie dadurch der »lieben Mama« aus, die in Sisi nichts anderes als ein unfertiges, unreifes Kind sah, das erst zur Kaiserin erzogen werden musste. Erzherzogin Sophie erkannte dabei in ihrem Übereifer nicht, dass die Schwiegertochter, die zugleich ihre Nichte war, aus ganz anderem Holz geschnitzt war als ihr eigener Sohn. Das ungestüme Blut ihres Vaters rollte in ihren Adern und revoltierte schon sehr bald gegen alles und jedes, was die Schwiegermutter anordnete und befahl. Sisi hatte einen ausgeprägten Willen und den würde die »böse Frau«, wie sie die Mutter ihres Mannes bald heimlich nannte, nicht brechen!
Wenn es dann Abend wurde und Franz Joseph endlich nach Laxenburg zurückkehrte, konnte er sich die Stimmungen seiner jungen Frau kaum erklären. Freudestrahlend fiel sie ihm um den Hals um im nächsten Augenblick in Tränen auszubrechen. Anfangs hielt sich Sisi mit Klagen über die Schwiegermutter ihm gegenüber noch zurück, aber je mehr Zeit ins Land zog, umso öfter beschwerte sie sich über die ständigen Nörgeleien der Erzherzogin. Wie sollte sich der Kaiser verhalten? Er liebte seine junge Frau zwar abgöttisch, aber er liebte auch von klein auf seine Mutter. Daher konnte er sich nicht vorstellen, dass die »liebe Mama« etwas unternahm, was Sisi so sehr in Rage bringen konnte. Und schließlich gab es gewisse Dinge, die zu den Aufgaben einer Kaiserin zählten und die erfüllt werden mussten. Warum sträubte sich Sisi immer wieder vehement, mit ihm im offenen Wagen durch Wien zu fahren und sich dem Volke zu zeigen? Selbst Franz Joseph konnte nicht verstehen, dass ihr das Angestarrt-, ja, das Zurschaugestelltwerden in tiefster Seele zuwider war. Der Kaiser war stolz auf seine bezaubernde Frau und jeder sollte sehen, wie schön die Kaiserin war.
Was für Franz Joseph eine Selbstverständlichkeit zu sein schien, wur-

de für Sisi zum Martyrium. Es musste nicht viel Zeit vergehen, bis sie instinktiv erkannte, dass sie für das Leben am Wiener Kaiserhof und für ihre Rolle als Kaiserin nicht geschaffen war. Als ihr aber die Augen aufgegangen waren, war es längst zu spät. Dabei liebte sie Franz Joseph in den ersten Ehejahren wahrscheinlich wirklich, wenngleich sie kaum sexuelle Gefühle für ihn empfand, da jedes normale Sexualleben immer wieder zu einer neuerlichen Schwangerschaft führte. Und dieser Zustand war für die figurbewusste Kaiserin ein Albtraum. Daher versuchte Sisi mit allen nur erdenklichen Mitteln dem körperlichen Kontakt mit ihrem Ehemann aus dem Wege zu gehen, nachdem endlich der Kronprinz im Jahr 1858 in der Wiege lag. Ihrer Meinung nach hatte sie durch die Geburt von Rudolf den Weiterbestand der Dynastie gesichert und fand keinen Grund mehr, weitere körperliche Beziehungen zu Franz Joseph zu suchen. Wie der Kaiser auf diese Weigerungen seiner geliebten Frau reagierte, ist nicht bekannt, aber er war Sisi gegenüber tolerant und erfüllte ihr jeden auch noch so extravaganten Wunsch.

Elisabeth und Franz Joseph führten in jeder nur erdenklichen Hinsicht ein völlig unterschiedliches Leben, sodass sich wahrscheinlich schon sehr bald eine Barriere zwischen ihnen aufbaute. Sie hatten weder Gemeinsamkeiten noch eigentliche Gesprächsthemen, selbst die Kinder waren nur ein loses Band zwischen ihnen. Franz Joseph war Kaiser mit Leib und Seele, er regierte im Stil eines Beamten die riesige Monarchie, streng nach einem teilweise von seiner Mutter ausgearbeiteten Konzept, ohne Visionen. Er fühlte sich als erster Diener seines Reiches, und das hieß für ihn: Arbeit am Schreibtisch von früh bis spät. Freizeit und Müßiggang hatten in seinem Tagesprogramm keinen Platz, auch nicht Stunden zu zweit, wie sie sich Elisabeth sehnlichst wünschte. Seine junge Frau dagegen hatte nichts zu tun und sie suchte sich auch keine Beschäftigung, sodass es höchstwahrscheinlich kaum interessante Themen in den wenigen Stunden, die beide gemeinsam verbrachten, gab. Erst als Elisabeth sich in die Krankheit flüchtete, als sie Wien verließ, gingen Franz Joseph die Augen auf. Doch da war es viel zu spät. Sie hatten sich längst auseinander gelebt.

Ein gemeinsames Leben führen konnten sie nicht mehr, das hieß aber nicht, dass sie sich nicht mehr liebten. Als Franz Joseph vor Ort im Kriegsgeschehen in Oberitalien war, schrieb ihm seine Frau die

Elisabeth und Franz Joseph als junges Kaiserpaar

besorgtesten Briefe, voller Sehnsucht und Mitgefühl. Er war weit weg und in Gefahr. Schon hier zeigte sich, wie das Verhalten der beiden in Zukunft sein sollte. Sie liebten einander aufrichtig und innig, wenn sie getrennt waren. Kaum waren sie gemeinsam am Wiener Kaiserhof, tat sich zwischen ihnen eine unüberbrückbare Kluft auf.

Während ihres Genesungsaufenthalts auf der Atlantikinsel Madeira wurde Elisabeth bewusst, dass sie nie mehr für längere Zeit in Wien bleiben wollte. Sie vermisste nichts und niemanden, nicht einmal ihre beiden Kinder Gisela und Rudolf, am allerwenigsten ihren Ehemann. Madeira war gleichsam der Beginn eines neuen Lebens. Als sie gesund und noch schöner als je zuvor nach Wien zurückkehrte, da konnte Franz Joseph nicht ahnen, dass Sisi nur noch kurze Intermezzi in Wien geben würde, dass er die restlichen Jahre seines langen Lebens damit verbringen würde, seine Frau, die irgendwo in der Fremde weilte, herbeizusehnen. War man dann für einige Wochen wieder vereint, machte sich die übliche Kälte zwischen ihnen breit, die zu einer baldigen neuerlichen Abreise der Kaiserin führte.

Es war wahrscheinlich das schlechte Gewissen, das Elisabeth veranlasste für Franz Joseph eine Unterhalterin zu suchen. Und als Sisi bei einem gemeinsamen Theaterbesuch entdeckte, dass ihr Gemahl die junge Schauspielerin Katharina Schratt nicht aus den Augen ließ, stellte sie den Kontakt zwischen dem Kaiser und der Burgschauspielerin her. Sie lud die Schratt, die schon bald bei Hofe die Bezeichnung »gnädige Frau« erhalten sollte, ein, sodass es nicht ausbleiben konnte, dass man sich über diese seltsame Dreierbeziehung wunderte. Vor allem die Kinder lehnten die Begleitern ihres Vaters auch nach dem tragischen Tod Elisabeths vehement ab.

Die Verbindung des Kaisers zu der Schauspielerin ist bis heute nicht ganz geklärt, es ist aber anzunehmen, dass es bei keiner platonischen Freundschaft geblieben ist, denn dies wäre bei einem leidenschaftlichen einsamen Mann auch kaum denkbar. Denn außer mit Katharina hatte der Kaiser nachweislich nicht nur eine langjährige Affäre mit einer gewissen Anna Nahowski, sondern auch zwei Kinder mit ihr.

Elisabeth wusste ihren Mann im Bett gut versorgt, nun konnte sie frank und frei und ohne allzu schlechtes Gewissen weiter auf Reisen gehen, nachdem im Jahr 1868 noch das »ungarische Kind« geboren worden war. Sie hatte nach dem Ausgleich mit Ungarn, zu dem sie wesentlich beigetragen hatte, und nach der Krönung in Budapest zur Königin von Ungarn die ehelichen Beziehungen zu ihrem Mann für kurze Zeit wieder aufgenommen. Das Resultat ließ nicht lange auf sich warten: Sisi erwartete ihr viertes Kind, von dem sie felsenfest glaubte, dass es wieder ein Sohn werden würde. Und dieser sollte in Budapest zur Welt kommen und nach dem ungarischen Nationalheiligen, dem heiligen Stefan, benannt werden. Ungarn sollte einen eigenen König bekommen!

Aus dem »König« wurde eine Erzherzogin, die zwar nicht das Herz der Ungarn eroberte, wohl aber das Herz der Mutter, die über die Liebe zu ihr ihre beiden anderen Kinder vergaß. Denn sie gab nach der Geburt von Marie Valerie allgemein bekannt, dass sie diese

Tochter allein aufziehen wollte, ohne Einfluss der Großmutter. Marie Valerie war für sie »die Einzige«!
Die früh verstorbene Sophie, Gisela und Rudolf hatten niemals die Chance gehabt, der Mutter besonders nahe zu stehen, denn schon nach dem ersten Schrei in der Wiege hatte die Schwiegermutter rundheraus erklärt, dass Elisabeth viel zu jung wäre um Kinder zu erziehen – war sie doch in den Augen der Erzherzogin selber noch ein halbes Kind.
Ganz Unrecht hatte die Mutter des Kaisers wahrscheinlich nicht, wenn sie der blutjungen Sisi, deren Lieblingsspielobjekt ein Papagei war, die Aufgaben einer Mutter nicht zutraute. Was Erzherzogin Sophie allerdings bei ihren dynastischen und politischen Überlegungen nicht bedachte, war die Tatsache, dass ihre verspielte Schwiegertochter in ihre Rolle als Mutter sicherlich hineingewachsen wäre, hätte sie dazu die Möglichkeit gehabt. Vielleicht hätte sie ihren Sohn Rudolf nicht zum Herrscher erzogen, aber für diese Aufgabe wären sicherlich andere Instruktoren vorhanden gewesen. So aber war Sisi nur zur »Kinderlieferantin« verdammt – sie war mit 20 Jahren Mutter dreier Kinder – der man die Töchter und den Sohn gleich nach der Geburt wegnahm, um sie nach den Vorstellungen von Erzherzogin Sophie gemäß den Regeln des spanischen Hofzeremoniells zu erziehen.
Diese Maßnahmen führten nicht nur dazu, dass Elisabeth noch mehr Groll gegen die Schwiegermutter entwickelte, sie verschlechterten auch das Verhältnis der Eheleute zueinander. Denn beide waren in den Zimmern der Kinder täglich höchstens eine Stunde zu Gast. Eine innige Beziehung zwischen Eltern und Kindern konnte sich so nicht entwickeln, noch dazu wurden die Besuche der Eltern sehr formell gehalten, Vater und Mutter wurden wie fremde Gäste vorgestellt. Vielleicht war dies auch der Grund, warum Sisi so vehement darauf bestand, die beiden Töchter Sophie und Gisela auf eine Reise nach Ungarn mitzunehmen, wogegen sich die Schwiegermutter ausgesprochen hatte. Das Schicksal wollte es, dass sich die beiden Kinder eine Darminfektion zuzogen. Und während die robustere Gisela die Krankheit gut überstand, starb ihre um ein Jahr ältere Schwester.
Der Tod des Kindes, den sie – wie Sisi glaubte – verschuldet hatte, war für die junge Mutter eine Katastrophe. Sie zog sich vollständig von der Welt zurück und fand keine Fassung in ihrer Trauer. Der Wi-

derstand gegenüber der Schwiegermutter in Sachen Erziehung schien nun gänzlich gebrochen, Gisela verblieb weiterhin unter der Obhut der Großeltern, vor allem natürlich unter der der Erzherzogin.
Als am 20. August 1858 endlich der erhoffte und ersehnte Kronprinz in der Wiege lag, war die junge Mutter von der langen und unendlich schmerzhaften Geburt so erschöpft, dass sie nicht in der Lage war, irgendwelche Wünsche oder Anordnungen auszusprechen. Denn jetzt erst recht war die Mutter des Kaisers auf den Plan gerufen, das Kind unter ihre Fittiche zu nehmen. Immerhin war Rudolf der Kronprinz und der sollte nach allen herkömmlichen Regeln und Vorschriften erzogen werden. Auf ihm ruhte die Hoffnung der Monarchie!
Beide Kinder, Gisela und Rudolf, kamen in eine Kindskammer in unmittelbarer Nähe der Erzherzogin, sodass sie jeden Schritt ihrer Erziehung überwachen konnte. Dabei darf man allerdings eines nicht vergessen: Die Erzherzogin war eine liebevolle Großmutter, die es verstand, den Kindern eine familiäre Atmosphäre zu bieten. Auch die Ajas und Ajos, die unmittelbaren Betreuer der Kinder, waren herzliche engagierte Menschen, sodass die Geschwister in ihrer frühen Kinderzeit die Mutter wahrscheinlich nicht allzu sehr vermissten. In den ersten Jahren verbrachten Gisela und Rudolf viel Zeit miteinander, in der sie ungestört spielen konnten, was zwischen den Geschwistern ein enges Band flocht, das ein Leben lang erhalten bleiben sollte.
Es war wohl der größte Fehler ihres Lebens, den Erzherzogin Sophie im Einverständnis mit ihrem Sohn beging, als sie Rudolf schon mit drei Jahren von seiner Schwester trennte und für ihn einen absolut ungeeigneten Erzieher in dem sadistischen Grafen Gondrecourt engagierte. Denn er ruinierte den sensiblen Rudolf sowohl physisch als auch psychisch mit seinen soldatischen, brutalen und unmenschlichen Methoden. Als Elisabeth endlich bei einem gemeinsamen Aufenthalt mit ihrem Sohn in Ischl erkannt hatte, was Gondrecourt aus Rudolf gemacht hatte, und beim Kaiser vorstellig wurde, war der Schaden, den das Kind erlitten hatte, schon fast irreparabel. In den Jahren, in denen Rudolf von Gondrecourt gequält worden war, war der Grundstein für seinen späteren Lebensweg gelegt worden, der mit nur 30 Jahren in Mayerling in einer Tragödie enden sollte.
Vieles, was der Kronprinz zu erdulden hatte, angefangen von dem

Die Kaiserfamilie im Schlosspark von Gödöllö

sadistischen Erziehungsstil Gondrecourts bis hin zu dem riesigen Lernprogramm, das der neue Erzieher Latour aufgestellt hatte und das ihm kaum Freizeit ließ, von der Einsamkeit als Jugendlicher und die allzu zeitige Verheiratung seiner geliebten Schwester Gisela, trug systematisch zum Abstieg des hoch intelligenten Menschen bei.
Es war für Rudolf geradezu ein Schock gewesen, als er eines Tages erfuhr, dass Gisela auf Veranlassung seiner Eltern mit ihren 16 Jahren den bayerischen Herzog Leopold heiraten sollte. Bis heute erscheint es unerklärlich, warum ausgerechnet Elisabeth, die sich stets über die Ehe negativ geäußert hatte, ihre Tochter, die ihren Bräutigam kaum kannte, so bald unter die Haube zu bringen suchte. Sie hätte sich und Gisela Zeit lassen können, denn die Tochter des österreichischen Kaisers fand immer einen Bräutigam, auch wenn Gisela nicht die Schönheit ihrer Mutter geerbt hatte. Aber in gewisser Weise war sie doch ein anziehendes junges Mädchen.
Der Abschied der Geschwister voneinander gestaltete sich schmerzlich. Wesentlich weniger betrübt schien die eigene Mutter zu sein,

die zu ihrer Tochter herzlich wenig Beziehung hatte, genauso wie zu dem heranwachsenden Sohn, der seine schöne Mama auf Schritt und Tritt vermisste. Aber alles, was Elisabeth mit den Kindern verband, waren Briefe aus vielen Teilen der Monarchie, auf die Gisela und Rudolf voller Sehnsucht manchmal wochenlang warten mussten. Dabei bemerkten sie nach der Geburt ihrer Schwester Marie Valerie, dass es durchaus möglich war, in der Nähe und unter der Obhut der Mutter sein zu können, da die kleine Schwester nicht nur um die geliebte Mama sein durfte, sondern von ihr geradezu in Beschlag genommen wurde. Es zeugte von Giselas großmütiger Einstellung, dass sie in keiner Weise irgendwelche Ressentiments Marie Valerie gegenüber erkennen ließ. Anders allerdings verlief der Beziehung Rudolfs zu seiner jüngeren Schwester. Mit offensichtlicher Sorge beobachtete die Kaiserin, dass der Kronprinz ihrer »Einzigen« gegenüber sich nicht nur unfreundlich verhielt, sondern seine Abneigung ihr gegenüber geradezu öffentlich kund tat. Was würde einmal sein, wenn er als Kaiser an der Macht war? Würde sie einmal beruhigt die Augen schließen können, ohne fürchten zu müssen, dass Rudolf Marie Valerie die fehlende Mutterliebe vergelten ließ? Sie persönlich war, ja, auch nicht zimperlich, wenn es galt, selbst ihre Kinder oder deren Ehepartner zu verhöhnen!

Denn in ihren Gedichten, die zu dieser Zeit zwar nicht allgemein bekannt waren, verglich sie Gisela und deren erste Tochter, die sie aus der Taufe gehoben hatte, mit keinem ansehnlicheren Tier als mit einem Schwein!

Eigentlich hatte Gisela froh sein können, in München eine neue Heimat gefunden zu haben, denn ihr Leben gestaltete sich hier ganz der bayerischen umgänglichen Mentalität entsprechend. In kurzer Zeit war sie in der Stadt beliebt, sie führte an der Seite ihres Mannes, der in späteren Jahren zu militärischen Ehren kommen sollte, das mildtätige Leben einer Frau aus erstem Hause, erzog ihre Kinder zu brauchbaren Menschen und überstand auch die Schrecken des Ersten Weltkriegs und der anschließenden Räterepulik, deren radikale Vertreter für jeden Adeligen zu einer tödlichen Gefahr werden konnten, ohne Schaden. Sie hatte sich während des Kriegs zur Pflege von Verwundeten bereit erklärt und auf diese Weise allgemein große Sympathie gewonnen. Die Münchner, aber auch die Menschen rund um die bayerische Hauptstadt wussten, dass die ehemalige Kaiser-

Erzherzogin Gisela und Prinz Leopold von Bayern

tochter aus Wien eine der ihren geworden war. Und so beschützte man sie auch in den Nachkriegswirren.
Für Gisela war es schon bald nach ihrer Eheschließung zur lieben Gewohnheit geworden, die Großeltern in Possenhofen zu besuchen, vor allem, wenn sich auch andere Familienmitglieder hier eingefunden hatten. So wie die Geschwister Elisabeths ein Leben lang eng miteinander verbunden waren, so pflegte es auch die zweite Generation. Mittelpunkt der Familienzusammenkünfte war und blieb das Land rund um den Starnberger See.

Die Kaiserin besuchte ihre Tochter in München selten, viel öfter hingegen machte Marie Valerie im Palais Leopold Station, sie hatte von klein auf eine innige Beziehung zu der großen Schwester. Auch Rudolf meldete sich, wann immer er konnte, als Gast an, denn in Giselas Nähe konnte er uneingeschränkt glücklich sein. Ob er allerdings die Schwester in seine Ehepläne eingeweiht hatte, ist nicht bekannt. Vielleicht hätte ihm Gisela abgeraten, die junge, wenig attraktive belgische Prinzessin zu heiraten, die er ins Auge gefasst hatte, nachdem er sich an den europäischen Höfen nach einer geeigneten Braut umgesehen hatte. Irgendeinen Makel hatte jede gehabt, und so blieb letztlich nur Stephanie von Belgien übrig, die er zum Altar führen konnte.

Rudolf war durch die intensive Ausbildung, die er auf den verschiedensten Gebieten genossen hatte, zu einem umfassend versierten jungen Mann geworden, dessen Hauptinteresse der Ornithologie, der Vogelkunde, galt. Er hatte selber Schriften zu diesem Thema verfasst und galt in der Fachwelt als Experte, dem die Universität Budapest das Ehrendoktorat verlieh, eine Auszeichnung, die eine besondere Bedeutung für ihn hatte, da ihm sein eigener Vater seinen sehnlichsten Wunsch verwehrt hatte, ein Studium an der Universität zu absolvieren.

Der Kronprinz hätte das Zeug nicht nur zu einem Wissenschaftler gehabt, sondern vor allem zu einem Politiker, der den Ausgleich zwischen den Völkern im Auge gehabt hatte. Seine Tragik bestand im Unverständnis seines Vaters ihm gegenüber. Franz Joseph akzeptierte den hoch intelligenten Sohn nicht so, wie er war, für ihn war Rudolf ein »Krepiererl« gewesen, ein Schwächling, ein Plauscher, dem er nicht zuhören wollte. Er dachte nicht daran, den Sohn irgendwie in die Staatsgeschäfte einzubinden, ihn mit politischen Aufgaben zu betrauen. Das Unverhältnis zwischen Vater und Sohn war schließlich so weit fortgeschritten, dass Franz Joseph den eigenen Sohn beschatten ließ – aus Vorsicht, wie dies der Kaiser formulierte. Wovor er ihn schützen wollte, gab Franz Joseph aber nicht bekannt.

Rudolf war politisch chancenlos und nach seiner Heirat mit Stephanie von Belgien auch im privaten Bereich zum Scheitern verurteilt. Die Ehe mit der unscheinbaren Belgierin war zwar vom Kaiserhof gebilligt worden, aber Stephanie selbst wurde weder von der Familie akzeptiert noch von den Hofschranzen. Einzig und allein Franz

Kronprinz Rudolf mit seiner Gemahlin
Stephanie von Belgien

Joseph verhielt sich der Schwiegertochter gegenüber korrekt, während Elisabeth schon bei einem Kurzbesuch in Brüssel zu erkennen gegeben hatte, wie hässlich sie Stephanie fand. Als sie aus England kommend rank und schlank und jugendlich frisch dem Zug entstieg, brauste Beifall auf, die Belgier akklamierten die Schönheit der Kaiserin, während Stephanie wie ein plumpes hässliches Entlein an der Seite ihres Zukünftigen stand, der sich zur Unterhaltung in den langen belgischen Nächten vorsichtshalber eine rassige Tänzerin mitgenommen hatte. Schadenfroh hatte man die Braut bei der Hochzeit beäugt, denn die diversen Damen, denen Rudolf seine Gunst bisher geschenkt hatte, konnten sich ausrechnen, dass der wählerische Kronprinz nicht allzu lange im Bett seiner Frau verweilen würde.

Man hatte sich zwar etwas getäuscht in dieser Ehe. Nach vorhersehbaren Anfangsschwierigkeiten fanden die jungen Eheleute rasch zueinander, sodass sie eine kurze glückliche Zeit verlebten. Dann aber beging die junge Frau einen entscheidenden Fehler: Sie begann an den Freunden ihres Mannes und an seinen Aktivitäten herumzunörgeln und bedachte dabei nicht, dass sie ihn durch ihre ständigen Vorwürfe aus dem Haus treiben würde. Wie man es schon lange erwartet hatte, nahm Rudolf seinen bisherigen Lebenswandel wieder auf, der ihn in die Arme von zum Teil dubiosen Frauen trieb. Bei einer Zigeunerin holte er sich eine Geschlechtskrankheit, mit der er auch Stephanie ansteckte, sodass sie keine Kinder mehr bekommen konnte. Die kleine Erszi, wie man die Tochter des Kronprinzen, Elisabeth, nannte, sollte das einzige Kind des Thronfolgers bleiben.
Die betrübliche Tatsache, dass Stephanie keinem Sohn mehr das Leben schenken konnte, schob man nicht Rudolf in die Schuhe, sondern der ungeliebten Frau an seiner Seite. Sie hatte ihre Rolle nicht erfüllt, sie war überflüssig geworden. Aber auch Rudolf hatte seine Karten fast verspielt. In der Familie fand er keinen Halt mehr: Sein Vater war für ihn zur Unperson geworden, seine Mutter, die er nach wie vor abgöttisch verehrte und liebte, zeigte kein Interesse an ihm und seinem Leben, seiner jüngeren Schwester gegenüber begegnete er mit offen gezeigter Eifersucht und zu seiner Ehefrau waren längst alle Brücken abgebrochen. Einzig und allein seine Schwester Gisela wäre in der Lage gewesen, helfend in sein Leben einzugreifen. Aber die war viel zu weit weg!
Und dennoch versuchte Rudolf ein letztes Mal sein Leben, das für ihn längst jeglichen Sinn verloren hatte, noch einmal umzukrempeln, als er sich dazu entschloss, seinen Vater zu bitten, beim Papst für ihn vorstellig zu werden um die Scheidung seiner Ehe zu erreichen. Aber Rudolf hätte die Reaktion seines Vaters vorhersehen können: Der Kaiser wies ihm – empört über dieses für einen katholischen Herrscher unvorstellbare Ansinnen – gleichsam die Tür. Damit begann das letzte Kapitel im unglücklichen Leben seines einzigen Sohnes. Schon vorher hatte Rudolf – von Alkohol, Nikotin und Morphium gezeichnet – den Plan gehabt, seinem Leben, das ihm zur Last geworden war, ein Ende zu setzen. Aber seine langjährige Mätresse und Vertraute Mizzi Caspar, mit der er zusammen sterben wollte, hatte ihn nur rundweg ausgelacht, war aber vorsichtshalber zum Po-

lizeipräsidenten von Wien gegangen, um ihn über das Vorhaben des Thronfolgers zu informieren. Baron Krauss jedoch tat die Sache mit einer Handbewegung als dubiose Geschichte ab, da die Informantin für ihn nicht integer schien.
Das Schicksal des einzigen Sohnes von Franz Joseph und Elisabeth nahm seinen Lauf.
Keinem am Kaiserhof außer Stephanie war der körperliche und seelische Zusammenbruch Rudolfs aufgefallen. Rudolf war mit seinen 30 Jahren auf Grund seiner Krankheit tagaus, tagein von Schmerzen geplagt, die er mit diversen Drogen zu betäuben versuchte. Dazu kamen schwere psychische Probleme, von denen weder sein Vater noch seine Mutter Notiz nahmen. Der Sohn interessierte den Kaiser herzlich wenig und Elisabeth war mit den Verlobungsplänen ihrer »Einzigen« beschäftigt. Ihre größte Sorge für die Zukunft war, dass Rudolf einmal als Kaiser Marie Valerie und ihren Auserwählten Franz Salvator gut behandeln würde, da sie sich der Tatsache bewusst war, dass sie durch die Bevorzugung dieser Tochter die Beziehung zwischen den Geschwistern von Anfang an vergiftet hatte. Obwohl sich Rudolf beim letzten gemeinsamen Weihnachtsfest 1888 eher seltsam und auffällig benahm – er war auf ein paar schöne Worte seiner Mutter ihm gegenüber ihr spontan um den Hals gefallen –, löste das bei ihr nicht die Alarmglocken aus. Lediglich Stephanie betrachtete ihn mit Sorge und teilte diese auch dem Kaiser mit. Mit Elisabeth war ohnedies nicht zu reden, für sie waren Familienangelegenheiten nach wie vor nur lästige Verpflichtungen, die sie übersah oder erst gar nicht wahrnahm. Sie hatte sich im Laufe der Jahre immer mehr in ihr Schneckenhaus zurückgezogen, in das nur die geliebte »Einzige« Zutritt hatte. Ihre beiden anderen Kinder existierten für sie nur mehr am Rande. Vor allem Rudolf konnte in ihren Augen keine Gnade finden, wobei sie nicht erkannte, dass gerade der Sohn charakterlich größte Ähnlichkeiten mit ihr aufwies. Von seinem Vater hatte er höchstens die Statur, sonst aber war er in jeder Hinsicht ein Wittelsbacher, der versuchte, dem starren Reglement des Wiener Kaiserhofes zu entkommen. Er verachtete die Hofschranzen, die in jahrhundertealter Manier alles nachbeteten, was ihnen der Kaiser von seinem Schreibtisch aus vorgab. Schon längst hatte er erkannt, dass sein Vater alles Neue, Zukunftsträchtige von Grund auf ablehnte. Elisabeth und er waren sich darin einig, obwohl sie wahrscheinlich

nie darüber ein Gespräch geführt hatten, dass der Einfluss der katholischen Kirche in Österreich-Ungarn, der von der Kaisermutter in jeder Hinsicht gefestigt worden war, sich verhängnisvoll auswirkte. Mutter und Sohn waren Freigeister, für die es kein starres Korsett in Glaubensfragen gab. Und damit gerieten sie in Opposition zu allem, was bisher in Österreich hoch und vor allem heilig gewesen war.

Was Elisabeth betraf, war Franz Joseph tolerant und vielleicht durch seine immer währende Liebe zu seiner Frau auch blind, seinem Sohn gegenüber aber kannte er keine Gnade. Seine Töchter liebte der Kaiser, sie durften ihn auch mit dem vertraulichen »Du« ansprechen, während Rudolf ein Leben lang das förmliche »Sie«, das in der damaligen Zeit durchaus in den Familien üblich war, benutzen musste. Menschlichkeit zeigte Franz Joseph erst im Alter, vor allem seinen Enkelkindern gegenüber. Der Tochter seines Sohnes, die schon sehr früh Halbwaise geworden war, war er ein liebevoller Großvater, der über so manche Eigenschaft und Eigenwilligkeit des jungen Mädchens hinwegsah.

Elisabeth hingegen betrachtete die Enkelkinder eher als Mahnung an das Alter. Sie war erst 36 gewesen, als ihre Tochter Gisela ihre erste Tochter Elisabeth zur Welt gebracht hatte. Dass sie in so jungen Jahren schon zur Großmutter gemacht worden war, sie, die in dieser Zeit noch immer eine strahlende Schönheit war, konnte sie ihrer Tochter nie verzeihen. Dabei arbeitete sie selber systematisch mit ihren unsinnigen Fastenkuren und Gewaltanstrengungen in den nächsten Jahren daran, ihr Aussehen zu zerstören. Aus der »schönsten Frau der Welt« wurde schon mit 50 Jahren eine alte Frau, die wohl gertenschlank durch die Lande zog, die aber, da sie selber wahrscheinlich am allerwenigsten ihr Gesicht sehen wollte, hinter einem Fächer oder Regenschirm ihr welkes, faltiges Antlitz verbarg.

Für die Kaiserin gab es in den mittleren und späteren Jahren ihres Lebens nur zwei Dinge auf der Welt, die sie interessierten: das Wohl und Weh ihrer jüngsten Tochter Marie Valerie und das Reisen. Dabei wären ihre Aufgaben als Kaiserin vielfältig gewesen, sie hätte es in der Hand gehabt, allein durch ihre Anwesenheit und ihre Faszination Konflikte, die sich auf politischer Ebene ergaben, im Keim zu ersticken. In Ungarn hatte sie seinerzeit das beste Beispiel geliefert. Daher ist es anzunehmen, dass auch andere Völker der Monarchie ihr zu Füßen gelegen wären, hätte sie nur versucht, sie in ihren Bann

zu schlagen. Mit nur einem Funken Interesse für die Anliegen rund um sie herum wäre sie ein politischer Schatz an der Seite ihres Mannes gewesen. Aber sie lebte nur für sich selber. Anstatt repräsentative Aufgaben zu übernehmen, zog sie sich lieber in ihr geliebtes Schloss Gödöllö in der Nähe von Budapest zurück, um amazonenhaft durch Wald und Flur zu reiten, oder nach Possenhofen, wo sich die bayerische Familie regelmäßig ein Stelldichein gab. Das Reiten war zu ihrer Passion geworden, die sie in England und Frankreich auslebte, ohne in diesen Ländern politisch positiv etwas zu bewirken. Im Gegenteil: Sie brüskierte die englische Königin zutiefst, da sie Viktoria alt und matronenhaft hässlich fand. Und dicke Menschen konnte die figurbewusste Kaiserin nun einmal nicht ausstehen. Elisabeth machte aus ihrem Herzen Königin Viktoria gegenüber keine Mördergrube und zeigte ihr offen ihre Ablehnung. Die Spannungen verstärkten sich noch dadurch, dass Königin Viktoria ihrerseits Rudolf auf Grund seines Charmes und seiner diplomatischen Begabung als Gegenteil seiner Mutter hervorhob. Die Königin von Großbritannien hatte in den wenigen Begegnungen mit Rudolf dessen Fähigkeiten erkannt, an denen die eigenen Eltern nicht interessiert waren. England wäre für einen Kaiser Rudolf ein wichtiger Bündnispartner gewesen, nicht wie für seine Mutter ein ideales Terrain um dem Reitsport zu frönen.
So wie in England lehnte Elisabeth jede politische Mission auch in Frankreich ab, sie war, wenn sie in dieses Land kam, ausschließlich Privatperson, die unbehelligt sein wollte. Daher reiste sie auch meist unter dem Namen einer Gräfin von Hohenems, wobei auch Marie Valerie diesen Familiennamen trug, wenn sie die Mutter begleitete.
Die jüngste Kaisertochter, die von Sisi nicht nur in übertriebener Weise geliebt und verzärtelt wurde, fühlte sich manchmal wie in einem goldenen Käfig. Sie konnte keinen Schritt tun, ohne dass die Mutter voll Sorge auf sie blickte, jede ihrer Unpässlichkeiten rief in Elisabeth beinahe Panik hervor. Sisi spielte ihre Mutterrolle ohne Maß und Ziel. Sie bestimmte das Leben der Tochter in allen Einzelheiten, kümmerte sich um Spielgefährten und suchte die Freunde aus.
Erst als erwachsene Frau konnte sich Marie Valerie von den Fesseln der Mutter lösen und lehnte vieles, was Sisi gutgeheißen hatte, vehement ab. So vermied sie, wo es nur ging, Ungarisch zu sprechen, da ihr diese Sprache von Elisabeth geradezu aufgezwungen worden war. Die Mutter wollte, dass die in Budapest geborene Tochter,

das »ungarische Kind«, eine besondere Beziehung zu dem von ihr so geliebten Land haben sollte. Aber Marie Valeries Vorliebe galt Deutschland und dem Deutschtum, sehr zum Leidwesen ihrer Mutter und ihres Bruders, die beide Bismarck und seine Politik, vor allem aber Kaiser Wilhelm II. grundsätzlich ablehnten.

Obwohl sich Marie Valerie schon bald zu einem eigenständig denkenden Menschen entwickelte hatte, verstand sie es, mit den Ansichten der Mutter nicht in Konflikt zu kommen. Sie wusste, dass Elisabeth sie mehr liebte als ihren eigenen Ehemann, sie spürte schon als sensibles Kind, wie einsam der Vater in Wien lebte. Viele Stellen in ihrem Tagebuch bringen ihre Gefühle ihrem »geliebten Papa« gegenüber zum Ausdruck, verbergen manchmal nicht Kritik am Verhalten der Mutter, werden aber niemals verletzend. Denn Marie Valerie wurde immer wieder von schlechtem Gewissen befallen, dass sie die Liebe, die ihr die Mutter entgegenbrachte, nicht zurückgeben konnte. Aber sie liebte beide Elternteile, vielleicht den Vater etwas mehr.

In ihren oft überzogenen Gedanken fürchtete sich Elisabeth schon jahrelang vor dem Augenblick, in dem sie die geliebte Tochter an einen Ehemann verlieren würde. Sie hatte der Tochter schon früh erklärt, dass sie jeden heiraten konnte, auch wenn sein Stammbaum keineswegs zu dem der Habsburger passen sollte. Als die Wahl Valeries dann auf Franz Salvator von Toscana gefallen war, wurde zwar festgestellt, dass dieser nicht absolut standesgemäß in seiner Ahnengalerie war, aber weder der Vater noch die Mutter machten der Tochter Schwierigkeiten. Anders allerdings wurde diese Heiratsangelegenheit von Rudolf gesehen. Er fand Franz Salvator inakzeptabel, wobei er dies Marie Valerie gegenüber nicht nur zum Ausdruck brachte, sondern auch den zukünftigen Schwager herablassend zynisch behandelte. Was sowohl die Schwester, die das Verhalten ihres Bruders als beleidigend empfand, als auch die Mutter in ihrer Sorge um das zukünftige Glück ihrer » Einzigen« nicht wissen konnten, war, dass die Stunden im Leben Rudolfs ohnedies gezählt waren.

Die Nacht von Mayerling warf ihre Schatten voraus. Sein Testament hatte der Kronprinz schon lange gemacht, die Abschiedsbriefe waren geschrieben, wobei man später vergeblich einen an seinen Vater suchte.

Rudolf schied nicht allein aus dem Leben, das ihm zur Last geworden war. Ein voll erblühter, überreifer Backfisch hatte sich ihm an den Hals geworfen und war in seiner Hysterie zu jedem Opfer bereit. Als der Kammerdiener Loschek am Morgen des 30. Januar 1889 die Tür zu Rudolfs Schlafzimmer in Mayerling aufsprengte, fand er die Leichen von Mary Vetsera und dem österreichischen Kronprinzen. Rudolf war mit seinen 30 Jahren physisch und psychisch am Ende gewesen.

Der Tod des einzigen Sohnes und Thronerben bedeutete für Franz Joseph in jeder Hinsicht eine Tragödie. Aber so wie er es ein Leben lang gewohnt war, behielt er die Contenance, auch als er dem Sarg, in dem Rudolf zur letzten Ruhe gebettet worden war, in die Kapuzinergruft folgte. Sisi war nicht in der Lage gewesen, diesen schweren Weg zu gehen, sie zerfleischte sich mit Selbstvorwürfen und trug – ganz Mater dolorosa – ab diesem Zeitpunkt nur noch Schwarz.

Die Einzige, die wahrscheinlich wirklich um Rudolf in tiefster Seele trauerte, war Rudolfs Schwester Gisela in München. Für sie war der Tod des geliebten Bruders unfassbar. Ihre enge Beziehung zueinander war auch nach ihrer Verheiratung nicht abgerissen. Aber München war zu weit weg gewesen, als dass sie Rudolf hätte helfen können aus seinen Depressionen herauszukommen. Als in der bayerischen Hauptstadt die Nachricht vom Tod des österreichischen Kronprinzen eingetroffen war, notierte Prinz Leopold: »*Es war schwer, die Fassung zu behalten und meine Gattin nicht zu unvermittelt die traurige Wahrheit erraten zu lassen. Sie erstarrte fast vor Kummer, schaffte es aber doch, abends mit ihrem Mann nach Wien zu reisen. Am Morgen des 31. erwartete der Kaiser seine Tochter am Bahnhof. Es war ein erschütterndes Wiedersehen. Hier erst erfuhren wir die Art des Todes meines lieben Schwagers.*«

Obwohl Gisela auch in München Kontakt mit dem geliebten Bruder, dem Spielgefährten ihrer Kindheit, gehabt hatte, war sie doch von ihrer eigenen Familie so in Anspruch genommen, dass sie die Zeichen von Rudolfs Verfall nicht hatte wahrnehmen können. Sie hatte im Laufe der Zeit vier Kinder zur Welt gebracht und wenn auch ihr Leben nicht gerade strapaziös und aufregend war, so kümmerte sie sich als pflichtbewusste Gattin mit großer Sorgfalt um die Belange ihres Haushaltes, nahm Repräsentationspflichten wahr und wurde durch ihre Mildtätigkeit in München sehr populär. Ihre um zwölf Jahre jüngere Schwester Marie Valerie schrieb über sie am 21. September 1885 in ihr Tagebuch: »*Tête a tête mit Gisela, so grundver-*

schieden in Geschmack, Anschauungen, Empfindungen, und doch ist jetzt hier eine große Gemütlichkeit, und doch ist sie fast in allem mein Ideal von einer Frau und Mutter. Aber sie tut alles so instinktmäßig und aus Pflichtgefühl, ohne Begeisterung, ja, ohne Bewusstsein, dass sie es tut.«

In den Augen von Marie Valerie war die Schwester auch die Einzige, die eine Harmonie zwischen ihren so kontroversen Eltern herzustellen vermochte, da sie die unterschwelligen Misstöne, die zwischen beiden herrschten, nicht zu bemerken schien. Je älter die jüngste Kaisertochter wurde, umso enger wurde die Beziehung zur fernen Schwester in München. Dabei wunderte sie sich oft darüber, wie Gisela mit dem strengen, kompromisslosen und barschen Verhalten ihres Mannes zurechtkam, das sich im Laufe der Zeit mehr und mehr verstärkte. Aber Gisela war der ruhende Pol in der Familie, was auch Franz Joseph als wohltuend empfand. Gerne weilte er, wenn es seine Zeit erlaubte, in München und genoss seine Rolle als Großvater, wobei er die beiden Enkelinnen Elisabeth und Auguste und deren Brüder Georg und Konrad in den Zirkus ausführte oder mit ihnen Ausritte im Englischen Garten oder in die Isar-Auen unternahm. Bei seiner Tochter Gisela hatte er eine Atmosphäre gefunden, die er ein Leben lang an der Seite seiner exzentrischen Frau vermisst hatte und die Sisi in keiner Weise schätzte. Spießig wie eh und je fand sie ihre Tochter und deren Leben. Daher zog es sie auch nicht nach München, sie hatte weder Sehnsucht nach Gisela und schon gar nicht nach ihren Enkeln. Und wenn sie in der Stadt war, stieg sie nicht im Hause der Tochter ab, sondern mietete sich in einem Hotel ein.

Es gab nicht viele Höhepunkte im Leben der Kaisertochter, ein besonderer aber war sicherlich die Ernennung ihres Gatten zum General der Kavallerie und Kommandierenden General des 1. Bayerischen Armeekorps im Jahr 1887 und eine weitere Festlichkeit, als der deutsche Kaiser 1891 den Wunsch äußerte, nach Bayern zu kommen, um die bayerische Armee in Augenschein nehmen zu können. Prinz Leopold erhielt den ehrenhaften Auftrag, dem Kaiser und dem Prinzregenten diese Armee vorzuführen.

Die Jahre im Palais Leopold waren für Gisela zwar nicht so abwechslungsreich wie das Leben ihrer jüngeren Schwester Marie Valerie, aber über Langeweile konnte sie sich beileibe nicht beklagen. An der Seite ihres Mannes unternahm sie weite Reisen in die Mittelmeerländer, wo sie Land und Leute, aber auch die Zeugnisse der Antike und die Kunst der Gegenwart in gleicher Weise beeindruckten. Überall, wohin Prinz Leopold mit seiner Gemahlin kam, wurden sie festlich empfangen, denn nicht selten kam es vor, dass sie vom Prinzregenten dazu auserwählt waren, irgendwelche Repräsentationspflichten, denen der Landesherr im Augenblick nicht nachkommen konnte, zu übernehmen.

Es war Frühling, als Kaiserin Elisabeth im Jahr 1895 wieder einmal auf der von ihr so geliebten Insel Korfu weilte. Hier hatte sie sich von dem italienischen Architekten Carito das Achilleon erbauen lassen, eine Villa im hellenistischen Stil, wo sie Wochen und Monate ihres Lebens zu verbringen gedachte. Ihre helle Begeisterung nach der Fertigstellung des Werkes war schnell verflogen und hatte einem Gefühl der Langeweile Platz gemacht, eine Reaktion, die sich bei der Kaiserin leicht einstellte, wenn der Reiz des Neuen verblichen war. Was sollte sie in Zukunft mit der Villa tun? Die Frage schien bald beantwortet, als Gisela und ihr Gatte sich zu einem Besuch auf Korfu angesagt hatten. Sisi schenkte ihrer Tochter kurzerhand das Achilleon, ein Präsent, mit dem die nüchterne Gisela auch nicht viel anfangen konnte. Daher verkaufte sie die Villa bei der ersten sich bietenden Gelegenheit an den deutschen Kaiser Wilhelm II.

Gisela hätte in München ein fast beschauliches Leben führen können, wäre nicht ständig der Wunsch und das Drängen ihres Mannes gewesen, im bayerischen Heer eine wirklich aktive Tätigkeit auszuüben. Und die gab es aber für einen Kommandierenden letztlich nur im Krieg, der schon in den ersten Jahren des neuen Jahrhunderts unausweichlich schien. Die Gegensätze zwischen den europäischen Mächten hatten sich erschreckend vertieft, dazu kamen die Bestrebungen der einzelnen Völker, die in der Monarchie zentral von Österreich verwaltet wurden, nach Freiheit und Unabhängigkeit, im Inneren verschärften sich die sozialen Gegensätze und die bürokratische starre Art des alten Kaisers trug ebenfalls dazu bei, dass man sich nicht an einen Tisch setzte, sondern mit den Waffen rasselte.

Es roch förmlich nach Krieg, wenngleich man eigentlich nicht ahnen konnte, dass es ein eher lokaler Anlass auf dem Balkan sein sollte, der die Tragödie des Ersten Weltkriegs heraufbeschwören würde.

Die Schüsse von Sarajewo lösten bei den Militärs in halb Europa ein

geradezu befreiendes Gefühl aus. Und als der greise Kaiser in Ischl die Kriegserklärung an Serbien unterzeichnete, begann sich das Rad der Bündnisse unaufhaltsam zu drehen. Euphorie erfasste die Jugend in Deutschland und Österreich, mit Sang und Klang zog man in einen Krieg, dessen wahren Sinn bis heute kaum einer erklären kann und aus dem es für viele keine Rückkehr mehr gab.
Auch Giselas Söhne Konrad und Georg wurden zwar zu den Waffen gerufen, aber immer noch nicht ihr Mann, der sich nichts sehnlicher als seinen Einsatz gewünscht hatte. Aber eines Tages wurde sein Traum endlich Wirklichkeit: Der deutsche Kaiser berief Prinz Leopold zum Oberbefehlshaber der 9. Armee und nach der Eroberung von Warschau folgte die Ernennung zum preußischen Generalfeldmarschall und Nachfolger des alten von Hindenburg.
Es hatte lange gedauert, bis man in dem blutigen Stellungskrieg, der Hunderttausenden das Leben gekostet hatte, erkannt hatte, dass es für die Mittelmächte keine Chance geben konnte, als zu übermächtig erwiesen sich die Gegner. Die einzige Devise konnte nur sein: Alles daran zu setzen, das Chaos, das sich rundum auftat, zu überleben.
Viele Adelige verließen ihre angestammten Schlösser und suchten Schutz auf dem Lande, das bayerische Königspaar flüchtete aus München an den Chiemsee, wo es sich in Sicherheit wähnte. Niemand wusste, wie es weitergehen, was der neue Tag bringen würde. Und obwohl die Situation gerade in der bayerischen Hauptstadt beinahe unüberschaubar geworden war, beschloss Prinzessin Gisela in München zu bleiben. Sie hatte die feste Überzeugung, dass sie nichts zu befürchten hätte, da sie jahrzehntelang der Münchner Bevölkerung nur Wohltaten erwiesen hatte. Schon vor dem Krieg hatte sie sich um die Notleidenden gekümmert, Vereine ins Leben gerufen, die den Menschen am Rande der Gesellschaft unter die Arme greifen sollten. Daneben hatte sie große Spendenaktionen initiiert. Damit aber nicht genug: Während der Kriegsjahre hatte sie im Palais Leopold Räume für Verwundete zur Verfügung gestellt und zahlreiche Lazarette besucht. Ihre Hilfsbereitschaft hatte ihr den Beinamen »der gute Engel aus Wien« eingetragen. Daher machte selbst der Mob, der durch die Münchner Straßen zog, einen Bogen um das Palais Leopold, man ließ Gisela und ihre aus dem Krieg zurückgekehrten Söhne unbehelligt. Die Prinzessin vermied jedes öffentliche Auftreten, und ganz wie es ihrer bescheidenen Art entsprach, fügte

sie sich ohne zu murren in ihr Schicksal, plötzlich weder Rang noch Namen zu besitzen. Ihrem Mann schrieb sie folgende Zeilen: »*Mein lieber Kleiner! Heute musste ich meiner Bürgerpflicht genügen und wählen, es verlief alles sehr gut und ruhig. Um nicht aufzufallen ging ich möglichst einfach dunkel gekleidet hinüber, Giselahof in der Giselastraße, obwohl wir sehr früh waren, mussten wir ziemlich lange warten ... Als Wahlkammer diente ein ausrangiertes Kasperltheater ... Deine getreue Hausschneck.*«

So wie sich die Zustände in den ersten Wochen nach dem Krieg gestaltet hatten, blieben sie allerdings nicht. Beim Bestreben der Revolutionäre, die überall im Land umherzogen, alle Macht in die Hände des Proletariats zu legen, drohte Gisela und ihrer Familie Gefahr an Leib und Leben. Wohlmeinende Freude, die die Lage durchschauten, rieten ihnen, lieber heute als morgen das Land zu verlassen und nach Tirol zu gehen. Das war leichter gesagt als getan, denn überall hatte man schon vernommen, dass Prinz Leopold, der immerhin der Sohn des ehemaligen bayerischen Königs war, drauf und dran war, mit seiner Familie zu fliehen. Doch trotz einiger Komplikationen gelang die Flucht ins sichere Österreich. Aber auch hier verfuhr man mit der ehemals herrschenden Klasse nicht gerade zimperlich. Wurde sie zwar nicht mit dem Umbringen bedroht, so engte man das Leben der Familie in Ischl dadurch ein, indem man versuchte sie auszuhungern. Es war jedermann bei Strafe verboten, der ehemaligen Kaisertochter Lebensmittel zu verkaufen.

Endlich, nach Monaten normalisierte sich das Leben allmählich und man konnte nach München zurückkehren, wo Prinz Leopold allerdings von keiner staatlichen Stelle irgendwelche finanzielle Zuwendungen zu erwarten hatte. Aber die Familie musste dennoch nicht darben, die Mitgift der Kaisertochter war seinerzeit reichlich gewesen und auch die bayerischen Prinzen verfügten über ein beträchtliches Vermögen.

Im April 1923 feierten Gisela und Leopold ihre goldene Hochzeit als großes Familienfest. Auch Marie Valerie war aus Österreich gekommen, obwohl ihr die Fahrt nach München schon schwer gefallen war. Die zahllosen Geburten hatten ihre ohnedies nicht stabile Gesundheit angeschlagen, namentlich von der Entbindung ihres letzten Kindes erholte sie sich nur schwer. Es war das letzte Mal, dass die Schwestern beinahe unbeschwerte Tage miteinander verbringen

sollten. Schon ein Jahr später, am 6. September 1924, schloss Marie Valerie die Augen für immer.
Auch ihr Gemahl Leopold ging Gisela 1930 im Tod voran. Sie selber wurde von einem Schlaganfall heimgesucht, der ihr die letzten Lebensmonate wohl trübte, sie aber nicht davon abhielt, weiterhin Besuche zu empfangen, so wie sie dies ein Leben lang gewohnt war. Da der Zustand der Mutter sich im Juli 1932 rapide verschlechterte, beschloss ihr Sohn Georg, der Priester im Vatikan war, nach München zu reisen um ihr in der Sterbestunde beizustehen. Gisela starb, so wie sie gelebt hatte: kampflos, friedlich und ruhig im Kreise der Familie. Ein anderer Tod hätte kaum zu ihrem Leben gepasst, das ohne Höhepunkte, ohne Skandale und ohne jegliches Spektakel verlaufen war.
Ihre Mutter hatte hingegen durch ihre Ermordung noch einmal weltweites Aufsehen erregt, obwohl sie dies immer zu vermeiden versucht hatte. Aber je mehr sie sich zurückzog, umso interessanter wurde sie für die Öffentlichkeit. Die »schöne Teilnahmslose« hätte man sie bezeichnen können. Ihr Mörder Luccheni wollte durch die Tötung einer weltweit bekannten Persönlichkeit auf das Schicksal der unterprivilegierten Schichten aufmerksam machen. Er wollte eine spektakuläre Tat begehen. Als er Sisi am 10. September 1898 in Genf die Feile ins Herz stach, bewirkte er nicht nur den Tod einer Frau, die längst ihres Lebens überdrüssig geworden war, sondern vor allem auch, dass man sich überall mit dem Phänomen »Elisabeth« auseinander zu setzen begann. Aus der einst bezaubernd schönen Frau war nach dem gewaltsamen Tod ihres Sohnes die »Dame in Schwarz« geworden, die rastlos durch die Lande gezogen war, auf der Suche nach Ruhe und Frieden. Der gewaltsame Tod durch einen Anarchisten ließ sie zu einer geheimnisumwitterten Ikone werden, die bis heute die Fantasie beschäftigt.
Der Tod der Mutter hatte vor allem ihre jüngste Tochter zutiefst erschüttert, war sie es doch gewesen, die dem Herzen der Mutter am nächsten gestanden hatte. Marie Valerie wurde von ihrer Mutter mit Liebe überschüttet und genoss eine viel freiere Erziehung als ihre Geschwister. Auf eines aber achtete Sisi unnachgiebig, dass Marie Valerie schon als kleines Kind Ungarisch sprechen lernte. Die Mutter konnte nicht ahnen, dass dies in ihrer Tochter eine lebenslange Antipathie gegen dieses Land hervorrufen sollte.

Je älter Marie Valerie wurde, umso öfter begleitete sie ihre Mutter auf Reisen, vor allem nach Possenhofen. Die Tochter von Sisis Lieblingsbruder Carl Theodor, Amelie, wurde mit der Zeit die beste Freundin der Kaisertochter. Natürlich lernte Valerie schon als Kind bei ihren Besuchen in Oberbayern auch König Ludwig II. kennen, mit dem sie voller Respekt kaum ein Wort zu wechseln wagte. Es kam ihr beinahe unheimlich vor, als der dicke König ihr die Hand küssen wollte, nachdem sie ihm einen Jasminzweig überreicht hatte.
Die ersten Liebesgefühle Marie Valeries, die einem Flügeladjutanten namens Plönnies galten, bemerkte die Mutter erst nach geraumer Zeit. Allerdings entwickelte sich aus dieser Schwärmerei keine große Liebe, dazu waren die Standesunterschiede unüberbrückbar und die junge Frau war nun einmal in ihrem Herzen eine ganze Habsburgerin, obwohl die Kaisertochter und Plönnies ein Leben lang in herzlicher Verbindung blieben.
Wie bei jedem jungen Mädchen waren auch die Backfischjahre Valeries durch alle möglichen Schwärmereien und Verliebtheiten gekennzeichnet. So berichtete sie in ihrem Tagebuch, dass der Herzog von Braganza, der rechtmäßige Kronprinz von Portugal, sie heiraten wollte, um am 18. Januar 1885 hinzuzufügen: »*Wenn mir einer besser gefiel, so war es der 24-jährige Ferdinand Coburg, der ein gescheiter, ernster und ruhiger junger Mann scheint.*«
Wie es nicht anders zu erwarten war, zählte die jüngste Kaisertochter zu den besten Partien in Europa. Und so war es nur verständlich, dass so mancher junger Prinz sich große Hoffnungen machte, Marie Valerie zum Altar zu führen. Aber Sisi hatte beschlossen, dass Marie Valerie vor dem 20. Lebensjahr auf keinen Fall heiraten sollte.
Im April 1886 trat der nächste Heiratskandidat auf den Plan: Der sächsische Kronprinz Friedrich August ließ anfragen, ob sein Besuch in Wien erwünscht wäre. Aber anscheinend erwiesen sich die Gefühle der beiden jungen Leute füreinander dann doch nicht als so intensiv oder war es die Schwärmerei Valeries für den feschen Erzherzog Eugen, der einmal Hoch- und Deutschmeister werden sollte, dass dieser Plan sehr zur Beruhigung der Kaiserin verworfen wurde.
Auch Gisela beschäftigte sich mit dem Gedanken, einen bayerischen Gemahl für ihre Schwester zu finden, und versuchte eine Verbindung zwischen Prinz Alfons und Valerie herzustellen. Aber der Prinz schien so ganz und gar nicht nach dem Geschmack des jungen Mäd-

chens zu sein. Valerie vertraute am Fronleichnamstag 1886 folgende Zeilen ihrem Tagebuch an: »... *Schon lange ist es Giselas innigster Wunsch, Alfons und mich bekannt zu machen ... um mich in ihrer Nähe zu haben ... Ich hatte das Gefühl von Alfons angeschaut zu werden ›wie eine Kuh am Viehmarkt‹ ...*« Aber auch in den Augen der Kaiserin fand Alfons keine Gnade. Sie nahm sich den jungen Mann vor und befragte ihn in ihrer bekannt ironischen Art: »*Du gehst gewiss nur in Operetten und schläfst bei klassischen Stücken ein. Im Circus bist du wohl immer wach.*« Alfons merkte in seiner simplen Art nicht, worum es eigentlich ging, und tappte in die Falle. Damit war er als Heiratskandidat schnell aus dem Rennen.

Genauso erging es dem Bruder Marie Josés, der zweiten Gemahlin von Valeries Onkel Carl Theodor, Miguel. Auch er bemühte sich vergeblich um die junge Kaisertochter, die über ihn in ihrem Tagebuch notierte: »*Ich brüllte laut auf – Ich, Miguels Frau ..., den ich kaum 5 Minuten in einem halbdunklen Zimmer gesehen, kaum gesprochen, der so berühmt dumm ist, dass ihn jedermann auslacht ... wie in einem Lustspiel.*«

Marie Valerie hatte das große Glück, das junge Mädchen im Hause Habsburg bis dahin nicht sehr oft gehabt hatten. Sie konnte unter den Heiratskandidaten wählen, hatte die Erlaubnis, die ihr unsympathischen abzulehnen, und durfte sich schließlich den Mann aussuchen, von dem sie glaubte, dass er ein Leben lang der Richtige für sie sein würde: Franz Salvator Erzherzog von Österreich-Toscana. Nicht nur das Schicksal hatte es wahrhaft gut mit ihr gemeint, auch die Mutter hielt schützend die Hände über sie, um sie vor zukünftigem Unglück zu bewahren.

Auf diese Weise erlebte Valerie all das, was in anderen Kreisen seit Jahrhunderten üblich war: Sie genoss die Wochen und Monate des Verliebtseins, hatte die Möglichkeit, ihren Zukünftigen allein zu sehen, saß neben ihm bei den Familiendiners oder war ihm beim Tanz auf dem Hofball nahe. Es war, als versuchte Sisi der Tochter das Glück zu ermöglichen, von dem sie immer geträumt hatte und das für sie nur allzu kurz gewesen war.

Obwohl Elisabeth alles für die Tochter geopfert hätte, konnte sie dennoch nicht verhindern, dass am 29. Juli 1890 die festliche Trauung des jungen Paares in Ischl stattfand, nachdem Valerie im Juni

Erzherzogin Marie Valerie und Erzherzog Franz Salvator

den Renuntiationseid, die Verzichtserklärung auf den Habsburgerthron, in der Hermesvilla in Lainz geleistet hatte.
Für die junge Ehefrau begann an der Seite des toscanischen Erzherzogs ein völlig neues Leben. Sie, die immer mit zahllosen Dienern gereist war, fand sich plötzlich auf sich allein gestellt, ja, selbst das Mieder musste ihr der eigene Ehemann in Ermangelung einer Kammerfrau zuschnüren! Aber schon bald gewöhnte sich Valerie daran, persönlich alles in die Hand zu nehmen. Nach ihrem Einzug in Schloss Lichtenegg bei Wels erklärte sie der 28-köpfigen Dienerschar, dass sie sich um jede noch so kleine Angelegenheit kümmern

wollte, selbst um die belanglosesten Dinge im Haushalt. Eines allerdings machte ihr schwer zu schaffen: Sie musste erst lernen, mit den Damen und Herren der Umgebung, mit denen sie jetzt regelmäßig zusammentraf, auf gleichem Niveau Konversation zu machen, deren manchmal derbe Späße zu akzeptieren und ihre nicht gerade vornehmen Essensgewohnheiten zu übersehen. Aber wo ein Wille, da ein Weg und die Kaisertochter fand diesen Weg in kurzer Zeit!
Sooft es ihre Zeit und ihre Gesundheit erlaubte, besuchte Marie Valerie ihre Eltern in Wien, in Ischl oder die Mutter bei ihren Besuchen in der bayerischen Heimat. Die ununterbrochenen Schwangerschaften der Tochter versetzten die Kaiserin immer wieder in Angst und Schrecken, sie konnte damals nicht ahnen, dass Marie Valerie zehn Kindern das Leben schenken sollte. Für Sisi waren die vier Geburten ihrer »Einzigen«, die sie noch erlebte, schon mehr als genug.
Es war ein besonderes Verdienst Marie Valeries, dass sie zeitlebens zu den einzelnen Familienmitgliedern eine enge Beziehung aufrechterhielt. So kümmerte sie sich außer um ihre Eltern und ihre Schwester Gisela auch rührend um die einzige Tochter ihres verstorbenen Bruders, Elisabeth, und richtete für die schöne Nichte vor deren Vermählung mit Otto Prinz von Windisch-Graetz die Brautsoiree in der Hofburg aus.
Nach den schrecklichen Ereignissen des Septembers 1898 hatte der gramgebeugte Kaiser Trost und Abwechslung im Kreise von Valeries Familie gefunden, die mittlerweile nach Wallsee übersiedelt war. Franz Joseph genoss genauso wie in München bei seiner Tochter Gisela seine Rolle als Großvater, hier konnte er das sein, was er ein Leben lang nie sein durfte: ein Mensch, ein Vater und Großvater. Seine beiden Töchter waren genauso wie seine Enkelin Erzsi schon nach Elisabeths Tod reiche Frauen geworden, aber nach dem Ableben von Franz Joseph am 21. November 1916 erhielten sie noch umfangreichen Grundbesitz aus dem Privateigentum des Kaisers, das bis heute im Besitz der Nachkommen ist.
Marie Valerie wäre keine echte Habsburgerin gewesen, hätte sie sich nicht schon in ihrer Jugend von den Lehren der katholischen Kirche angezogen gefühlt. Sie konnte in religiöser Hinsicht weder ihre Mutter noch ihren Bruder verstehen, die beide an alles andere als an die Dogmen aus Rom glaubten. Für die jüngste Tochter Elisabeths war der regelmäßige Empfang der Sakramente genauso selbstverständ-

lich wie das geistige Eingebettetsein in die christliche Lehre. Aus ihr schöpfte sie Kraft und Glauben, auch als die bisher geltenden Werte durch den Ausbruch des Ersten Weltkriegs in Frage gestellt zu sein schienen.

Die stets wachsende Familie war schon vor längerer Zeit nach Wallsee übersiedelt, wo die Erzherzogin begann, sich um die Armen und Kranken zu kümmern. Sie übte diese soziale Tätigkeit ganz so wie ihre Schwester in München aus und sah zu, dass rund um sie die ärgste Not gelindert werden konnte. Es war nicht erst ihre ununterbrochene Hilfstätigkeit im Ersten Weltkrieg – sie im Vorhof des Schlosses ein Lazarett eingerichtet hatte – was ihr den Beinamen der »Engel von Wallsee« einbrachte, sondern die Hilfe von Mensch zu Mensch. So erinnerte sich ihre Enkelin Marie Boniface noch nach vielen Jahren, dass sie die Großmutter oft mit einem Henkelkorb voller Lebensmittel für die Armen in den Ort gehen sah.

Auch ihr Gemahl Franz Salvator machte als Helfer in all dem Leid und der Not des Kriegs von sich reden, er übte seine Tätigkeit als Generalinspektor der freiwilligen Sanitätspflege und in der Österreichischen Gesellschaft des Roten Kreuzes derart aufopfernd aus, dass er von der Universität Innsbruck das Ehrendoktorat für Medizin erhielt. Daneben hatte er aber ein sehr aufwändiges Hobby: Er liebte schon in der damaligen Zeit schnelle Autos und wurde ein nicht zu unterschätzender Förderer der Firma Porsche.

Dem »ungarischen Kind«, das es eigentlich nicht sein wollte, der »Einzigen«, die unter ihrer Bevorzugung durch die Mutter lange Zeit gelitten hatte, Erzherzogin Marie Valerie war kein allzu langes Leben beschieden. Durch die letzte Schwangerschaft, die der Kaiser für völlig überflüssig befunden hatte und bei der Valerie immerhin schon im 43. Lebensjahr stand, war ihre Gesundheit stark geschwächt worden. Von den Strapazen der Geburt erholte sie sich nur ganz langsam. Mehr und mehr verfiel sie in Melancholie, was man eigentlich bei der einst so lebensbejahenden Frau kaum hätte vermuten können. Aber das mütterliche Erbe brach sich letztlich doch Bahn.

Marie Valerie war erst 56 Jahre alt, als die Ärzte bei ihr Lymphdrüsenkrebs konstatierten. Sie war unrettbar verloren. Als sie im September 1924 in Sindelburg zu Grabe getragen wurde, folgte die unvorstellbare Menge von 40 000 Menschen ihrem Sarg. Prinzessin

Gisela, die mit ihrer Schwester einen Menschen verloren hatte, den sie von frühester Jugend an geliebt hatte, schrieb an ihre Schwägerin Therese folgende Zeilen: »*Ich muss noch anfügen, dass ich Valerie am 11. Aug. bei vollem Bewusstsein antraf, ganz klar über ihren Zustand und so fromm ergeben, ja, freudig ihrem Ende entgegensehend, dass eine unerwartete Genesung sie, glaube ich, enttäuscht hätte. Sie war ganz beruhigt, dass Gott für Mann und Kinder alles zum Besten fügen würde, dass sie sich darüber gar keine Sorgen machte. Man konnte sie nur beneiden.*«

Eigentlich hätte sie Kaiserin werden sollen

Schwester Helene

Viel ist jahrzehntelang über das »Was wäre gewesen, wenn ...« gerätselt worden und vielleicht grübelte auch Kaiser Franz Joseph in so mancher seiner vielen einsamen Stunden darüber nach, wie sich sein Schicksal und das der großen Donaumonarchie gestaltet hätte, wäre nicht Elisabeth Kaiserin von Österreich geworden, sondern ihre ältere Schwester Helene.

Kaiser Franz Joseph, der durch das diplomatische Geschick seiner Mutter Sophie 1848 auf den Habsburgerthron gelangt war, schien allmählich ins heiratsfähige Alter gekommen zu sein. Und wie immer in seinem bisherigen Leben hatte sich vor allem »die liebe Mama« intensive Gedanken darüber gemacht, wer die Frau an seiner Seite einmal sein sollte. Die Erzherzogin hatte die in Frage kommenden Prinzessinnen in Europa genauestens unter die Lupe genommen und war nach reiflicher Überlegung zu der Überzeugung gelangt, dass ihre Nichte Helene, die Tochter ihrer Schwester Ludovika, die richtige Braut für ihren Sohn sein würde und gleichzeitig auch die ideale Kaiserin. Zwar waren die beiden jungen Leute Cousin und Cousine, aber im Hause Habsburg hatte eine nahe Verwandtschaft noch nie eine hinderliche Rolle gespielt.

Franz Joseph, der in seinem Leben bisher immer auf die Ratschläge seiner »lieben Mama« gehört hatte, hatte keine Einwände, die Possenhofener Cousine nach Ischl einzuladen, ja, er fügte sich auch den Anordnungen seiner Mutter dahingehend, sich mit dem Gedanken vertraut machen zu wollen, Nené eventuell zu seiner Frau zu nehmen. Er selber hatte sich zwar schon auf dem europäischen Heiratsmarkt umgesehen, wobei keine einzige der jungen Damen, die man ihm herausgeputzt präsentierte, sein Auge entzücken und sein Herz entflammen konnte. Denn in puncto Frauen war der junge Kaiser absolut wählerisch. Daher war er mehr als gespannt auf die Cousine aus Possenhofen, der in jeder Weise ein untadeliger Ruf vorauseilte. Niemand konnte ahnen, als Erzherzogin Sophie die Einladung an ihre Schwester nach Possenhofen schickte, wie sich die Ereignisse in den nächsten Wochen überschlagen würden, wie alles ganz anders kommen sollte als geplant. Denn Ludovika nahm nach Ischl nicht nur die schöne Helene mit, um sie dem Kaiser vorzustellen, sondern auch deren bezaubernde kleine Schwester Elisabeth. Dabei war Sisi, wie Elisabeth im Familienkreise genannt wurde, eigentlich eher ein Notnagel, da sich der Vater der Mädchen Herzog Max in Bayern geweigert hatte, die Einladung der ungeliebten Schwägerin anzunehmen.

Die Folgen waren für beide Familien, aber auch für die politische Entwicklung nicht absehbar. Sisi war gekommen, Franz Joseph hatte sie gesehen und die Liebe hatte gesiegt. Seine Mutter konnte ihn noch so sehr daran erinnern, dass nicht Sisi als Braut für ihn gedacht war, sondern deren Schwester Nene, aber der Kaiser, der nur Augen für Sisi hatte, war diesmal der »lieben Mama« gegenüber auf beiden Ohren taub. Wie bestellt und nicht abgeholt stand Nené neben ihrer jüngeren Schwester, verlegen und reserviert, so, wie dies auch bisher immer ihre Art gewesen war, während Sisi sich vor dem jungen Kaiser keineswegs verlegen zeigte, sodass sie Franz Joseph, der von Kindheit an in das starre spanische Hofzeremoniell gepresst gewesen war, gerade durch ihre Natürlichkeit entzückte. Sie war so ganz anders als ihre wohl schönere, aber viel zu ernste Schwester, deren ganzes Wesen schon von klein auf von Zurückhaltung gezeichnet war. Nené war es nie vergönnt gewesen, unbeschwert mit ihrem Vater Herzog Max durch Wald und Flur zu reiten, so wie ihre Schwestern Elisabeth und Sophie, sie zog sich in ihrer stillen Art lieber in abgeschiedene Zimmer zurück um ihren Träumereien nachzuhängen. Nené spazierte lieber allein im romantischen Park von Possenhofen, war aber dann doch keine Spielverderberin, wenn die Schwestern verschwitzt und abgehetzt von irgendeinem Reitabenteuer zurückkamen. Schon früh galt Nené im Kreise der Geschwisterschar als ernste Einzelgängerin, mit deren Wesen die Erzieherin Sisis, die Baronin Wulffen, nicht viel anfangen konnte. Die Baronin äußerte sich in einem Schreiben an eine Dresdener Freundin nicht gerade freund-

Maximilian, Herzog in Bayern, und seine Gemahlin,
Herzogin Ludovika

lich über Nene: »*Der Charakter Helenes lässt es mir wünschenswert erscheinen, sie von ihrer Schwester Elisabeth zu trennen. Ohne schlimm zu sein, hat sie doch einen schlechten Einfluss auf sie, die viel weicher und von Natur sehr skrupelvoll ist. Aber die ältere dominiert sie ...*«
Die Baronin musste sich nicht allzu große Sorgen über einen eventuellen schlechten Einfluss Nenés auf ihre Schwester machen, denn die beiden Mädchen hatten ohnedies kaum Gemeinsamkeiten. Und während Sisi die meiste Zeit in Gottes freier Natur verbrachte, saß Nené im stillen Kämmerlein, mit irgendeiner Handarbeit beschäftigt, sodass sich manches Mal ihre Mutter schon Sorgen über die Zukunft der stillen Tochter machte, die selbst in Ludovikas Augen viel zu ernst für ihr Alter war.
Die Situation im Hause von Herzog Max hatte sich allerdings schlagartig geändert, als der Brief von Erzherzogin Sophie eingetroffen war, der eine wahre Sensation bedeutet hatte. Nené sollte nach dem Willen der Tante Kaiserin von Österreich werden! Nicht nur

Ludovika war von dieser Idee entzückt, auch für die Geschwister war die Sensation perfekt. Und Herzog Max, der als Vater eigentlich hätte ein Wörtchen mitreden sollen, wurde gar nicht gefragt, denn man kannte seine Abneigung seiner Schwägerin in Wien gegenüber und vermutete mit Recht, dass er von dieser Heirat nicht viel halten würde.

Wie es in adeligen Kreisen zu dieser Zeit üblich war, dachte man nicht sehr viel über die Gefühle der jungen Leute nach, die sich die Hand fürs Leben reichen sollten. Wichtig war in erster Linie, dass der entsprechende Ehepartner standesgemäß, halbwegs im Alter passend und katholisch war. Alles andere würde sich schon finden, so lautete zumindest der Standpunkt der beiden Mütter. Wenn auch die Töchter von Herzog Max den Standesansprüchen von Seiten des Vaters nicht ganz entsprachen, denn der Herzog stammte aus einer Wittelsbacher Nebenlinie, so konnte doch Ludovika, die Mutter, auf eine königliche Abstammung verweisen, denn sie war – genauso wie ihre Schwester Sophie – eine Tochter König Max' I. Josephs aus seiner zweiten Ehe. Außerdem war ihr Halbbruder Ludwig I. König von Bayern. Somit war zumindest annähernd den Vorstellungen des Kaiserhauses Genüge getan.

Die Mutter des jungen Kaisers hatte mit Nené kein unansehnliches Mädchen für ihren Sohn ausgesucht, im Gegenteil: Helene war mit ihrem schwarzen Haar, den dunklen etwas zu ernsten Augen, dem weißen makellosen Teint und ihrer schlanken Gestalt eine ausgesprochene Schönheit, der es vielleicht an Temperament etwas mangelte, was sich in ihrem Gesicht widerspiegelte, die aber eine attraktive Kaiserin werden würde. Pflichtbewusst, wie sie von Kindheit an war, würde sie sicherlich die schwere, verantwortungsvolle Aufgabe an der Seite Franz Josephs bestens erfüllen, dessen waren sich sowohl Sophie als auch Ludovika sicher. Was dem jungen Mädchen fehlte, war allerdings eine fundierte Bildung, denn im Hause von Herzog Max war es beinahe unmöglich, dass die Kinder konsequent etwas lernen konnten. Fundierter Unterricht war fast ausgeschlossen. Der eigene Vater machte in seiner spontanen Art jeden Ansatz einer intensiveren Wissensübermittlung unmöglich, denn wenn es dem Herzog einfiel, unterbrach er das Lernen und nahm seine Sprösslinge auf seine Reit- und Jagdabenteuer mit, ohne sich um die Proteste von Ludovika oder den Hauslehrern zu kümmern.

Daher war die Panik groß, als nun die überraschende Werbung aus Wien eintraf. Wie sollte Nené in kurzer Zeit all das nachholen, was sie bisher ohne eigene Schuld versäumt hatte? In aller Eile wurden Professoren für alle Wissensgebiete engagiert, die sich unendliche Mühe gaben, dem jungen Mädchen all dies in kürzester Zeit einzutrichtern, was für es dringend nötig sein würde. Am schwierigsten gestaltete sich der Unterricht in den Sprachen, denn es erwies sich beinahe als ein Ding der Unmöglichkeit, Nené in nur wenigen Wochen wenigstens die Grundkenntnisse des Französischen beizubringen, der Sprache, die am Kaiserhof in Wien besonders gepflegt wurde. Mit dem Tanzenlernen dagegen hatte der Tanzmeister schon mehr Glück, denn Nené erwies sich genau wie ihre Schwester Elisabeth, die an den Instruktionen teilnahm, als gelehrige Schülerin und schon bald konnte man erkennen, dass die graziöse Nené auch auf dem Wiener Tanzparkett eine blendende Figur machen würde.
Auch in Possenhofen und München arbeitete man an der Ausstattung der Braut auf Hochtouren, denn Nené sollte nicht wie die arme Verwandte aus der Provinz den reichen Märchenprinzen heiraten. Herzog Max hatte sich überraschenderweise bereit erklärt, seiner Tochter eine entsprechende Mitgift auszusetzen, er hatte schließlich auch seinen Stolz!
Aber die wochenlangen Vorbereitungen, das intensive Lernen, die Vorfreude Nenés wurden in nur einigen wenigen Minuten in Ischl zunichte gemacht, der Traum von der Kaiserin zerrann von einem Augenblick auf den anderen!
Als verschmähte Braut kehrte Nené nach Possenhofen zurück, wobei die gekränkte Eitelkeit alle anderen Gefühle überdeckte. Für ein zurückhaltendes, eher schüchternes junges Mädchen muss es ein deprimierendes Erlebnis gewesen sein, hinter der jüngeren Schwester, die keineswegs so attraktiv war wie sie selbst, zurückstehen zu müssen. Nené zog sich, kaum in Possenhofen angekommen, immer mehr in ihr Schneckenhaus zurück, sie konnte die Hektik, die noch vor wenigen Tagen ihr gegolten hatte und die jetzt rund um Sisi ausgebrochen war, kaum mehr ertragen.
Um dem Trubel zu entgehen suchte sie tagtäglich die Kirche auf, um hier in stundenlangem Gebet zu versinken. Sie war im Gegensatz zu ihrer Schwester Elisabeth, die Gott lieber in der freien Natur anbetete als in den weihrauchgeschwängerten Kirchen, streng katholisch.

Und gerade diese Eigenschaft wäre es sicherlich gewesen, die sie mit ihrer eventuellen Schwiegermutter Erzherzogin Sophie innig verbunden hätte.
Eine Eigenschaft allerdings wäre ihr zu einem ständigen Ärgernis in Wien geworden: Nené war zu allen Zeiten und bei allen Gelegenheiten mehr als unpünktlich. Für sie schien es einen festen Zeitplan nicht zu geben, genauso wenig wie man annehmen konnte, dass sie eine Uhr besaß. Was zunächst wie eine kindliche und später jugendliche Ungezogenheit aussah, entwickelte sich im Laufe der Jahre zu einer echten Charakterschwäche, unter der nicht nur andere, sondern auch sie selber zu leiden hatte. Denn nicht nur einmal fuhr der Zug vor ihren Augen ab, da es keine Order gab, ihn für die Fürstin von Thurn und Taxis, die sie geworden war, anzuhalten.
Der Hochzeit ihrer Schwester Sisi sah Nené sicherlich mit gemischten Gefühlen entgegen, denn immerhin würde sich in Wien die elegante Welt versammeln und jeder der geladenen Gäste wusste, dass eigentlich sie an der Seite des Kaisers in der Augustinerkirche hätte stehen sollen. Was Ludovika in ihrer Euphorie einst viel zu sehr publik gemacht hatte, wurde nun zur Peinlichkeit für ihre ältere Tochter. Auch die Mutter sah mit Sorgen in die Zukunft, es würde nicht leicht sein, für Nené noch einen passenden Mann zu finden. Denn wenn die Tochter auch nach wie vor bildschön war, so hatte sie die zwanzig doch schon überschritten, ein Alter, in dem die meisten jungen Mädchen schon verheiratet waren. Überdies bestand fast tagtäglich die Gefahr, dass Nené in ihrer bigotten Art auf die Idee kommen könnte den Schleier zu nehmen. Für Ludovika trotz aller Frömmigkeit ein erschreckender Gedanke!
Die Herzogin wusste, dass sie unbedingt in nächster Zeit einen Freier für Nené herbeischaffen musste. Und während die Mutter die eventuellen Heiratskandidaten durchging, betätigte sich Nené vor allem karitativ, sodass man schon bald in ihr den guten Engel vom Starnberger See sah. Überall wohin sie kam, wurde sie von der Bevölkerung begeistert begrüßt, ihr selbstloses Wirken hatte sich wie ein Lauffeuer verbreitet. Man verehrte und liebte die schöne Herzogstochter, die so ganz anders als ihre Geschwister war. Aber bei allem Mitleid für die Armen, eine soziale Beschäftigung konnte in den Augen der Mutter nicht das Lebensziel ihrer Tochter sein. Nené musste schnell unter die Haube kommen!

Wann Ludovika den reichen Erbprinzen von Thurn und Taxis Maximilian Anton ins Visier genommen hatte, ist nicht bekannt. Vielleicht kam ihr der Gedanke, als der Erbprinz schon wie so oft an einer der von Herzog Max arrangierten Hochgebirgsjagd teilnahm. Beziehungen zwischen dem Herzog und den Thurn und Taxis hatten schon lange bestanden, Einladungen waren hin und her gegangen, doch Ludovika hatte nie daran teilgenommen. Jetzt aber schien ihr der geeignete Moment gekommen, ein Essen, wenn auch in bescheidenerem Rahmen, als dies bei den Thurn und Taxis üblich war, zu arrangieren, dem auch ihre älteste Tochter beiwohnen sollte. Nach der Jagd war ein Treffen in Possenhofen geplant und alles andere würde, wenn die jungen Leute einander kennen gelernt hatten, hoffentlich Gott Amor besorgen. Ludovika weihte ganz gegen ihre Gewohnheit Herzog Max in ihren Plan ein, der überraschenderweise mit den Absichten seiner Gemahlin einverstanden war. Denn was konnte er sich mehr wünschen als einen Jagdfreund zum Schwiegersohn?
Auch die Familie des Zukünftigen konnte sich durchaus sehen lassen. Denn die Thurn und Taxis waren nicht irgendwelche steinreiche Emporkömmlinge, ihre Familie war schon im 15. Jahrhundert unter Kaiser Maximilian I. zu Ansehen und Vermögen gekommen und war schließlich in den Reichsfürstenstand aufgestiegen. Mit dem Postmonopol hatten die Thurn und Taxis ein Vermögen gemacht und besaßen große Ländereien nicht nur in der Oberpfalz und in Böhmen, sondern auch in Ungarn. Maximilian Anton, der älteste Sohn des Fürsten, war ein überaus gebildeter junger Mann, hatte an verschiedenen Universitäten studiert und das einfache Studentenleben durchaus genossen. Inmitten seiner Kommilitonen hatte er Gelegenheit gehabt, bedeutende Dichter und Musiker persönlich kennen zu lernen, etwas, was sein zukünftiges Leben prägen sollte. Als Nachfolger seines Vaters wollte er das Thurn-und-Taxis'sche Reich nicht nach den alten Traditionen regieren, er wollte es in eine neue, moderne Zeit führen.
Es genügte ein Abend im Kreise der Possenhofener Herzogsfamilie für den Erbprinzen, um sich schon bald darüber im Klaren zu sein, dass keine andere als die schöne Nené seine Gemahlin werden sollte. Was sich zunächst als Bewunderung zeigte, entwickelte sich schon in kurzer Zeit zu einer großen Liebe. Immer öfter nahm Maximilian Anton seinen Weg an den Starnberger See, was Ludovika voll Freude registrierte. Auch Herzog Max war mit der Wahl seiner Tochter aus vollem

Herzen einverstanden und antwortete Maximilian Anton auf seine Werbung hin begeistert mit »Ja«. Dem Vater des Erbprinzen schrieb er am 30. März 1858 folgende Zeilen: »*Mit freudigem Erstaunen erhielt ich die Kunde von dem Wunsche Ihres Herren Sohn, sich mit meiner Tochter Helene zu verbinden. Ich kann nur aus vollem Herzen versichern, dass mich diese Ehe sehr glücklich macht, umso mehr, da Helene in die Familie eines Mannes eintreten wird, dem ich seit einer langen Reihe von Jahren aufrichtig und treu ergeben bin.*«

Die Antwort Maximilian Karls aus Regensburg ließ nicht lange auf sich warten. Der Fürst schrieb, »*dass der Wunsch meines Sohnes mich in jeder Hinsicht nur erfreuen konnte, ist so natürlich, dass ich nicht zu versichern brauche, dass er keine Wahl hätte treffen können, welche mir angenehmer gewesen wäre ... Mit Überzeugung darf ich dabey versichern, dass mein Sohn den festen Willen und die beste Absicht hat, I.K.H., die Prinzessin Helene so glücklich zu machen, als er es vermag.*«

Auch Nené war glücklich, vergessen waren die trüben Stunden von Ischl, die unangenehme Situation in Wien bei Sisis Hochzeit und die bedrückenden Tage und Wochen im Kreise der Familie. Sie hatte einen Mann gefunden, den sie von Tag zu Tag mehr liebte und von dem sie wusste, dass er derjenige war, auf den sie schon lange gewartet hatte. Eines hatte man bei der allgemeinen Freude über die geplante Verbindung allerdings vergessen, dass der amtierende König von Bayern noch ein ernstes Wort mitzureden hatte. Denn der Erbprinz von Thurn und Taxis war trotz seines legendären Reichtums durchaus nicht ebenbürtig für eine Prinzessin aus königlichem Geblüt. Immerhin gab es in der Familie Nenés einige Könige, sodass ein Fürst standesgemäß weit unter der Possenhofener Familie stand. König Maximilian II., ein Vetter Ludovikas, meldete daher sofort Bedenken an, und es bedurfte einiger Überredungskunst, den König mild zu stimmen, damit er die ersehnte Heiratserlaubnis gab. Der ließ aber am 2. Mai 1858 in Schloss Berg am Starnberger See Folgendes schriftlich festlegen:

»*1., dass der durchlauchtigsten Braut Rang und Rechte einer Prinzessin und Herzogin in Bayern auch nach ihrer Vermählung vorbehalten bleiben, und dieselbe demgemäß zwar Fürstin von Thurn und Taxis heißen wird, zugleich aber auch den Titel Herzogin in Bayern – Königliche Hoheit zu führen hat.*«

Der Verlobung von Nené mit Maximilian Anton stand nun nichts mehr im Wege. Sisi schickte dazu aus Wien ein herzlich gehaltenes Glückwunschtelegramm, wahrscheinlich war ihr ein Stein vom Herzen gefallen. Denn ein Hauch von schlechtem Gewissen hatte sie der Schwester gegenüber immer noch geplagt. Aber jetzt würde Nené sicherlich an der Seite des Erbprinzen das große Glück finden, das ihr selber versagt geblieben war.
Die Trauung war für den 24. August festgesetzt, ein Zeitpunkt, an dem Sisi auf keinen Fall an den Feierlichkeiten teilnehmen konnte, da sie vor drei Tagen ihr drittes Kind, den ersehnten Kronprinzen, zur Welt gebracht hatte. Aus Wien waren trotzdem die Brüder des Kaisers erschienen, daneben alles, was Rang und Namen oder enge Beziehungen zu beiden Familien hatte. Auch die alte Kaiserwitwe Karoline Auguste, die vierte Gemahlin von Kaiser Franz, war in Possenhofen erschienen, sie war immerhin eine Stiefschwester Ludovikas und somit eine Tante der Braut. Nur der König von Bayern war verhindert, ließ aber seine herzlichsten Glückwünsche und den St.-Hubertus-Orden dem Bräutigam durch den bekannten Staatsminister von der Pfordten überbringen.
Die Hochzeit Nenés wurde rund um den Starnberger See mit Begeisterung gefeiert, denn hier heiratete nicht die Tochter des Herzogs in Bayern, sondern ein von den einfachen Leuten geliebtes Mädchen. Der einzige Wermutstropfen für alle war, dass Nené nun an der Seite des Erbprinzen nach Regensburg ziehen würde. Der Verlust würde für alle schmerzlich sein.
Unter den Klängen zahlreicher Musikkapellen schritten die beiden verliebten jungen Leute durch die Kirche. Bevor sie den Altar erreichten, erklang ein eigens von Ferdinand Fränkel komponiertes Hochzeitslied:

»Holdes Brautpaar sei willkommen
Hier an dem geweihten Ort,
Bald verbindet euch für immer
Nun des Priesters heilig Wort.
Führe Bräutigam dein Bräutchen,
Mit dem Kranz im Lockenhaar,
Führ sie durch die bunte Menge
Zu dem funkelnden Altar!«

Dr. Haneberg, der Abt des Klosters Beuerberg, nahm auf ausdrücklichen Wunsch Nenés die Trauung vor. Und während es draußen in Strömen regnete, gaben Nené und Maximilian Anton einander das Ja-Wort, das sie bis zum Tode miteinander verbinden sollte.
Herzog Max und Herzogin Ludovika hatten sich bei der Planung der umfangreichen Hochzeitsfeierlichkeiten überboten. Nicht nur für Nené sollte dieser Tag unvergesslich bleiben, auch der Wiener Verwandtschaft wollte man zeigen, was ein Herzog in Bayern an Köstlichkeiten und Attraktionen zu bieten hatte. Auch die Geschenke, die die Braut erhielt, waren durchaus ansehnlich. So schenkte der Schwiegervater Nené ein Brillantkollier im Wert von 160 000 Gulden. Dieses großzügige Präsent sollte der jungen Frau zeigen, wie willkommen sie im Hause Thurn und Taxis war!
Herzog Max hatte für das Brautpaar auch eine Überraschung bereit, er übertrug den beiden Schloss Biederstein, wo das junge Paar die ersten Tage der Flitterwochen verbringen sollte.
Aber auch die Armen und Bedürftigen sollten bei so einem Freudenfest nicht leer ausgehen, über 7000 Gulden wurden ihnen zur Verfügung gestellt, sodass Nenés Traum von einer Anstalt für die weibliche Jugend endlich in Erfüllung gehen konnte noch bevor sie nach Regensburg abreiste.
Eine große Hochzeitsreise war für das junge Paar nicht vorgesehen, man hielt sich lieber in der Umgebung auf und besuchte auch einmal zwischendurch die kaiserliche Familie in Ischl, wo Franz Joseph und Maximilian Anton einander zum ersten Mal begegneten. Man war sich vom ersten Moment an sympathisch, da beide Herren begeisterte Jäger waren und das edle Waidwerk immer wieder Verbindungen schuf.
Der Einzug des Erbprinzenpaares in Regensburg war erst für Dezember vorgesehen, denn die Vorbereitungen für den festlichen Empfang benötigten Monate. Mit unvorstellbarer Herzlichkeit wurden Nené und Maximilian Anton von den Stadtvätern, den Ratsmitgliedern und der Regensburger Bevölkerung am 22. Dezember begrüßt. Man liebte nicht nur den Erbprinzen, man brachte auch seiner jungen schönen Frau wahre Ovationen entgegen. Es war schon dunkel, als Maximilian Anton mit Nené an seiner Seite durch den mit Blumen verzierten Triumphbogen schritt, der die Aufschrift trug:
»So viele Herzen drinnen wohnen,

So viele Grüße nach Millionen.«

Es dauerte nicht lange, da hatte sich Nené in der neuen Heimat eingewöhnt. Die Fürstenfamilie hatte in ihrer liebevollen Art dazu beigetragen, dass die junge Frau, die schon nach kurzer Zeit ein Kind erwartete, nicht von Heimweh geplagt wurde. Aber auch die Regensburger Bevölkerung sah in der schönen Gemahlin des Erbprinzen sehr bald eine echte zukünftige Landesmutter, da sich Nené nicht wie ihre Schwester Sisi in Wien vor der Öffentlichkeit zurückzog, sondern sich um die Anliegen des Volkes kümmerte. Dabei fand sie viel Verständnis bei ihrem Gemahl, der ihr die finanziellen Mittel zur Verfügung stellte, die sie für ihre soziale Tätigkeit benötigte. Schon am 3. Januar 1859 wurden auf Veranlassung der neuen Erbprinzessin 1000 Gulden unter den Armen verteilt.

In den nächsten Wochen und Monaten musste sich Nené an ihr neues Leben, das von vielen Gesellschaften, Dinners und Festlichkeiten geprägt war, erst gewöhnen. Das Leben in Possenhofen und München war, abgesehen von einigen Bällen, die Herzog Max in seinem Palais in München alljährlich gab, eher ruhig und familiär gewesen. Hier in Regensburg aber war man an große Veranstaltungen gewöhnt, die den Reichtum und Luxus der Thurn-und-Taxis'schen Familie widerspiegelten. Nené war bei allen Festen der bestaunte Mittelpunkt, und obwohl sie wegen ihrer Schwangerschaft körperlich ermüdet war, gab sie sich die größte Mühe, den Vorstellungen, die man von ihr hatte, gerecht zu werden. Sie war immer schon ein diszipliniertes Mädchen gewesen, ganz anders als ihre Schwester Elisabeth, und das zeigte sich auch jetzt.

Als die Geburt des Kindes unmittelbar bevorstand, teilte Nenés Mutter Ludovika dem Schwiegersohn mit, dass sie beabsichtige nach Regensburg zu kommen, um der Tochter in ihrer schweren Stunde beizustehen. Ludovika wählte diese Reise auch, um nicht an der Hochzeit ihres ältesten Sohnes teilnehmen zu müssen, der seinen Plan durchsetzte und die Schauspielerin Henriette Mendel zum Altar führte. In allen Familien rundum war man darüber empört!

Als das Kind Nenés den ersten Schrei tat, war man zunächst in der Thurn-und-Taxis'schen Familie über das kleine Mädchen etwas enttäuscht, hatte man sich doch von dem Erbprinzenpaar einen Erbprinzen erwartet! Aber in der Zukunft konnten noch viele Söhne das Licht der Welt erblicken. Und so war man glücklich, dass Mutter und Kind wohlauf waren, nur dem fernen Franz Joseph musste eine boshafte Bemerkung zu Ohren gekommen sein, denn er schrieb an seine »Engels Sisi« aus Italien folgende Zeilen: »... *Das Kind von Nené muss grauslich sein.*« Er bedachte dabei wahrscheinlich nicht, dass aus den hässlichsten Kindern oft die schönsten Menschen werden!

Nené hatte alle Hände voll zu tun in Regensburg, nicht nur mit ihren beiden kleinen Mädchen – der ersten Tochter war eine zweite gefolgt –, als eines Tages ein Schreiben des Kaisers aus Wien eintraf, worin Franz Joseph die Schwägerin bat, ihre kaiserliche Schwester auf die Insel Korfu zu begleiten. Zunächst wusste man nicht, wie man den Brief beantworten sollte, denn weder Maximilian Anton noch die fürstliche Familie konnte sich vorstellen, dass die junge Frau über Monate abwesend sein sollte um Sisi Gesellschaft zu leisten. Schließlich kam man aber zu der Überzeugung, dass man die kaiserliche Bitte kaum ablehnen könnte, und bat Ludovika, die beiden kleinen Enkelinnen zu sich nach Possenhofen zu nehmen. Jetzt war der Weg für Nené frei, zu ihrer Schwester in den Süden zu fahren.

Am 18. August 1861 bestiegen der Erbprinz von Thurn und Taxis und seine Gemahlin den Zug, der sie nach Triest bringen sollte. Franz Joseph hatte der Schwägerin das Kriegsschiff »Greif« zur Verfügung gestellt und Maximilian Anton geleitete seine Frau persönlich an Bord, während die Besatzung vor beiden stramm stand und ihnen militärische Ehren erwies.

Sisi war hocherfreut, als sie Nené auf Korfu in die Arme schloss. Sie freute sich auf die ausgiebigen Spaziergänge mit der Schwester, auf denen man sich über die Zukunft unterhalten konnte. Hier vernahm Nene, dass Sisi an der Seite Franz Josephs keineswegs glücklich geworden war, dass sie die Schwiegermutter hasste und alles, was mit dem Wiener Hof zusammenhing. Nené versuchte, die Schwester – so gut es ging – zu trösten, und redete ihr gut zu. Vieles, was Nené als Argument anführte, musste Sisi als richtig erkennen. Sie versprach Nené, das Leben am Kaiserhof, das ihr so zuwider war, mit besten Vorsätzen wieder aufzunehmen, sie wollte sich nicht mehr in Krankheiten flüchten und sie wollte das Beste aus ihrer Situation und ihrer Stellung machen.

Wenn es auch die Kaiserin nicht nach Wien zog, so zählte doch Nené die Tage und Nächte, bis sie wieder heim nach Regensburg fahren

Kaiserin Elisabeth und ihre Schwester Erbprinzessin
Helene Thurn und Taxis auf Korfu

konnte. Früher als erwartet sagte sie ihrer Schwester Lebewohl, erstattete Franz Joseph in Wien noch einen ausführlichen Bericht über den Zustand seiner Gemahlin, dann fuhr sie, so schnell sie konnte, zurück nach Hause, wo sie von Maximilian Anton und den Kindern sehnlichst erwartet wurde.

Im Jahr 1862 trat dann das Ereignis ein, auf das nicht nur die fürstliche Familie gehofft hatte, sondern auch die Regensburger Bevölkerung: Die Erbprinzessin schenkte einem gesunden Knaben das Leben, den man auf die Namen Maximilian Maria Lamoral taufte. Endlich lag ein Erbprinz in der fürstlichen Wiege! Um seine enge

Beziehung zu Regensburg noch mehr zu zeigen, verwirklichte Maximilian Anton seinen Plan und verlegte seinen Wohnsitz in die Stadt. Er ließ zu diesem Zweck das »Erbprinzen-Palais« erbauen, wohin er und seine Familie am 24. Januar 1863 zogen. Begeistert wurde dieser Tag von den Regensburgern gefeiert, dokumentierte Maximilian Anton doch durch seine ständige Anwesenheit in der Stadt seine besondere Vorliebe für das schöne Regensburg. Anders als der Kaiserin von Österreich, die ihren Mann niemals von modernem Wohnkomfort überzeugen konnte, erging es ihrer Schwester. Nené fand bei ihrem Gemahl ein offenes Ohr für die Errungenschaften der Technik: Im Erbprinzenpalais musste man daher auf keine Art von modernem Luxus verzichten. Alle Räume waren komfortabel und doch wohnlich ausgestattet, sodass sich nicht nur die Familie Nenés, sondern auch die zahlreichen Gäste vom ersten Moment an wohl fühlen konnten. Außerdem war es möglich geworden, auch den Winter in Regensburg zu verbringen, etwas, wovor sich Nené bisher wegen der dichten Donaunebel immer gefürchtet hatte. Ihre Kinder nämlich besaßen keine allzu robuste Gesundheit, sie litten an ständigen Erkrankungen der Atemwege im Winter.
Die Zeit ging für Nené im Flug dahin, da sie sich nach wie vor um verschiedene soziale Angelegenheiten in der Stadt kümmerte. Sowohl ihr Schwiegervater als auch ihr Gemahl waren stets bereit, die Geldtruhen zu öffnen, wenn sie wieder einmal eine größere Summe benötigte. Denn sie war nicht im Stande, fröhliche Feste zu feiern, wenn sie daran denken musste, dass es rund um sie herum so viel Elend gab, das sie zu lindern vermochte.
Inmitten ihrer rastlosen Tätigkeit erreichte Nené die freudige Nachricht, dass ihr Bruder Carl Theodor, der in München Medizin studiert hatte, beabsichtigte die Tochter des Königs von Sachsen zu heiraten. Alle Geschwister waren nach Dresden eingeladen und alle hatten zugesagt. Sisi und Nené vereinbarten, einander in Prag zu treffen, um dort noch ein paar gemeinsame Tage zu verbringen. Dann wollte man zu den Hochzeitsfeierlichkeiten nach Dresden weiterreisen.
Aber während man den Festlichkeiten entgegensah, verdüsterte sich der politische Himmel in Europa zusehends. Bismarck mischte die Gegensätze, die zwischen den Ländern bestanden, immer mehr auf, sodass man schließlich an einem Waffengang zwischen Österreich und Preußen nicht mehr vorüberkam. Zusätzlich stand Franz Joseph

auch reichsintern unter Druck. Die Ungarn wollten mehr Freiheiten. Sisi machte sich für einen Ausgleich stark und konnte Franz Joseph von der Notwendigkeit dieses Schritts überzeugen. Ein Vertragswerk, das für die Zukunft in vielerlei Hinsicht bahnbrechend sein sollte.

Das Jahr 1867 schien ein Schicksalsjahr für Sisis Familie zu sein. Während man in Regensburg zunächst nur die politischen Ereignisse mit Sorge beobachtet hatte, sah man jetzt beinahe entsetzt auf den einst so attraktiven Erbprinzen. Wie hatte sich Maximilian Anton in den letzten Monaten verändert! Zwar feierte man noch voller Freude am 9. Mai 1867 die Geburt des zweiten Sohnes des Erbprinzenpaares, aber der körperliche Verfall des jungen Vaters war kaum zu übersehen. Nachdem die Ärzte verzweifelt versucht hatten, den Todkranken durch Trinkkuren zu retten, beschloss man, ihn am 20. Juni nach Hause zu bringen, denn man gab ihm höchstens noch 24 Stunden zu leben. Als man ihn über die Schwelle des Erbprinzenpalais trug, stand der Tod schon hinter der Tür.

Das Hinscheiden des geliebten Mannes, an dessen Seite ihr nur sieben Jahre vergönnt gewesen waren, war die große Tragödie im Leben Nenés. Das Unfassbare war über sie hereingebrochen, ohne dass sie nur die geringste Chance gehabt hatte, sich darauf vorzubereiten, sich dagegen zu wehren. Es dauerte Monate, bis sie sich einigermaßen fassen konnte. In den von ihr erhaltenen Briefen kam die tiefe Trauer, die sie über den Verlust des geliebten Mannes empfand, noch nach langer Zeit zum Ausdruck. So schrieb sie an eine Freundin am 14. Februar 1868 folgende Zeilen: »*... Es kommt freilich viel Sorge und Verdruss über mich, was allein schwer zu tragen ist; das sind noch die Zugaben, Folgen des Verlassenseins; aber es geht jetzt alles in dem großen Herzweh auf, mit dem ich, ja, auf der Welt doch nie mehr froh werden könnte ...*«

Viele Probleme stürzten in der nächsten Zeit auf die junge Witwe ein, an erster Stelle die der Vormundschaft über die Kinder. Kaiser Franz Joseph zeigte sich in diesem Punkt überraschend menschlich, er übertrug Nené die Rechte als Vormund. Die beinahe fortschrittliche Entscheidung des als streng konservativ bekannten Monarchen trug zur allgemeinen Verwunderung bei. Vielleicht hatte Sisi die Hände im Spiel gehabt, da sie wusste, dass die einzige Freude für die verlassene Schwester in nächster Zeit die Kinder sein würden.

Aber nicht nur Franz Joseph lieferte der Schwägerin einen Vertrauensbeweis, auch ihr Schwiegervater erkannte, dass sie die richtige Person war, um nach seinem Tod die Geschicke des Hauses Thurn und Taxis bis zur Volljährigkeit ihres ältesten Sohnes zu leiten. Es kam viel auf die Erbprinzessin zu, aber die ihr übertragenen Aufgaben ließen sie zeitweilig ihren Schmerz vergessen. Ganz allmählich begann der alte Fürst seine Schwiegertochter in die politischen Belange des Hauses einzuführen, legte ihr wichtige Abrechnungen vor und schulte sie systematisch, damit sie nach seinem Tod die Geschäfte übernehmen konnte. Nené erwies sich als gelehrige Schülerin. Endlich hatte sie wieder eine Aufgabe gefunden, die sie neben ihren religiösen Praktiken ganz und gar in Anspruch nahm. Jeden Morgen besuchte sie trotz der vielen Pflichten die hl. Messe und kniete im Anschluss daran noch eine Stunde im Mausoleum ihres Mannes.
Der Fürst hatte gut daran getan, Nené in die Regierungsgeschäfte rechtzeitig einzuweihen, denn am 10. November 1871 erlag er ganz überraschend einer Herzlähmung. Für Nené war damit eine schwere Zeit angebrochen.
Vielleicht hatte ihr der verblichene Schwiegervater noch diesen guten Rat erteilt, sich erfahrene Männer als Ratgeber zu nehmen, oder war es Nenés eigene Intuition, die sie zur Bestellung von Experten auf den verschiedenen Gebieten führte. Sie hatte in den nächsten Jahren, die auch für den Fortbestand der fürstlichen Besitzungen von großer Bedeutung waren, die richtigen Männer als Berater an ihrer Seite, sodass sie immer dann, wenn sie den Eindruck hatte, dass ihr in Regensburg die Decke auf den Kopf zu fallen drohte, auf Reisen gehen konnte. Sie selber kümmerte sich beinahe nur noch um die Notleidenden, etwas, was ihr schon längst ein Herzensbedürfnis geworden war. Alle übrigen Belange lagen in den Händen der Männer, denen sie absolut vertraute. Allerdings gab sie die Kontrolle nicht aus der Hand. Außerdem nützte sie günstige Gelegenheiten, um das Gebiet der Thurn und Taxis auszuweiten. Preußen hatte dem Haus drei Millionen Taler Entschädigung für verloren gegangene Posten (Plural von Post, Anm. d. Verf.) gezahlt, sodass reichlich Bargeld vorhanden war, ohne dass man die sonstigen Bestände angreifen musste. Daher riet Freiherr von Gruben, der die Finanzen Nenés verwaltete, der Fürstin dringend, einige Ländereien des Fürsten Gustav Batthyany zu erwerben, die zum Verkauf anstanden. Den Batthyanys war Geld

vonnöten, um sich von den tiefen Wunden zu erholen, die das Revolutionsjahr 1848 ihnen teilweise ohne jegliche Schuld geschlagen hatte. Und obwohl die riesigen fruchtbaren und waldreichen Gebiete der Thurn und Taxis Jahr für Jahr großen Gewinn abwarfen, trachtete Nené in ihrer Eigenschaft als Vormund, die Ländereien noch zu vergrößern. Durch den Erwerb der ungarischen und kroatischen Gebiete entstand so im Südosten ein neuer halbwegs geschlossener Besitz.

Mit fortschreitendem Alter wurde das Leben der Fürstin von Thurn und Taxis immer ruheloser. Sie zog zwar nicht planlos in der Welt umher wie ihre Schwester Sisi, aber sie befand sich beinahe unentwegt auf der Flucht vor der Einsamkeit.

Ihre älteste Tochter, Elisabeth, hatte den Herzog von Braganza geheiratet und war mit ihm nach Reichenau an der Rax gezogen. Ihr Ehemann Miguel hatte längst auf die portugiesische Königskrone verzichtet und lebte nun im Exil in Österreich. Von hier aus führte das junge Paar ein reges Gesellschaftsleben, an dem auch Kaiserin Elisabeth, die Taufpatin und Tante der jungen Frau teilnahm, da sie sich ausgezeichnet mit der Nichte verstand. Das Glück im Hause Braganza schien vollständig zu sein, als Elisabeth im September 1878 ihrem ersten Kind das Leben schenkte. Was man freilich nicht ahnen konnte, war, dass die lang andauernde schwere Geburt die Gesundheit der jungen Frau so in Mitleidenschaft ziehen würde, dass Elisabeth sich kaum erholen konnte und von Tag zu Tag schwächer wurde. Man zog die bekanntesten Ärzte zu Rate, selbst Wunderdoktoren und eine stigmatisierte Bäuerin sollten die Kranke heilen. Aber für Elisabeth gab es keine Rettung mehr. Fassungslos musste Nene, die gerade zu Besuch weilte, mit ansehen, wie ihre junge schöne Tochter die Augen für immer schloss.

Es schien wie ein Fluch über den Thurn und Taxis zu liegen, denn es vergingen kaum ein paar Jahre, ohne dass der Tod an die Tür geklopft hatte. In ihrer tiefen Frömmigkeit flehte Nené tagtäglich zum Himmel um Erbarmen und berührte dabei den mit Diamanten besetzten Kreuzpartikel, den ihr seinerzeit Papst Pius IX. bei einer Audienz in Rom geschenkt hatte.

Nach dem Tod der geliebten Tochter wurde es zusehends einsamer um Nené. Ihre beiden Söhne Maximilian Maria und Albert Lamoral studierten mittlerweile an verschiedenen deutschen Universitäten.

Sie waren begabte junge Männer, denen die Professoren nur die besten Zeugnisse ausstellten. Nur die zweite Tochter Luisa leistete der Mutter noch Gesellschaft, aber auch für sie wurde ein passender Bräutigam gesucht und nach kurzer Zeit gefunden: Der Auserkorene war kein geringerer als Prinz Friedrich von Hohenzollern-Sigmaringen, den Luisa schon von Kindesbeinen an kannte, da die Familien freundschaftlichen Kontakt intensiv pflegten. Und so empfanden es alle Familienmitglieder geradezu als Glücksfall, dass Luisa und Friedrich füreinander Sympathie empfanden, aus der schon bald Liebe geworden war.
Maximilian Maria, Nenés ältester Sohn, hatte sich nicht nur zu einem sehr gut aussehenden jungen Mann entwickelt, seine Lehrer waren zudem begeistert von seinem großen Wissen, seinen vielfältigen Interessen, aber auch von seinem Kunstverstand und seinem leutseligen Wesen. Er würde schon in kurzer Zeit der ideale Fürst in Regensburg sein, dessen waren sich alle einig. Der Tag seiner Volljährigkeit näherte sich mit Riesenschritten und ganz Regensburg rüstete sich für ein großartiges Fest, bei dem eine Attraktion die andere ablöste und das mit einem spektakulären Feuerwerk endete. Die Regensburger Bevölkerung hatte ihrem jungen Fürsten in vielerlei Hinsicht gezeigt, wie froh man war, so einen beliebten jungen Mann als Regenten in der Stadt zu haben. Maximilian Maria war tief beeindruckt von den Sympathiekundgebungen, die ihm die einfachen Leute entgegenbrachten, und er versprach in aller Öffentlichkeit, sich dieser Liebe würdig zu erweisen. Mit Feuereifer stürzte er sich in seine neuen Aufgaben, wobei er ab und zu den sachkundigen Rat seiner Mutter einholte. Nené hatte dem Sohn ein großes Vermögen übergeben, aber gleichzeitig die dringende Bitte geäußert, dass sie auch weiterhin über ausreichende Mittel verfügen wollte um ihre soziale Tätigkeit fortsetzen zu können. Sie stieß mit ihren Worten nicht auf taube Ohren. Der Sohn hatte nämlich genauso wie die Mutter ein weiches Herz und machte Tausende von Gulden locker um die karitativen Einrichtungen weiter zu unterstützen.
Dass der junge Fürst ein umworbener Kandidat am europäischen Heiratsmarkt war, wusste jeder, der eine Tochter im heiratsfähigen Alter hatte. Der preußische Kronprinz hatte für seine Tochter die Fühler nach Regensburg ausgestreckt, aber Maximilian Maria hielt sich in dieser Frage sehr bedeckt. Er wollte nun einmal keine Preu-

ßin zur Frau! Außerdem sollte noch einige Zeit verstreichen, bevor er sich endgültig band. Vielleicht aber fühlte er instinktiv, dass ihm kein langes Leben beschieden sein würde, eine Ahnung, die ihn selbst in den heitersten Stunden plötzlich überfiel. Dann stürzte er sich wie im Rausch hinein ins Leben, kannte weder Maß noch Ziel und schwächte dadurch seine angeschlagene Gesundheit umso mehr.
Nene sah mit Sorge auf ihren arbeitswütigen Sohn. Sie erkannte, dass er sich viel zu viel zumutete, ob es nun um die tägliche Arbeit ging oder um die langen Jagden, an denen er begeistert teilnahm, alles ermüdete ihn unendlich. Maximilian Maria war erst 23 Jahre alt und schon von Krankheit gezeichnet. Weder in Regensburg noch am Wiener Kaiserhof wollte man den bedenklichen Gesundheitszustand des jungen Mannes wahrhaben. Deshalb lud der Kaiser den Neffen zur Auerhahnjagd persönlich ein. Nené versuchte alles, um den Sohn von dieser Anstrengung fern zu halten, sie wusste aber auch, dass all ihre Bitten ungehört verhallen würden. Maximilian Maria bäumte sich noch einmal gegen das unabwendbare Schicksal auf ... In den Abendstunden des 2. Juni 1885 begannen in Regensburg die Totenglocken zu läuten.
Fassungslos stand die Mutter an der Bahre ihres toten Sohnes. Obwohl all ihre Geschwister eingetroffen waren, um sie in dieser schrecklichen Stunde nicht allein zu lassen, war jedes Wort des Trostes in den Wind gesprochen. Auch Sisi hatte eine ihrer Reisen unterbrochen, um Abschied von dem von ihr besonders geliebten Neffen zu nehmen. Aber sie war wie immer zu spät gekommen. Die jüngste Tochter der Kaiserin, Erzherzogin Marie Valerie, vermerkte in ihrem Tagebuch: »*Um ½ 9 h abends kam Mama und erzählte viel von der armen Tante, die in ihrer furchtbaren Leidenschaftlichkeit oft wie wahnsinnig sein soll ...*«
Lange rätselte man über die geheimnisvolle Todesursache, aber bei aller Spekulation kam man nicht auf das Naheliegendste: Maximilian Maria war als Kind an Scharlach erkrankt gewesen und hatte sich dadurch einen irreparablen Herzfehler zugezogen.
Nach dem Tode des geliebten Sohnes verfiel Nené immer häufiger in tiefe Depressionen. Wieder stand sie vor der schwierigen Aufgabe, die Regierungsgeschäfte führen zu müssen, diesmal für ihren jüngeren Sohn Albert Maria Lamoral. Um aber tatsächlich dazu in der Lage zu sein und um auf andere Gedanken zu kommen, unternahm

sie zunächst eine Reise nach Paris, wo sie ihre Schwester Sophie besuchte. Anschließend lud sie Sisi zu einem Englandaufenthalt ein. Was Nené nicht wissen konnte, war, dass es im Laufe der nächsten Wochen in England zu schweren Zerwürfnissen mit der Schwester kommen sollte, die in ihrem immer währenden Selbstmitleid Nené zutiefst auf die Nerven ging. Bei einiger Überlegung hätte Sisi erkennen müssen, wer von ihnen beiden eigentlich Grund zum Verzagen gehabt hätte.

Zwei Jahre dauerte es, bis Nené in der Lage war, wieder ein halbwegs normales Leben zu führen. Ihr Sohn Albert Maria Lamoral, der seine Studien beendet hatte, half ihr, die Schwierigkeiten, die sich an allen Ecken und Enden für sie auftaten, zu überbrücken. Er war zu einem liebenswürdigen jungen Mann herangereift, der auch in der habsburgischen Familie sehr beliebt war. Deshalb nahm er oft Aufenthalt in Wien und reiste von dort aus weiter nach Ungarn, wo ihn nicht nur die Landschaft und die romantische Zigeunermusik in Bann schlugen, sondern vor allem die schöne Tochter des Paladins von Ungarn. Diese junge Frau mit Namen Elisabeth hatte sich 1888 Hals über Kopf in den jungen Thurn und Taxis verliebt und auch Albert Lamoral konnte sich das »ungarische Mädel« an seiner Seite als Fürstin durchaus vorstellen. Auch Nené hatte gegen Elisabeth keinen Einwand, war sie doch froh, dass der Sohn, der schon in wenigen Wochen die Regierungsgeschäfte übernehmen sollte, eine tüchtige Frau an seiner Seite haben würde. Wieder wurde in Regensburg ein großes Fest zur Inthronisation des Fürsten veranstaltet. So wie einst sein Bruder stürzte sich Albert Lamoral in seine neuen Aufgaben, wobei er allerdings dann und wann Vergnügungen nicht abgeneigt war. Auch ohne seine Braut besuchte er die Regensburger Bälle und tanzte begeistert bis in den frühen Morgen.

Natürlich hatte man im fernen Ungarn schon genaue Pläne für die bevorstehende Hochzeit, wobei man allerdings immer wieder besorgt nach Regensburg schaute, denn der Gesundheitszustand Nenés hatte in den letzten Monaten Anlass zur Sorge gegeben. Zunächst hatte man nur eine vorübergehende Schwäche diagnostiziert, als sich die Fürstin aber lange nicht erholte, zog man die bekanntesten Ärzte zu Rate, die ein unheilbares Unterleibsleiden feststellten und den Angehörigen mitteilten, dass es wahrscheinlich keine Rettung mehr für Nené gäbe. Albert schickte eilends ein Telegramm nach Wien um die

Kaiserin zu benachrichtigen. Sisi eilte so schnell sie konnte nach Regensburg und kam gerade noch rechtzeitig. Verzweifelt beugte sich die Kaiserin über die sterbende Schwester und flüsterte ihr zu: »We two have had hard puffs in our lives!«, worauf Nené mit schwacher Stimme antwortete: »Yes, but we had hearts!«
Dann verfiel Nené in ein Delirium, aus dem sie nicht mehr erwachte. Am 16. Mai 1890 schloss die Erbprinzessin Helene die Augen für immer, erst 56 Jahre alt. Als die Bevölkerung von Regensburg vom Ableben der so beliebten Fürstin erfuhr, herrschte unendliche Trauer in der Stadt. Stundenlang zogen die Männer und Frauen an der Bahre vorbei, auf der Nené auf rotseidenen Kissen lag, bevor sie in der Familiengruft der Thurn und Taxis beigesetzt wurde. An den Begräbnisfeierlichkeiten nahmen fast alle ihre Geschwister teil, lediglich Franz Joseph ließ sich entschuldigen: Der Kaiser von Österreich hatte anderes zu tun, als seiner ehemaligen Braut die letzte Ehre zu erweisen.

Ein Mann mit zwei Gesichtern

Sisis Bruder Louis

Ob die Auserwählte des jungen Herzogs in Bayern wirklich eine so zauberhafte Person gewesen war, deretwegen Ludwig – oder Louis, wie er auf gut Bairisch in der Familie genannt wurde – auf seine Erstgeburtsrechte verzichtete und auch eine gewisse gesellschaftliche Ächtung in Kauf nahm, darüber gingen schon die Meinungen seiner Zeitgenossen auseinander. Aber die Faszination eines Menschen basiert auf vielen oft ganz unterschiedlichen Kriterien, die schwer zu beschreiben sind. Als der fesche Offizier die 20-jährige Henriette Mendel im Augsburger Stadttheater das erste Mal erblickte, ahnte er wahrscheinlich kaum, dass das auffallend hübsche Mädchen, das als »jugendliche Naive« oder als »sentimentale Liebhaberin« die Zuschauer zu Begeisterungsstürmen hinriss, einmal für ihn die Frau, zwar nicht fürs Leben, aber doch für viele Jahre sein würde. Wieder einmal hatte sich in Augsburg eine nicht standesgemäße Liebesromanze entwickelt, wie schon vor Jahrhunderten zwischen Agnes Bernauer und dem jungen Herzog Albrecht oder wie zwischen Philippine Welser und dem Sohn des Kaisers Ferdinand. Auch als Herzog Ludwig Henriette Mendel von ferne gesehen hatte, war es um ihn geschehen. Aber genauso wie seine Vorgänger musste er zwar nicht um die Liebe der schönen Schauspielerin kämpfen, wohl aber gegen Konvention und Tradition, damit er sie offiziell zum Traualtar führen durfte. Denn wenn auch die dunklen Zeiten des Mittelalters vorbei waren, so gab es in den aristokratischen Kreisen ein bestimmtes Reglement, wer wen zu ehelichen hatte. Dass sich die hohen Herren reichlich überall außerhalb des Ehebetts vergnügten und ihren besonderen Spaß daran fanden, gerade mit den Mädchen aus dem offiziell verpönten gemeinen Volk höchst intimen Kontakt zu haben, schien geradezu eine Selbstverständlichkeit zu sein. Kontraste und

Abwechslungen machten das Leben und die Liebe erst richtig interessant! Für den Fortbestand der Familie oder der Dynastie allerdings war ein möglichst lückenloser Stammbaum das einzige Kriterium.
Auch in der Wittelsbacher Familie der österreichischen Kaiserin hielt man an den herkömmlichen Usancen fest. Für Herzog Max in Bayern und seine Gemahlin Ludovika schien eine Bürgerliche als Schwiegertochter unvorstellbar zu sein, obwohl die Herzöge in Bayern in der Thronfolge an ziemlich aussichtsloser Stelle standen. Dies änderte sich auch nicht durch die Heirat Elisabeths mit dem österreichischen Kaiser, nur das Ansehen der Familie wurde dadurch aufgewertet. Natürlich schien es selbstverständlich zu sein, dass die Geschwister Elisabeths bei der Wahl ihrer Ehepartner dafür Sorge tragen sollten, dass der Kaiser von Österreich durch die zu erwartende Verwandtschaft nicht brüskiert würde, da Franz Joseph, der selbst nicht standesgemäß, sondern aus Liebe seine Sisi geheiratet hatte, dafür bekannt war, dass er streng auf die Einhaltung der Standesregeln achtete.
So schien es auch für den ältesten Bruder Elisabeths nur selbstverständlich zu sein, dass er sich nach einer den allgemein herrschenden Vorstellungen entsprechenden Gemahlin umzusehen hatte, noch dazu, wo er seinem Vater Max als Herzog in Bayern folgen sollte. Aber was alle von ihm forderten, interessierte den jungen Louis herzlich wenig. Er war genau wie alle anderen seiner Geschwister ein ausgesprochener Individualist.
Ludwig, der 1831 das Licht der Welt erblickt hatte, wurde als besonders attraktiv beschrieben: Der schlanke, ungewöhnlich große dunkelhaarige junge Mann mit den feurigen Augen konnte so manches Mädchenherz in Aufregung versetzen, wenn er in seiner feschen Offiziersuniform durch die Straßen spazierte. Seine seelische Verfassung passte allerdings nicht so ganz zu seinem strammen Äußeren, denn immer wieder überfiel ihn ohne ersichtlichen Grund eine Art nervöser Unruhe. Dann setzte er alles daran, sich von der Welt zurückziehen zu können, er war für niemanden zu sprechen, wirkte unleidlich und zerfahren. Besonders schlimm waren für Ludwig solche Phasen in Zeiten, in denen er gebraucht wurde oder in denen er zu repräsentieren hatte. Dann wirkte der sonst so elegante Mann ausgesprochen verlegen, ja, sogar ratlos. Nur eine konnte ihm dann seine innere Ruhe wiedergeben, indem sie liebevoll auf ihn einwirkte

– die Frau, die er trotz aller Schwierigkeiten am 28. Mai 1859 gegen alle Widerstände geheiratet hatte: Henriette.
Sie war ein einfaches Mädchen gewesen, das schon sehr bald genauso wie ihre Schwester dem Wunsche des Großherzogs von Hessen nachkam, sich zur Schauspielerin ausbilden zu lassen, ohne dass sie ein besonderes Talent nachgewiesen hätte. Eine wirkliche Begabung hatte nur ihre Schwester Elise, die als Sängerin Karriere machte. Die Eltern der beiden Mädchen, der »Leibjäger« Johann Adam Mendel und dessen Gattin Anna Sophie, waren über den voraussichtlichen Werdegang ihrer beiden Töchter nicht besonders glücklich, galten doch Schauspieler im 19. Jahrhundert immer noch als suspekt und wurden als »Bagage« bezeichnet; die Grenzen zwischen fahrendem Volk und Schauspielern waren zu dieser Zeit noch sehr fließend. Man verband mit Schauspielerinnen vielfach Unmoral, Lüsternheit und Dirnentum. Kein weibliches Wesen, das auf seinen guten Ruf bedacht war, würde den Wunsch geäußert haben, diesen fragwürdigen Beruf zu ergreifen. Selbst als Kaiser Franz Joseph durch die Vermittlung von Kaiserin Elisabeth eine enge Freundschaft mit der Schauspielerin Katharina Schratt einging, rümpfte man in den Kreisen der Wiener Gesellschaft die Nase ob dieser Beziehung. Dabei spielte die »gnädige Frau«, wie Katharina Schratt in Hofkreisen genannt wurde, immerhin am renommierten Burgtheater, das selbst der Kaiser, der für Kunst und Wissenschaft nicht sehr viel übrig hatte, ab und zu besuchte.
Eine Stelle am Stadttheater in Augsburg zu bekommen, schien für die schöne Henriette Mendel der Beginn einer Traumkarriere zu sein. Sie hatte in Darmstadt einige kleinere Rollen verkörpert, als sie das Angebot aus der Stadt am Lech bekam. Und von Augsburg nach München war es nur ein kleiner Sprung, wie leicht konnte es sein, dass ein maßgeblicher Mäzen sie auf den Augsburger Brettern entdeckte und sie an ein Münchner Theater weiterempfahl! Der Weg zum großen Glück schien aufgetan!
Aber es sollte alles ganz anders kommen. Ihr Traum war es gewesen, als Schauspielerin Furore zu machen, an Stelle dessen erregte sie Aufsehen in den höchsten und allerhöchsten Kreisen: Der Kaiser von Österreich sollte ihr Schwager werden!
Es waren friedliche Zeiten in Bayern, die Jahre um die Mitte des 19. Jahrhunderts, man hatte sich längst an einen König gewöhnt,

auch wenn dieser auf Grund seines zurückhaltenden Wesens nicht gerade populär war. Aber Ludwig I. und auch sein Nachfolger Maximilian II. hatten es geschafft, dem Volk eine gewisse Sicherheit zu geben, die allerdings wenig später König Ludwig II. mit seiner Träumerei zu untergraben drohte. Auswärtige Konflikte, die Bayern berührt hätten, gab es so gut wie keine, denn bis 1871 war es gelungen, das Land aus den europäischen Scharmützeln herauszuhalten. Daher konnte auch jeder Offizier mehr oder weniger das tun und lassen, wonach ihm der Sinn stand. Und Ludwigs Ambitionen lagen eindeutig beim Theater. Ein Leben lang. Als er vorübergehend in Augsburg stationiert war, verbrachte er daher so manchen Abend im Zuschauerraum und – was ihn noch mehr faszinierte – auch hinter der Bühne oder in den Kulissen. Denn schon sehr bald war ihm eine junge Schauspielerin aufgefallen, die die Zuschauer in Augsburg vor allem durch ihre äußere Erscheinung und Ausstrahlung faszinierend fanden: Henriette Mendel.

Auch Herzog Ludwig konnte sie unmöglich übersehen. Abend für Abend saß er im Theater und wartete nur, bis sich der Vorhang senkte, um dann hinter die Bühne in ihre Garderobe zu eilen und ihr seine Verehrung zu Füßen zu legen. Es war nichts Ungewöhnliches für ein Mädchen vom Theater, von einem adeligen Verehrer Komplimente und kleine Geschenke zu erhalten. Man wusste genau, was sich die Kavaliere erwarteten, man war sich aber auch darüber im Klaren, wie so eine Affäre enden würde und welche Konsequenzen sich eventuell ergeben würden. Eine Schwangerschaft war üblicherweise das Ende einer solchen Beziehung. Denn in diesen Fällen wussten sich die adeligen Herren zu helfen: Entweder man fand eine »weise« Frau, die Hand anlegen sollte, oder aber man hinterlegte ein großzügiges Geldgeschenk auf dem Nachtkästchen und verabschiedete sich auf Nimmerwiedersehen.

Aber Ludwig war, trotz seiner späteren Unstetigkeit, ein junger Mann, der aus anderem Holz geschnitzt war als sein flatterhafter Vater: Er stand an der Seite Henriettes, als sie ein Kind zur Welt brachte, und bekannte sich auch zu der Tochter, die in Augsburg auf den Namen Marie Louise getauft wurde. Wahrscheinlich hatte Ludwig schon längst seiner Henriette die Ehe versprochen, aber so schnell ließ sich eine derart schwierige Angelegenheit nicht verwirklichen. Denn immerhin war er der Erstgeborene und damit würde

er nach dem Tode seines Vaters in dessen Fußstapfen als Herzog in Bayern treten, etwas, was Ludwig absolut nicht interessierte. Er hatte nur ein einziges Ziel vor Augen: Die Frau zu heiraten, die ihm ein Kind geschenkt hatte und die er über alles liebte. Als die Affäre die Runde in den aristokratischen Kreisen zu machen begann, schüttelte man nur den Kopf über den, wie man fand, überzogenen jungen Herzogssohn. Wie konnte er auf so eine absurde Idee kommen, eine Schauspielerin heiraten zu wollen?
Dies alles konnte den jungen Wittelsbacher nicht von seiner Entscheidung für die Liebe abbringen. Seine Eltern gaben nach langen Kämpfen nach, er verzichtete auf das Recht seiner Erstgeburt und heiratete in aller Stille Henriette.
Als Erste hatte sich seine Mutter Ludovika mit dem Gedanken abgefunden, eine Schauspielerin als Schwiegertochter in der Familie zu haben. Herzog Max, der immer als liberal in seinen Ideen und Gedanken gegolten hatte, brauchte so wie die übrigen Geschwister mit Ausnahme Elisabeths länger um Henriette zu akzeptieren. Sisi hingegen hieß die Frau ihres Bruders mit offenen Armen herzlich willkommen und zeigte Henriette bei jeder Gelegenheit ihre übergroße Sympathie. Dabei spielte der Mensch Henriette wahrscheinlich eine geringere Rolle, für Sisi war die Schwägerin ganz einfach eine Außenseiterin, die es zu unterstützen galt, so wie alles, was nicht den Konventionen oder der Tradition entsprach. Sie zeigte mit aller Deutlichkeit ihre Abneigung gegen die herkömmlichen Vorstellungen und Henriette schien für sie geradezu das Paradebeispiel zu sein, wie man gegen die veralteten Normen protestieren konnte. Franz Joseph allerdings verhielt sich Henriette gegenüber zwar freundlich, blieb aber in seinem ganzen Verhalten eher kühl – wie dies seiner Art entsprach. Gerade dann, wenn seine Frau jemanden überschwänglich bevorzugte, konnte es leicht vorkommen, dass sich der Kaiser zurückzog, auch wenn er die betreffende Person schätzte. Selbst als der bayerische König Maximilian II. – um die Familiensituation etwas zu verbessern – die Gemahlin Ludwigs zur Baronin von Wallersee ernannte, änderte dies nichts an der Einstellung Kaiser Franz Josephs Henriette gegenüber.
War die frisch gekürte Baronin von Wallersee auch innerhalb der engsten Familie integriert, so blieb die hochadelige Gesellschaft ihr gegenüber äußerst reserviert, ja, es schien unmöglich für sie zu sein,

die Gemahlin von Herzog Ludwig zu akzeptieren und sie einzuladen, und man vermied es tunlichst, irgendwo zu Gast zu sein, wo man die ehemalige Schauspielerin Henriette Mendel vermutete. Dieses Verhalten rief nicht nur die Empörung, sondern auch den Spott Kaiserin Elisabeths hervor. Sie äußerte sich mehrmals einmal über die Brüskierungen, die man der Schwägerin angedeihen ließ. Demonstrativ besuchte sie die Familie ihres Bruders auf Schloss Garatshausen am Starnberger See und fühlte sich hier rundum wohl. Anlässlich eines Beisammenseins äußerte sie sich im Jahr 1869: *»Ich vermisste gern einmal meine Umgebung ... ich stelle mir vor, wie sie fluchten, doch konnte ich so hohe Persönlichkeiten nicht derartig beleidigen, dass ich sie mit meiner Schwägerin zu einem Tisch gesetzt hätte!«*

Besonders brüskiert wurde Henriette vom österreichischen Kronprinzenpaar, obwohl gerade Rudolf für seine liberalen und volkstümlichen Ideen landauf, landab bekannt war und durch sie immer wieder mit dem Kaiser in Konflikt geriet. Wahrscheinlich war es dem Einfluss seiner Gemahlin Stephanie von Belgien zuzuschreiben, die aus beinahe unerforschlichen Gründen in Wien einen Aristokratendünkel entwickelt hatte und die auf alle, die in ihrem Stammbaum nicht wenigstens ein paar Könige aufweisen konnten, von oben herabsah. Eine Schauspielerin an einer kaiserlichen Tafel schien für sie undenkbar zu sein.

Und doch wurde das bayerische Herzogspaar mehr als andere Verwandte nach Gödöllö in Ungarn zu den diversen Jagden, Gesellschaften und Belustigungen eingeladen, nicht nur, weil Kaiserin Elisabeth ungewöhnlichen Gefallen an der Tochter der beiden gefunden hatte. Marie Louise sollte das einzige Kind bleiben, denn der kurz nach der Eheschließung geborene Sohn überlebte das erste Vierteljahr nicht, er starb nach wenigen Monaten an so genannter Bauchschwindsucht.

Es war keineswegs ein leichtes Leben, in das Henriette durch das »Ja« Ludwigs vor Gott und der Welt hineingestoßen wurde. Nicht nur, dass sie von den wenigsten akzeptiert wurde, sie hatte noch viel, unendlich viel zu lernen, denn sie wusste, die Kunde vom geringsten Fauxpas, den sie unwissentlich beging, würde von Mund zu Mund gehen und nicht nur sie, sondern auch Ludwig der Lächerlichkeit preisgeben und ihn gesellschaftlich blamieren. In ihrer bescheidenen Art hatte sie von Anfang ihrer Ehe an darnach getrachtet, möglichst im Hintergrund zu bleiben. Aber sie war immer da, wenn sie gebraucht wurde, und sie war glücklich, wenn sie fühlte, dass sie erwünscht war.

Herzog Ludwig schätzte diese zurückhaltende Art seiner Gemahlin außerordentlich, freilich auch aus egoistischen Gründen. Denn so wie viele Männer seiner Zeit suchte er seine Zerstreuung nicht nur innerhalb der eigenen vier Wände. Er hatte nun einmal zu viel Theaterluft geschnuppert, als dass er seine Leidenschaft zu diesem Metier und seinen Verlockungen ganz aufgeben konnte, weshalb ihm immer wieder heiße Affären mit blutjungen Elevinnen nachgesagt wurden. Und da auch in Bayern die Spatzen pikante Gerüchte von den Dächern pfeifen, erreichte die Mär von dem feurigen Herzog auch seine Gattin, die nichts Besseres zu tun hatte, als sich auf die Lauer zu legen. Und Henriette hatte richtig kalkuliert: Sie erwischte ihren Ludwig mit einer willigen Kollegin in einer äußerst verfänglichen Situation in flagranti: Für einen kurzen Moment vergaß Henriette die allmählich erworbene Contenance, warf das Mädchen eigenhändig aus dem Zimmer und machte ihrem Mann eine Szene, dass ihm Hören und Sehen verging.

Obwohl Ludwig auf seine Stellung als zukünftiges Oberhaupt der Familie verzichtet hatte, fehlte es der kleinen Familie an nichts. Man bewohnte ein kleines Palais, besaß das komfortable kleine Schloss in Garatshausen und konnte so das sorglose Leben führen, das damals in Adelskreisen üblich war. Besonders enger Kontakt herrschte zwischen Kaiserin Elisabeth und ihrer Nichte Marie Louise. Am Wiener Hof sah man mit scheelen Augen auf die Tochter einer Schauspielerin, man sah in ihr nichts anderes als einen Bastard. Irgendetwas Zwiespältiges glaubte man in dem jungen Mädchen erkennen zu können und wären nicht die Eintragungen in den Tagebüchern von Ida von Ferenczy und der Gräfin Festetics aus verschiedenen Jahren lange vor dem Unglückstag von Mayerling, so könnte man glauben, dass alle, die Marie später in enge Verbindung mit dem Tod des Kronprinzen brachten, sich ihre negativen Gefühle ihr gegenüber eingebildet hatten. So aber sprechen schon die Zeilen, die Marie Festetics am 28. September 1876 zu Papier brachte, eine beredte Sprache: *»Ich finde Marie Wallersee hübsch .:. ich möchte sie gern haben, sie gefällt mir manchmal, aber was? Es ist etwas, was mich hält, ich traue mich fast nicht, es zu schreiben, aus Angst, ihr Un-*

recht zu tun. Ich habe das Gefühl, recht zart will ich's schreiben, als sei sie nicht wahr, nicht aufrichtig, als hätte sie ›schauspielerisches Talent‹«. In diesen kryptischen Worten schwingt sicherlich auch ein Seitenhieb auf den Beruf ihrer Mutter mit!

Vielleicht war aber vor allem die Erziehung des jungen Mädchens schuld an ihrem seltsamen Verhalten den anderen Familienmitgliedern gegenüber, denn ihr eigener Vater konnte mit dem »Bamsen«, wie er das Kind in den ersten Jahren bezeichnete, nicht allzu viel anfangen. Erst als Marie älter wurde, ging er daran, die Tochter fast wie einen Sohn zu erziehen. Sie wurde zu einer wilden Reiterin, begleitete ihn auf Jagden und scheute nicht davor zurück, über dichte Hecken und hohe Zäune zu springen, ja, sie galoppierte an seiner Seite über Stock und Stein, eine Kunst, die nur wenige Mädchen ihrer Zeit beherrschten und die besonders der kaiserlichen Tante imponierte. Ohne sich viel um die Zustimmung der Eltern zu kümmern, zog sie Marie Louise immer mehr in ihren Bann und schuf somit ein Geschöpf, das in allem und jedem begann, die schöne Kaiserin zu imitieren. Die Zuneigung Elisabeths Marie Louise gegenüber blieb natürlich weder den Töchtern der Kaiserin noch dem Kronprinzen verborgen. Es kam immer wieder zu Eifersüchteleien, die darin gipfelten, dass Rudolf seiner Cousine alle möglichen Prügel in den Weg warf. Obwohl der Kronprinz aus seiner Abneigung, die schon auf die Kindertage zurückging, Marie Louise gegenüber nie ein Hehl machte, mussten doch die beiden wochenlang in Gödöllö miteinander in Kontakt sein, weil es die Kaiserin so wollte. Die Gefühle Maries Rudolf gegenüber waren kaum zu durchschauen, ja, man könnte beinahe aus so mancher Äußerung vermuten, dass sie die Absicht hatte, Rudolf zu heiraten.

Die Besuche des Bruders der Kaiserin verursachten in Gödöllö immer wieder Aufregung, denn Ludwig war mit seinem schroffen Wesen keineswegs bei den Damen, die Elisabeth umgaben, beliebt. Er hatte an allen möglichen Dingen etwas auszusetzen, nörgelte herum und machte so manchem dienstbaren Geist das Leben schwer. Selbst Franz Joseph fiel das eigenwillige Verhalten des Schwagers auf und er äußerte sich nicht nur einmal abfällig über Ludwig, eine Tatsache, die höchst selten vorkam. So meinte der Kaiser indigniert, als er erfuhr, dass Louis darauf bestanden hatte, die Räumlichkeiten einer Hofdame zu beziehen, da ihm alles andere nicht gut genug war: »*Ich hätte mich lieber einer Todeskrankheit ausgesetzt als eine Dame auszuquartieren. Ich finde es eine unerhörte Rücksichtslosigkeit.«* Auch diesen Ausspruch notierte die Gräfin Festetics feinsäuberlich in ihr Tagebuch am 15. Oktober 1875.

Aber trotz aller Unstimmigkeiten, die der Besuch des Bruders immer wieder hervorrief, konnte sich die Kaiserin nicht durchringen, auf die Anwesenheit der bayerischen Verwandtschaft zu verzichten, vor allem Henriette war ihr ans Herz gewachsen. Meist veranstaltete Elisabeth irgendeine besondere Attraktion in Gödöllö, wenn mit dem Eintreffen von Louis und seiner Gemahlin gerechnet wurde. Sie erklärte nicht nur einmal, dass sie sich zu diesem Bruder so hingezogen fühlte, weil er mit ihr zusammen im Privatzirkus ihres Vaters in München aufgetreten war. Er und sie wären eben echte Zirkusleute mit Zirkusblut in den Adern. Noch lieber war es Elisabeth allerdings, wenn Henriette allein kam, denn dann konnte man gemeinsam auf die Jagd gehen, ohne die Hektik, die Ludwig verursachte, wenn er irgendwo auftauchte. Weder die Kaiserin noch Henriette vermissten die »1000 Faxen«, die der Herzog in seiner charakterlichen Unausgeglichenheit an den Tag legte, und Elisabeth äußerte sich nicht nur einmal über den guten Einfluss, den Henriette auf ihren Bruder ausübte. Sie meinte: *»Es ist gut, dass Henriette seine Frau ist, eine andere hätte ihn längst sitzen lassen und mit ihr ist er glücklich.«*

Je mehr Jahre vergingen, umso eigenwilliger gebärdete sich Herzog Ludwig. Und obwohl er nach wie vor engen Kontakt mit seinen Geschwistern pflegte, war doch jeder froh, wenn Ludwig bekannt gab, dass er wieder abreisen wollte. So ist auch die Eintragung der Gräfin Festetics zu verstehen, die sie am 4. Oktober in ihrem Tagebuch machte. Denn die Kaiserin hatte ihr über ihr Verhältnis zu Louis anvertraut: *»Ich kann nicht genug Egards für sie* (Henriette, Anm. d. Verf.) *haben, ich muss ihr dankbar sein, ich habe meinen eigentümlichen Bruder gerne und halte es doch keinen Tag mit ihm aus, und wer seinesgleichen täte es? Niemand! Und sie macht ihn glücklich. Mir ist einerlei, wer sie ist, sie ist ihm recht und so geniert mich das ›Bürgermädchen von Augsburg‹ gar nicht, ich schätze sie um ihrer Güte willen.«*

Ludwigs Tochter, Marie Louise, war im Laufe der Jahre durch Sisi den eigenen Eltern ganz entfremdet worden, die Kaiserin hatte sie nicht nur zu ihrer Vertrauten gemacht, sondern sich auch noch um einen passenden Ehemann für sie gekümmert, ohne allerdings auf die Wünsche des jungen Mädchens Rücksicht zu nehmen. Sie hatte es nicht den Eltern überlassen, für die Tochter auf Brautschau zu gehen, sondern hielt es bei der Familienkonstellation für günstiger, wenn sie selber für ihre Lieblingsnichte die Fühler ausstreckte. Der Kaiserin von Österreich gab man nicht so schnell einen Korb!

Allgemeines Aufsehen erregte damals eine Geschichte, die sich am Tegernsee ereignet hatte: Herzog Ludwig war wie so oft mit seiner attraktiven Tochter den See entlanggeritten, als Marie plötzlich mitten im Galopp von starkem Nasenbluten befallen wurde. Normalerweise hätten die beiden Reiter eine Pause eingelegt, um das Blut, das Marie Louise über die Reitadjustierung strömte, zu stillen. Aber rundum blitzte und donnerte es schon und es dauerte nicht lange, da öffnete der Himmel seine Schleusen und wahre Sturzbäche gingen auf Vater und Tochter nieder. Völlig aufgelöst erreichten die beiden »Vogelscheuchen« Rottach, Marie von Kopf bis Fuß blutverschmiert. Auch Ludwig rann eine rote Brühe über das mit Bartwichse verfärbte Gesicht, sein roter Filzhut hatte sich als nicht wasserfest erwiesen.

Als man Elisabeth von diesem Vorfall berichtete, lachte sie hellauf, so etwas war so richtig nach ihrem Geschmack! Meist langweilte sie sich ohnedies bei den Familiendiners in Possenhofen oder in Garatshausen, deshalb begrüßte sie jede Abwechslung, und wenn es sich auch um ein Missgeschick von anderen handelte.

Es war erstaunlich, welch intensiven Kontakt die Geschwister untereinander pflegten, denn Ludwig war nicht nur Gast der Kaiserin in Wien, Ischl oder Gödöllö, er besuchte auch seine Schwester Marie in Neapel, wobei es ebenfalls zu dem einen oder anderen Zwischenfall kam. Als das Herzogspaar eines Tages in Neapel weilte, kam ihnen, als sie einen kurzen Spaziergang unternahmen, ein auffälliger Wagen entgegen. Es wurde Ludwig und Henriette bedeutet, schnell den Weg frei zu machen, denn im Inneren der Kutsche befand sich mit aller Wahrscheinlichkeit Victor Emanuel, der spätere König Italiens. Im letzten Moment gelang es Ludwig und seiner Gemahlin, in einem Haustor zu verschwinden, um die peinliche Begegnung, die absolut gegen die Interessen des neapolitanischen Königspaares gewesen wäre, zu vermeiden.

Ganz war es Herzog Ludwig nicht vergönnt, das zu tun, was er eigentlich wollte: Nämlich sich um gar nichts kümmern zu müssen. Denn einerseits zog ihn der bayerische König immer wieder zur Repräsentation des Königshauses heran, wenn auch nur seine Mutter eine echte Königstochter war, andererseits wurde er zu den Waffen gerufen, als der Krieg gegen Frankreich begann. Kaiserin Elisabeth, die den Waffengang der »Preußen«, wie sie sich abfällig ausdrückte, gegen Frankreich von Grund auf verabscheute – zu stark waren in ihr noch die Erinnerungen an den österreichisch-preußischen Bruderkrieg von 1866 –, zitterte um das Leben ihrer beiden Brüder Ludwig und Carl Theodor, die mit den übrigen Bayern letztlich für den Untergang des eigenen Königreiches kämpften. Denn die Preußen hatten den bayerischen König Ludwig II. geschickt geködert, sodass dieser in seiner politischen Uninteressiertheit keinen anderen Ausweg sah, als seine Truppen nach Frankreich zu schicken. Das Ende der bayerischen Selbstständigkeit zeichnete sich mit aller Deutlichkeit ab.

Während Elisabeth um das Leben ihrer Brüder bangte, überlegte man am Kaiserhof in Wien ernsthaft, ob man nicht auf Seiten Frankreichs in den Krieg eintreten sollte, ließ aber dann den Plan fallen, da man sich ausrechnen konnte, wie die Zukunft aussehen würde, sollte der Fall eintreten, dass Frankreich zusammen mit Österreich unterlag. Die Preußen hatten schon einmal den Österreichern das Fürchten gelehrt!

Harmonisches Familienleben gab es im Hause des Bayernherzogs nur ganz selten. Während Ludwig seine Truppen befehligte, wurde seine Tochter unter der Aufsicht der kaiserlichen Tante zur perfekten Dame herangebildet. Nichts, aber auch gar nichts sollte an die etwas dubiose Herkunft Marie Louises erinnern, sodass Elisabeth sie mit gutem Gewissen an einen Mann aus aristokratischen Kreisen verheiraten konnte. Die Kaiserin hatte in Baron Georg Larisch schon bald einen geeigneten Kandidaten gefunden. Ihm sollte die Nichte die Hand fürs Leben reichen, ob sie wollte oder nicht. Dabei hatte Marie immer wieder die negativen Kommentare ihrer Tante im Ohr, wenn Elisabeth sich über die Unsinnigkeit der Ehe geäußert hatte. Aber mit Georg Larisch hatte Sisi einen Mann gewählt, der wenig Einfluss auf die Nichte haben sollte, sodass sie weiterhin Marie als Bewunderin um sich haben konnte. Die Heirat sollte außerdem zu einer Aufwertung des Standes von Marie Louise führen, obwohl es

die Wiener Zeitungen nicht unterlassen konnten, bissige Kommentare zu veröffentlichen, als sie ihre Verlobung bekannt gaben. So hieß es im Wiener Extrablatt vom 14. September 1877 unter der Rubrik »Aristokratisches«: »*... Die Braut des Grafen Larisch stammt aus einer ›Messaliance‹, denn die Baronin Wallersee ... ist bürgerlicher Herkunft.*«
Wenig wurde über die Gefühle des Brautpaares zueinander ausgesagt, wahrscheinlich erschien Georg Larisch diese Verbindung zum Kaiserhaus für seine Zukunft in jeder Hinsicht sehr günstig und Marie Louise, die für Georg nichts empfand, konnte sich ausrechnen, dass sie auch nach der Eheschließung die meiste Zeit in Wien verbringen konnte. Nur die Kaiserin sah die Sache mit ganz anderen Augen. Sie berichtete ihrer Mutter: »*Marie ist sehr zufrieden, sie und ihr Bräutigam (Larisch), der seit 14. September hier ist, sehen sehr glücklich aus. Auch Louis und Henriette sind innigst erfreut, Maries Zukunft gesichert zu wissen. Sie kommt in eine so liebe Familie, dass sie auch wirklich beruhigt sein können ...*«
Was Elisabeth nicht ahnen konnte, war die Rache Maries. Sie empfand nichts für den stumpfen, ausschließlich an der Jagd interessierten Ehemann und suchte der Provinz, in die sie plötzlich verbannt war, bei jeder Gelegenheit zu entfliehen. Sie mietete sich in Wien in den teuersten Hotels ein, deren Rechnungen ihre Finanzen bei weitem überstiegen. Und da Georg Larisch nicht gewillt war, der ungeliebten Gemahlin reichlich Mittel zur Verfügung zu stellen, begann sie sich Geld von ihrem Cousin Rudolf auszuleihen, das sie aber niemals würde zurückgeben können. Sie konnte ihm höchstens auf andere Weise gefällig sein.
Nicht nur in Wien, wo die Gerüchteküche in allen Dingen, was das Kaiserhaus betraf, stets brodelte, hatte es sich herumgesprochen, dass die Ehe des Kronprinzen schon seit längerer Zeit zerrüttet war und es auch Anlass zur Sorge um seine Gesundheit gab. Alkohol, Nikotin, Morphium, das man ihm in Berlin gegen eine harmlose Angina verabreicht hatte und das er nicht mehr entbehren konnte, sowie die ständigen Schmerzen, die ihn auch nach der Behandlung der Gonorrhö weiterhin plagten, hatten Rudolf mit noch nicht dreißig Jahren zu einem hinfälligen Menschen gemacht. Sein Zustand konnte niemandem verborgen bleiben, vor allem nicht den engsten Familienmitgliedern, zu denen sein Onkel Louis, aber auch seine

Cousine Marie Larisch zählten. Was immer die Beweggründe für Louis gewesen sein mochten, geheime Nachrichten über den Eindruck, den sein Neffe allgemein machte, nach Berlin weiterzugeben, wird für immer ein Rätsel bleiben. Es war allgemein bekannt, dass Rudolf kein Freund der Preußen und der preußischen Politik war. Genauso wie seine Mutter hatte er eine Aversion vor allem gegen Bismarck, der seinerseits dem österreichischen Kronprinzen auch nicht sehr viel Sympathie entgegenbrachte. Er erblickte in Rudolf zwar einen unreifen, politisch unerfahrenen Menschen, erkannte aber instinktiv, dass er in seiner frankophilen und englandfreundlichen Einstellung einmal – sollte er auf dem Habsburgerthron sitzen – für Preußen höchst gefährlich werden konnte. Wie eng die Kontakte zwischen der preußischen und später deutschen Regierung zu Rudolfs Onkel Louis waren, lässt sich nicht genau nachprüfen. Auf alle Fälle fugierte Louis als Verbindungsmann nach Berlin, der die Berichte anderer Spitzel, die man auf Rudolf von Seiten der deutschen Regierung angesetzt hatte, noch vervollständigte. Erst nach dem plötzlichen Tod Rudolfs, bei dem Marie Larisch als Kupplerin die Hände im Spiel gehabt hatte, erfuhr man am Kaiserhof Details über die engen Kontakte zwischen den Zuträgern in Wien und Berlin. Entsetzt erkannte Sisi, welch schäbige Rolle ihr eigener Bruder gespielt hatte. Beide – sowohl Louis als auch Marie Louise – wurden zu unerwünschten Personen am Wiener Hof erklärt.
Der überraschende Tod des österreichischen Thronfolgers hatte in ganz Europa gewaltigen Staub aufgewirbelt, alle, die Rudolf gekannt hatten, waren sich darin einig, dass sein Ableben die Monarchie in ihren Grundfesten erschüttern würde. Aber auch innerhalb der Familie herrschte große Trauer, wobei Henriette von Wallersee wahrscheinlich diejenige war, die außer den kaiserlichen Eltern und Geschwistern am meisten litt. Denn immerhin hatte ihre Tochter dem Kronprinzen Mary Vetsera zugeführt, die dann bereit gewesen war, mit ihm in den Tod zu gehen. Außerdem erfuhr Henriette sehr bald, dass auch ihr Gatte viel zum Untergang Rudolfs beigetragen hatte. Sie konnte Sisi verstehen, dass sie jeglichen weiteren Kontakt mit dem Bruder und der Nichte ablehnte. In ihrer gütigen, vermittelnden Art suchte sie bei jeder Gelegenheit, die sich ihr bot, die Sache einigermaßen ins Lot zu bringen. Viel Zeit für dieses Unterfangen wurde ihr vom Schicksal nicht mehr vergönnt. Erste Anzeichen einer

Ludwig mit seiner zweiten Frau Antonie Barth

tödlichen Krankheit wollte sie zunächst nicht wahrhaben. Als sie sich endlich bereit erklärte, sich von den bekanntesten Ärzten Münchens untersuchen zu lassen, war es längst zu spät. Erst 61 Jahre alt erlag sie einem Unterleibsleiden, das man auch mit den modernsten Operationsmethoden nicht hätte kurieren können. Die Münchner Bevölkerung trauerte ehrlich um die bescheidene, liebenswürdige und doch kraftvolle Frau des Herzogs in Bayern. In der »Augsburger Zeitung« erschien ein Nachruf: »*Henriette von Wallersee ... ist nach über einem Jahr andauernder schwerer Krankheit heute früh ¾ 8, schnell und sanft verschieden. Die Verstorbene war eine durch seltene Gaben des Geistes und des Herzens ausgezeichnete Dame, deren Hinscheiden nicht bloß von ihren nächsten Angehörigen schmerzlich betrauert wird, sondern auch in weiteren Kreisen das tiefste Bedauern hervorruft ...*« Auch die Kaisertochter Marie Valerie, Sisis » Einzige«, bedauerte in ihrem Tagebuch den Tod der Tante: »*12. November. Nachricht vom Tod der guten Tante Henriette geht mir doch recht nahe ... ein an Leid und Liebe reiches Leben ...*«
Einzig und allein der Ehemann schien sich schnell über den Tod seiner ersten Gemahlin hinwegzutrösten. Denn Louis wartete nicht ein-

mal das Trauerjahr ab und heiratete die »Hoftheater-Ballett-Elevin, Fräulein Antonie Barth«. Dass er mit diesem schnellen Entschluss nicht nur die kaiserliche Familie in Wien, sondern auch den Prinzregenten in München brüskierte, das schien den 61-jährigen hageren, beinahe skurril aussehenden »jungen« Ehemann nicht zu stören. Er hatte Zeit zu warten, wie sich die Dinge im Laufe der Zeit weiterentwickeln würden. Und er tat recht daran. Denn nicht nur innerhalb der Familie war man auf die erst 21-jährige neue Gemahlin neugierig, auch der Prinzregent hatte ein Einsehen mit ihr und erlaubte ihr, sich in Zukunft Antonie von Bartolf nennen zu dürfen. Was für eine Karriere für eine Balletteuse, deren bedeutendste Rolle die eines Trommelhasen im Ballett »Die Puppenfee« gewesen war!
Vor allem der Kaiser war wider Erwarten an dem »Trommelhasen« interessiert. Als sein Schwager Carl Theodor – in der Familie Gackel genannt – ihn in Wien besuchte, amüsierte er sich über die Tratschgeschichten, die überall die Runde machten. Er schrieb an die Kaiserin: »*Gackel erzählte mir gar nicht wiederzugebende Witze über Louis. Beiliegend wieder ein Portrait der neuen Schwägerin ... Sie muss sehr hübsch sein .... Alle bestätigen übrigens, dass die Schwägerin ein anständiges, unbescholtenes Mädchen war.*«
Dass sich der pikante Trommelhase schon nach kurzer Zeit nach einem anderen Liebhaber umsah, war bei dem erschreckenden Abbau ihres alten Ehemannes nicht verwunderlich. Mehr als hager, mit äußerst schütterem Haar und schwarz gefärbtem Schnurrbart wirkte Louis neben seiner hübschen jungen Frau wie ein Gespenst. Rasende Eifersucht hatte ihn gepackt, als er erkannte, dass seine Frau anderen Männern schöne Augen machte. Und als seine eigene Tochter bei einer Streiterei gegen ihn für die Stiefmutter Partei ergriff, wies er Marie Louise in unvorstellbar vulgärer Weise für immer aus dem Haus.
Im Juli 1913 wurde die Scheidung der Ehe ausgesprochen. Wie es nicht anders zu erwarten war, wurde Antonie schuldig gesprochen. Als der Trommelhase die Tür hinter sich schloss, war das Ende für Herzog Louis gekommen. Er verwahrloste vollständig. Seine Freunde waren Zechbrüder und Unterstandslose, die seine Villa ausräumten, die wertvollen Gegenstände zu Geld machten und die Räume verwüsteten.
Sein Tod am 7. November 1920 wurde in den Münchner Tageszeitungen bekannt gegeben, wodurch auch seine Tochter von seinem

Ableben erfuhr. Der Herzog war zeitlebens vor allem durch seine erste Ehe mit der einfachen Henriette Mendel in München bekannt und beliebt gewesen. So mancher trauerte um ihn – nur nicht Marie Louise!

Ein Herzog geht neue Wege

Sisis Lieblingsbruder Carl Theodor

Als man ihm die halb verwesten Präparate auf den Tisch legte, befiel den jungen Studenten der Medizin ein Gefühl höchsten Ekels. Was er sich niemals vorgestellt hatte, war eingetreten: Seine Kommilitonen und auch der Professor gaben ihm ganz deutlich zu verstehen, dass man sein Studium, das er mit großem Elan begonnen hatte, lediglich für eine adelige Marotte hielt, für den Spleen eines Mannes, der nicht wusste, wie er die Zeit totschlagen sollte. Jetzt erst fielen ihm die hämischen Bemerkungen ein, die seltsamen Antworten, die er auf seine ernsten Fragen erhalten hatte, man wollte ihm zeigen, dass er im Kreise der Medizinstudenten absolut fehl am Platze war. Jetzt war sicherlich der Augenblick gekommen, dass er endgültig die Flinte ins Korn werfen würde, denn niemand der Anwesenden im Seziersaal hielt es für möglich, dass aus dem stinkenden Stück Fleisch auch nur der kleinste Muskel herauspräpariert werden könnte.
Aber man sollte sich in Herzog Carl Theodor gründlich täuschen. Was niemand, auch Professor Theodor L. W. Bischoff, der bekannte Anatom und Physiologe an der Münchner Universität, geglaubt hatte, trat ein: Mit eiserner Zähigkeit überwand Carl Theodor seinen Graus und löste zur Überraschung aller die Aufgabe – freilich nicht ohne gesundheitlichen Schaden zu nehmen. Er zog sich dabei eine Gelbsucht zu, an deren Folgen er sein weiteres Leben lang leiden sollte.
Als der junge Herzog in Bayern, der Lieblingsbruder von Kaiserin Elisabeth, sich zum Medizinstudium entschloss, hatte er schon einen schweren Schicksalsschlag hinter sich. Er war an der Bahre seiner über alles geliebten Frau gestanden, die zwar schon nach der Geburt der Tochter Amelie von einer geheimnisvollen Krankheit befallen worden war, sich danach langsam wieder erholt hatte, aber nach wenigen Monaten erneut erkrankte – diesmal tödlich. Keiner der zugezogenen Ärzte vermochte eine sichere Diagnose zu stellen, sodass

auch keine hilfreiche Behandlung erfolgen konnte. Hilflos stand der junge Ehemann am Sterbebett der geliebten Frau und konnte nur zu Gott um Rettung beten. Er schwor sich, nie wieder anderen Ärzten ausgeliefert sein zu müssen. Er wollte selber die Möglichkeit haben, in den Werdens- und Vergehensprozess einzugreifen, er wollte in die Geheimnisse der Heilkunst eindringen und zum Wohle der Kranken tätig sein.
Dabei war Carl Theodor zu diesem Zeitpunkt mehr als ausgelastet. Nachdem sein älterer Bruder Louis die unstandesgemäße Schauspielerin Henriette Mendel geheiratet hatte, schied dieser als zukünftiges Familienoberhaupt aus, eine Rolle, die nun dem jüngeren Bruder Carl Theodor zufiel. Damit verbunden war eine Mitgliedschaft im Reichsrat und manchmal konnte es auch sein, dass ihn der bayerische König Ludwig II. zu sich rief um seinen Rat zu hören.
Carl Theodor war ein aufgeschlossener, arbeitsamer junger Mann, der gerne Verantwortung übernahm. Selbst als Ludwig II. auf die Idee verfiel, ihn als seinen eventuellen Nachfolger auszuwählen, konnte er sich vorstellen, dieses Amt einmal zu übernehmen. Was er allerdings von vornherein als Hirngespinst abgelehnt hatte, war der Plan, die Krone von Griechenland anzustreben. Zu weit waren die Sterne entfernt, die er für sich vom Himmel holen sollte. Der Herzog blieb lieber auf dem Boden der Realität und der gab ihm ein sicheres Fundament für die Zukunft.
Carl Theodor, der von klein auf in der Familie nur Gackel genannt wurde, kam zwei Jahre nach seiner Schwester Sisi im Jahr 1839 zur Welt. Das fröhliche Kind eroberte schon von klein auf die Herzen aller, nicht nur das seiner Schwester Elisabeth. Er wurde der ganz besondere Liebling seiner Mutter Ludovika.
So wie die anderen Kinder von Herzog Max und seiner Gemahlin Ludovika verbrachte auch Gackel unbeschwerte Kindheits- und Jugendjahre in München oder am Starnberger See. Vor allem zu Sisi hatte er eine ganz besonders enge Bindung, sie war seine Vertraute, an ihrer Seite beobachtete er oft stundenlang die Tiere des Waldes oder lauschte dem Gesang der Vögel. Die beiden Geschwister waren ein Herz und eine Seele, Sisi vertraute dem Bruder kleine Geheimnisse an oder las ihm ihre ersten selbst gereimten Gedichte vor.
Der Starnberger See war natürlich ein besonderer Anziehungspunkt für die Herzogskinder, vor allem aber zu der Zeit, als die Buben und

Mädchen noch nicht schwimmen konnten, war dies mit Gefahren verbunden. Gackel wäre mit fünf Jahren beinahe im See ertrunken, als eine der Frauen, die ihn beaufsichtigen sollten, nur ein paar Augenblicke weggeschaut hatte.

Zum Glück war der Vater bei dem Unfall rasch zur Stelle. Der Bub war zwar kurz bewusstlos, doch wenig später ging es ihm wieder besser. Nach einem Donnerwetter für den Knaben sah Herzog Max nur eine Konsequenz: Der Bub musste, so schnell es ging, schwimmen lernen. Und er lernte schnell.

Daneben gab es noch andere Sportarten, wie Segeln, Fechten und Reiten, in denen Gackel herausragendes Talent zeigte. Dass er ein exzellenter Reiter und mit seiner Zielgenauigkeit ein erfolgreicher Jäger wurde, war für seinen herzoglichen Vater beinahe eine Selbstverständlichkeit.

So wichtig für Herzog Max die körperliche Ertüchtigung seiner Sprösslinge war, so wenig Wert legte er auf ihre geistige Bildung. Es wäre Gackel wahrscheinlich im Kindesalter leichter gefallen, all das zu erlernen, was er sich später selber aneignen musste, um seinen akademischen Weg gehen zu können. Es war ein Minimum an Allgemeinbildung, die ihm sein junger Lehrer Peter beibrachte, ja, er war nicht einmal in der Lage, halbwegs lesbar zu schreiben. Viel später, als Carl Theodor unter dem Manko seiner miserablen Schrift litt, begann er in fortgeschrittenem Alter Schönschreibübungen zu machen.

Auch die musische Ausbildung in Possenhofen ging kaum über das Zitherspiel hinaus. Als allerdings Gackel und auch seine Schwester Sophie Lust am Klavierspiel zeigten, wurde für sie ein Lehrer engagiert. Vor allem Gackel übte nahezu besessen Tag für Tag, er konnte sich kaum vom Klavier trennen. Und wenn man abends beisammen saß, um in gemütlicher Runde zu plaudern, konnte es durchaus sein, dass Carl Theodor vor sich hin spielte, ohne zu erwarten, dass die Anwesenden Notiz von seinen musikalischen Improvisationen nahmen.

Carl Theodor war noch nicht den Kinderschuhen entwachsen, als es für ihn hieß, Abschied von Elisabeth zu nehmen. Ausgerechnet in Sisi hatte sich Kaiser Franz Joseph verliebt und wollte sie heiraten! Mit Schrecken sah Gackel dem Tag entgegen, an dem er sich von der geliebten Schwester trennen musste, die Welt würde für ihn leer werden ohne »seine Sisi«!

Nach den festlichen Ereignissen in Wien ging das Leben zwar weiter, aber ein Stachel saß tief in seiner Seele, denn Gackel musste erkennen, dass Sisi als junge Kaiserin kaum Möglichkeiten hatte, mit ihm in Kontakt zu treten. Das spanische Hofzeremoniell, dem sie sich unterwerfen musste, nahm sie voll und ganz in Anspruch.

Die Mutter Ludovika versuchte mit all ihren Kräften, den Sohn über den schweren Verlust, den er erlitten hatte, hinwegzutrösten. Er war von klein auf ihr absoluter Liebling gewesen, sodass sich die anderen Kinder nicht nur einmal dahingehend geäußert hatten, dass ihr Schicksal der Mutter völlig gleichgültig wäre, wenn es nur »ihrem« Gackel gut gehe. Daher trachtete Ludovika mit aller Energie danach, dass Carl Theodor, als er alt genug war, um eine Militärkarriere zu beginnen, in einer Garnison in ihrer Nähe stationiert wurde. So hatte sie die Gewissheit, dass Gackel sie, wenn es seine Zeit erlaubte, besuchen konnte, um mit ihr einen gemütlichen Abend zu verbringen.

Der Vater, Herzog Max, hatte schon früh darauf geschaut, dass Carl Theodor die Möglichkeiten für eine herausragende Militärkarriere bekam. Für die Angehörigen des bayerischen Herrscherhauses, auch wenn es sich nur um eine Nebenlinie handelte, war es eine Selbstverständlichkeit, militärische Ränge zu bekleiden. Gackel wurde zum Unterleutnant ernannt, wobei die von seinem Vater ausgewählte Waffengattung ihm absolut nicht zusagte. Viel lieber wäre er zur Marine gegangen, denn so wie viele andere junge Leute zog es auch ihn hinaus aufs Meer. Aber Herzog Max hatte nun einmal die fixe Vorstellung, dass sein Sohn ausschließlich dem Königreich Bayern dienen sollte.

Nachdem Gackel schon vier Jahre lang den Rang eines Leutnants im 4. Chevauxleger-Regiment bekleidet hatte, ohne allerdings hier Dienst zu tun, wurde es mit seiner Militärkarriere insofern ernst, als er in das Münchner 3. Reitende Artillerie-Regiment »Königin« versetzt wurde. Dort musste er sich den allgemeinen Vorschriften beugen und zunächst vier Wochen als Gemeiner Dienst tun, dann die nächsten acht Wochen als Korporal oder Wachtmeister dienen, bevor er in die Funktion seiner Charge eintreten konnte. Da die Münchner Kaserne gerade umgebaut wurde, erfolgte wenig später seine Versetzung nach Schleißheim. Was Gackels Mutter Ludovika in ihrem Bestreben, den Sohn möglichst in ihrer Nähe zu behalten, nicht wusste, war die Tatsache, dass Carl Theodor in der Zeit, als er als Gemeiner seinen Dienst ausübte, genau wie alle anderen zum Bodenschrubben, Gängewaschen und Fensterputzen eingesetzt wurde. Und wie stets im Leben verrichtete der junge Herzog jede Arbeit, und war sie noch so niedrig, zur vollsten Zufriedenheit seiner Vorgesetzten.

Aber schon sehr bald stellte er fest, obwohl er als Adeliger größte Möglichkeiten hatte, die militärische Karriereleiter emporzusteigen, dass das Soldatenspielen für ihn nicht zur Lebensaufgabe werden konnte. Viel mehr interessierte er sich für alles, was mit Wissenschaft zu tun hatte, wobei er sich nicht entschließen konnte, einer Sparte den Vorzug zu geben. Bei einem Besuch in Mailand hatte er einst ein Krankenhaus besichtigt, und so wie es üblich war, wenn hohe Herren einem Hospital einen Besuch abstatteten, hatten sich die Ärzte alle Mühe gegeben, den Besuchern Einblick in die Strukturen und Heilverfahren zu gewähren. Dass man natürlich nur das Positive zeigte, war Carl Theodor, der mit offenen Augen durch die Welt ging, schon sehr bald klar geworden. Wie mochte es wohl hinter den Kulissen aussehen, wie mochten die Armen mit ihren Krankheiten zurechtkommen?

Waren es zunächst nur Fragen wissenschaftlicher Art, die den jungen Herzog beschäftigten, so kamen allmählich neue Interessensgebiete hinzu, vor allem, als er sich in seine Cousine Sophie, die Tochter König Johanns von Sachsen, verliebte. Die 19-jährige Braut war in einem Elternhaus aufgewachsen, das von der Vorliebe des Vaters für den italienischen Dichter Dante geprägt war, sodass auch die Kinder schon sehr früh mit dem Geist und der Kunst früherer Zeiten in Verbindung gekommen waren. Daher konnte es bei dem Wissensdurst und der geistigen Aufgeschlossenheit von Carl Theodor nicht ausbleiben, dass ihn an seiner jungen Braut nicht nur deren körperliche Reize faszinierten, dass ihn nicht nur ihr Temperament anzog, sondern dass er auch ihre hohe Bildung bewunderte. Voller Erwartung sah er der Zukunft an der Seite der geliebten Sophie entgegen, den ernsthaften Gesprächen, den interessanten Diskussionen, aber auch den heiteren Tagen und leidenschaftlichen Nächten. Die Zukunft erschien für sie beide in hellstem Lichte.

Was Carl Theodor nicht ahnen konnte, war, dass Sophie wie ihre Geschwister wahrscheinlich schon als junges Mädchen den Keim einer geheimnisvollen Krankheit in sich trug, die all die Hoffnungen

und Pläne zunichte machte. Denn beinahe unmittelbar nach der Geburt des ersten Kindes Amelie am Heiligen Abend 1865 wurde die junge Mutter von heftigem Fieber befallen und es dauerte geraume Zeit, bis sie sich wieder halbwegs erholt hatte.
Carl Theodor hatte genauso wie die Eltern mit großer Sorge die Krankheit seiner geliebten Frau verfolgt, wobei er seine Ohnmacht und sein Nichtwissen in medizinischen Dingen als besonders schmerzlich empfunden hatte. Er hatte den Militärdienst quittiert und sich ins Privatleben zurückgezogen. Dass aber in nicht allzu ferner Zeit die Hörsäle der Universität sein zweites Zuhause werden sollten, konnte er damals noch nicht ahnen.
Der plötzliche Tod seiner geliebten Frau Sophie stellte von einem Moment auf den anderen die Weichen für sein zukünftiges Leben. Aus heiterem Himmel war Sophie erkrankt. Am 9. März sandte der verzweifelte Carl Theodor an seinen Schwiegervater folgende Zeilen: »*Bewusstsein schwindet. Fieber stärker. Halserscheinungen zwar besser, aber Hoffnung leider gering ... Krankheitserscheinungen höchst ungünstig. Das Ende bevorstehend ... Eben schied der gute Engel von hinnen.*«
In den Wochen und Monaten, die auf den tragischen Verlust Carl Theodors folgten, suchten alle, die ihn kannten, ihm den Mut zum Leben wieder zurückzugeben. Auch der bayerische König Ludwig II. trat mit allen möglichen Projekten an ihn heran, ohne allerdings den Herzog wirklich für eine entscheidende Aufgabe gewinnen zu können. Daneben kamen Einladungen der beiden Schwestern Sisi und Marie, die ihren Gackel auf andere Gedanken bringen wollten. Aber Carl Theodor sah in seinem Leben nur noch eine einzige Aufgabe: Er musste sich um seine kleine Tochter Amelie kümmern, die so früh ihre Mutter verloren hatte. Daneben war er beinahe rastlos unterwegs, wie auf der Suche nach irgendetwas, was ihn befriedigen würde, wobei er noch nicht wusste, was dies sein sollte. Selbst als ihm Herzog Max am 26. Oktober 1867 die Verwaltung des gesamten herzoglichen Besitzes anvertraute, erkannte er klar, dass auch diese Aufgabe nur ein Intermezzo auf seinem tatsächlichen Lebensweg sein würde. Er war weder zum Soldaten noch zum Politiker und am allerwenigsten zum Verwalter seiner Güter geeignet, ganz andere Gedanken spukten schon seit geraumer Zeit in seinem Kopf.
Und plötzlich wusste er, was er sich immer gewünscht hatte: Er wür-

de Medizin studieren um endlich aktiv heilen zu können. Dass der Weg steinig sein würde, darüber war er sich vollkommen im Klaren. Er musste als erwachsener Mann noch einmal in die Schuhe der Jugendjahre schlüpfen und all das nachholen, was er bis jetzt an Wissen in den einzelnen Gebieten versäumt hatte.
Der Schritt, den er wählte, war schwer wiegend, das wusste niemand anders besser als Carl Theodor selber. Er würde gegen vieles ankämpfen müssen, nicht nur gegen die Familientradition, auch gegen die Kommilitonen an der Universität, die in ihm einen adeligen Nichtstuer sahen, der nach Unterhaltungsmöglichkeiten Ausschau hielt, und gegen die Professoren, die ebenfalls nicht an die Ernsthaftigkeit seiner Absichten glaubten. Aber viele Dinge stellten sich ihm drastischer dar, als sie tatsächlich werden sollten. So zeigte sein kaiserlicher Schwager, der dem eigenen Sohn ein Universitätsstudium verwehrte, erstaunliches Verständnis für die Wünsche des Lieblingsbruders seiner Frau. Auch die übrigen Familienmitglieder nahmen die Absichten Carl Theodors durchaus ernst, Schwierigkeiten ergaben sich für den Studenten erst in den heiligen Hallen der Alma Mater. Dort schien er nichts verloren zu haben. Aber auch diese Hürde konnte er überwinden.
Das Universitätsstudium nahm den jungen Herzog voll und ganz in Beschlag. Er hatte endlich das Betätigungsfeld gefunden, nach dem er so lange gesucht hatte. In seinem Wissensdurst und seinem Studieneifer kannte er keine Grenzen, er machte die Nacht zum Tage und gönnte sich kaum ein paar Stunden Schlaf. Zu seinen Studienaufgaben kamen aber auch noch anderweitige Verpflichtungen, die Carl Theodor gewissenhaft wahrnahm. So wusste er, wie sehr sich seine Mutter über seine Besuche freute, die sein Töchterchen Amelie unter ihre Fittiche genommen hatte. So gab es für ihn einen doppelten Anreiz, möglichst oft Possenhofen aufzusuchen. Auch wenn seine Geschwister auf ihren Besitzungen rund um den Starnberger See logierten, führte ihn der Weg in diese Gegend – vor allem, wenn Sisi mit ihrer Lieblingstochter Marie Valerie in Garatshausen einige Tage verbrachte, trachtete er danach, dass Amelie die Kaisertochter treffen konnte. Die beiden Mädchen verstanden einander prächtig und Valerie vermerkte in ihrem Tagebuch über die Freundin: *»Ich frage mich oft, wie es kommt, dass wir uns so lieben? Wir sind doch so verschieden. Aber ihre Ruhe und Sanftmut ist so wohl tuend für den*

wilden Zerbelossimus [wobei sie sich selbst meint; Anm. d. Verf.] *und geht ihm so ab.«*

Je länger Carl Theodor studierte, umso umfangreicher wurde sein Programm, denn er hatte die Absicht, alle berühmten Kapazitäten persönlich zu hören und, wenn möglich, sie auch kennen zu lernen. Dabei war ihm natürlich sein Stand eine gewisse Hilfe, denn ein gewöhnlicher Student hätte wahrscheinlich nicht die Möglichkeit gehabt, die berühmten Mediziner der Zeit zu kontaktieren.

Aber der besessene Student nahm diese Bevorzugung nicht nur hin, er nützte sie auch in jeder Hinsicht, wobei er sich allerdings auch großen Gefahren aussetzte. So ging er mit Professor Buhl, einem der namhaftesten Forscher auf dem Gebiet der Medizin, der Frage nach, wie die Tuberkulose, die schreckliche Volkskrankheit der unteren Schichten der Bevölkerung, übertragen wurde. Da man bei der Suche nach der Quelle der Ansteckung noch nicht sicher war, experimentierte man in sehr gefährlicher Art und Weise. Auch Carl Theodor war an den Forschungen beteiligt und musste nach Jahren die schmerzliche Erfahrung machen, dass er sich damals einen Infekt geholt hatte.

War Carl Theodor an der Universität unter seinen Kommilitonen ein Gleicher unter Gleichen, so trat er doch am 1. August 1872 beim 400-Jahr-Jubiläum der Ludwig-Maximilians-Universität in einer anderen Funktion in Erscheinung. Mitten unter den Würdenträgern des Staates sitzend, war er dazu auserkoren worden, die Festrede zu halten. Seine Worte ließen allgemein aufhorchen, denn er betonte ausdrücklich, dass das Zusammenwirken der deutschen Hochschulen der deutschen Geisteskultur bildete. Im Anschluss an seine Ausführungen wurde seine feierliche Promotion zum Dr. medicinae vom Dekan vorgenommen. Dem ersten Wittelsbacher wurde auf Grund seiner umfangreichen Studien und der damit verbundenen akademischen Prüfungen der Doktorhut aufgesetzt!

Es war alles andere als leicht für Carl Theodor gewesen, dieses Ziel zu erreichen, zu vielfältig waren die Schwierigkeiten gewesen, die sich ihm in den Weg gestellt hatten, der deutsch-französische Krieg 1870/1871 hatte genauso seinen Einsatz verlangt wie die bayerische Politik, der er sich schwer entziehen konnte. Die politische Situation in seinem Heimatland gestaltete sich zunehmend komplizierter, da es Ludwig II. von Tag zu Tag schwerer fiel, politische Entscheidungen zu treffen. Selbst Carl Theodor, der das Vertrauen des Königs besaß, war es nicht immer möglich, Ludwig Ratschläge zu geben, die jener annehmen wollte. In dieser eher undurchschaubaren Situation verdächtigte sogar Sisi ihren geliebten Bruder preußenfreundlich zu sein. Nach der französischen Kriegserklärung äußerte sie sich ironisch: »Wie ist Gackel jetzt gesinnt? Sehr preußisch?« – was für sie, als Preußenfeindin, einem Verrat an Österreich gleichgekommen wäre!

Obwohl Carl Theodor mit der Promotion seine Studien für abgeschlossen hätte erklären können, zog ihn die Forschung weiterhin in ihren Bann. Die meiste Zeit des Tages verbrachte er in Laboratorien und arbeitete eng mit seinen Kollegen zusammen, die sich mit den unterschiedlichsten Themen befassten. Noch hatte sich Carl Theodor nicht seinem späteren Spezialgebiet, der Augenheilkunde, zugewandt, noch tappte er im Dunkeln, wofür er sich einmal entscheiden sollte. Vielleicht war an seiner wissenschaftlichen Unsicherheit auch seine persönliche Situation schuld, als Witwer lebte er jahrelang nur für seine kleine Tochter.

Der Herzog hatte keine Zeit, über eine neue Verbindung nachzudenken, dafür taten dies seine Schwestern und seine Mutter umso ausführlicher. Schließlich konnte der allseits beliebte Gackel nicht bis an sein Lebensende Witwer bleiben! Heiratsfähige und willige Töchter gab es in den Adelsfamilien rundum genug, Carl Theodor blieb nur die Qual der Wahl. Aber er hatte die verschiedensten Heiratspläne, die man für ihn geschmiedet hatte, mit dem Argument vom Tisch gewischt, keine Zeit für private Dinge aufbringen zu können. Allmählich gab er seine starre Haltung auf, wollte aber nicht selber auf Brautschau gehen. Dazu bestand auch keine Veranlassung, denn sein Schwager, der Exkönig von Neapel, hatte schon ein Mädchen im Auge. Die eventuelle Braut Marie José Braganza, die Tochter des verstorbenen Königs von Portugal, war zwar erst 16 Jahre alt, aber ein Mädchen wie aus dem Bilderbuch: entzückend, jung, frisch, gebildet – kurz, für alle, die sie kannten, schien sie die richtige Frau für den einsamen Herzog zu sein.

Man hatte beim ersten Zusammentreffen der Heiratskandidaten eine gewisse Diskretion walten lassen, zumindest Marie José hatte keine Ahnung, wer der Fremde war, dem sie zusammen mit dem König von Neapel im Park begegnete. Daher waren die ersten Gespräche der beiden völlig ungezwungen, man plauderte nicht nur über belanglose Dinge, sondern diskutierte ernsthaft über soziale Probleme, die vor allem die Arbeiterschaft betrafen. Schon nach kurzer Zeit stellte der Herzog mit Erstaunen fest, dass Marie José trotz ihrer Jugend interessante Vorstellungen hatte, wie man die Not und Unwissenheit unter der Bevölkerung lindern konnte. Ihre Ansichten entsprachen so ganz den seinen. In vielerlei Hinsicht waren daher die Würfel für Carl Theodor schnell gefallen. Als aber Marie José erfuhr, welche Absichten ihr Gesprächspartner, der ihr durchaus nicht unsympathisch gewesen war, hatte, fiel sie aus allen Wolken. Zunächst schien es ihr unvorstellbar, mit ihren 16 Jahren einem Witwer, der die dreißig längst überschritten hatte, die Hand fürs Leben zu reichen. Als aber einige Zeit ins Land gezogen war, merkte sie, dass ihre Gedanken mehr und mehr um den Herzog zu kreisen begannen. Er war ihr durchaus nicht gleichgültig.

Den wahren Durchbruch in dieser Beziehung erzielte aber erst Carl Theodors kleine Tochter Amelie, die Marie José vom ersten Augenblick an ins Herz geschlossen hatte.

Endlich sollten im Hause Wittelsbach wieder einmal die Hochzeitsglocken läuten! Die Trauung in der Schlosskapelle von Kleinheubach war für das Frühjahr 1874 angesetzt worden, der ein großes Familienfest folgen sollte. So wünschte es sich Herzogin Ludovika für ihren Lieblingssohn. Aber zur Enttäuschung von Carl Theodor nahm weder seine geliebte Schwester Sisi an den Feierlichkeiten teil noch seine Schwester Marie. Beide Damen hatten entsprechende Ausreden: Elisabeth wollte ihre »Einzige« nicht dem Kindermädchen überlassen und die Königin von Neapel blieb bei ihrem Gatten in Paris.

Die Abwesenheit der kaiser- und königlichen Damen, die man als Brüskierung hätte auffassen können, wurde durch das überraschende Verhalten König Ludwigs der jungen Herzogin gegenüber ausgeglichen. Der König ließ ein glanzvolles Fest zu Ehren Marie Josés ausrichten, dem ein Galaabend nach dem anderen folgte. Höhepunkt seiner Freundlichkeiten aber war eine Festvorstellung des »Lohengrin«, bei der die junge Frau ihren Platz zur Rechten des Königs unter dem gekrönten Baldachin in der Mittelloge des Hoftheaters hatte. Voller Bewunderung betrachtete Ludwig von Zeit zu Zeit die schöne dunkelhaarige, zierliche Frau mit den lustigen Augen, die ihre Begeisterung über das Wagner'sche Werk kaum verbergen konnte. Wenig später sollte sich der König, nachdem er ihr ein prachtvolles Nelkenangebinde hatte übersenden lassen, äußern: *»Endlich wieder einmal ein Menschenkind, das zu lauschen versteht, das sich der Musik Richard Wagners hingibt.«*

Nachdem Carl Theodor nach den langen Jahren der Einsamkeit ein neues Glück gefunden hatte, musste er sich um einen neuen Wohnsitz umschauen. Natürlich war diese Frage eingehend im Familienrat besprochen, verschiedene Palais ins Auge gefasst worden, aber schließlich überraschte Herzogin Ludovika ihren Lieblingssohn mit dem Angebot, ihm und seiner jungen Frau Schloss Tegernsee mit seinen reichen Ländereien zu überlassen. Die ehemalige Benediktiner-Abtei Tegernsee war seinerzeit der Säkularisation zum Opfer gefallen und zu einem Schloss umgebaut worden. König Max I. Joseph, der Großvater Ludovikas, fand Gefallen an dem Objekt und kaufte es. Die Mutter Carl Theodors verfolgte mit diesem Geschenk ganz nebenbei auch private Absichten: Auf diese Weise machte sie ihrem geliebten »Gackel« nicht nur eine Freude, sie hatte auch ihn und seine junge Frau, die sie von allem Anfang an ins Herz geschlossen hatte, weiterhin in der Nähe.

Die Zukunft hätte mit der reizenden Marie José an seiner Seite für Carl Theodor nicht verheißungsvoller sein können, wäre sein Gesundheitszustand nicht immer wieder Besorgnis erregend gewesen. Nach wie vor litt er bei der kleinsten Anstrengung an Atemnot und die leichteste Verkühlung führte jeweils zu einer lang andauernden Bronchitis. Obwohl er sich dagegen sträubte, seine Arbeiten zu unterbrechen, musste er sich schließlich dem Rat und der Anordnung der behandelnden Ärzte fügen und sich einer Kur in Bad Kissingen unterziehen, wo sich ihm die Gelegenheit bot, ab und zu einen Spaziergang mit Fürst Otto von Bismarck zu unternehmen. Aber beide, der Herzog in Bayern und der »Eiserne Kanzler«, fanden nicht zueinander, zu groß waren die Unterschiede ihrer Ansichten in jeder Hinsicht.

Obwohl die »gekrönten« Schwestern an der Hochzeit des Bruders nicht teilgenommen hatten, waren sie doch sehr auf ihre neue Schwägerin gespannt. Daher dauerte es nicht lange, bis das junge Paar eine Einladung nach Ischl in Händen hielt. Marie José sah dem Zusammentreffen mit der schönen Schwägerin mit einigem Herzklopfen

entgegen, war doch auch ihr bekannt, dass Elisabeth nicht nur äußerst liebenswürdig, sondern auch maßlos zynisch sein konnte.
Die erste Begegnung mit dem Kaiserpaar sollte Marie José ein Leben lang nicht vergessen. Da sie und Carl Theodor in einer offenen Kutsche auf ihrer Fahrt durch Oberösterreich von einem Unwetter überrascht worden waren, kam sie bis auf die Haut durchnässt in Ischl an. Wie eine Vogelscheuche entstieg sie der Kalesche, das elegante graue Kostüm klebte an ihrem Körper und der Hut hatte sich in tausend Teile aufgelöst. Jahre später schilderte Marie José ihr Auftreten vor dem Kaiserpaar: »*In diesem erbarmungswürdigen Zustand präsentierte ich mich zum ersten Mal meiner Schwägerin Elisabeth und dem Kaiser, denen ich zuvor noch nicht begegnet war.*« Und sie fügte hinzu: »*Ein wenig – ich muss es gestehen – litt denn doch meine 18-jährige Seele darunter.*«
Die seltsame Erscheinung ihrer Schwägerin konnte der Sympathie keinen Abbruch tun, die Sisi ein Leben lang für Marie José empfand. Gleich nach der Abreise Gackels und seiner jungen Frau schrieb sie an ihre Mutter: »*Ich bin ganz entzückt von ihr ... finde Marie José über alle Beschreibung schön und so lieb, dass man sie gern haben muss. Ich begreife, wie froh ihr seid, sie zu haben. Sie soll sich nie verändern, weder äußerlich noch innerlich, denn wie sie jetzt ist, ist sie vollkommen. Auch dem Kaiser hat sie so gut gefallen.*«
Es waren immer nur einzelne Tage, die sich Carl Theodor in seinem unermüdlichen Arbeitseifer gönnte, um seine Lieblingsschwester zu besuchen. Lange hielt es ihn nicht in Ischl, wo er keine Patienten zu betreuen hatte. Lieber nahm er schon eine Einladung nach Wien an, denn dort konnte er alles verbinden: die gemütlichen Stunden im Kreise der Familie mit seinen Studien in den Laboratorien, wo es ihm vergönnt war, auch die persönliche Arbeit berühmter Kollegen kennen zu lernen. Als ein besonderes Erlebnis betrachtete er die Begegnung mit dem weit über die Grenzen der Monarchie berühmten Professor Billroth, der sich die Zeit nahm, stundenlang mit dem herzoglichen Kollegen über verschiedene Heilverfahren bei bestimmten Krankheiten zu diskutieren. Unermüdlich war seine Tätigkeit in den Krankenhäusern, er suchte nicht nur die Bekanntschaft von Pathologen, obwohl er mit dem bekannten Spezialisten Professor Buhl schon über längere Zeit zusammengearbeitet hatte, ihn interessierte auch die Einwirkung der Psyche auf den Kranken. In München hatte

er deshalb lange Gespräche mit Dr. Gudden geführt, der durch den gemeinsamen rätselhaften Tod mit König Ludwig II. im Starnberger See für immer in die Geschichtsbücher eingehen sollte.
Mannigfach waren die medizinischen Probleme, die Herzog Carl Theodor bewegten. Die Frage aber, inwieweit ein Zusammenhang zwischen den Erkrankungen der Nieren und der Augen bestünde, rückte immer mehr in den Mittelpunkt seines Denkens und sollte ihn noch lange Zeit beschäftigen. Auf ausgedehnten Spaziergängen in Cannes, wo er wegen seines angegriffenen Gesundheitszustandes einige Wochen verbringen musste, führte er intensive Gespräche mit Professor Buhl und ventilierte mit ihm die Themen, die schon bei den von ihm veranstalteten Abendgesellschaften ausgiebig mit den Kollegen diskutiert worden waren. Die Meinung des berühmten Professors war Carl Theodor wichtig, arbeitete er doch gerade an einer neuen Studie, die er zur 50. Tagung deutscher Naturforscher und Ärzte unter dem Titel *»Untersuchung über die Anhäufung weißer Blutkörper in der Gehirnrinde«* veröffentlichte. Man hatte ihm auch den ehrenvollen Auftrag erteilt, bei dieser Veranstaltung die Festrede zu halten, da man in Medizinerkreisen stolz darauf war, einen Herzog als Kollegen zu haben, und ernannte ihn vor allem wegen seiner Fachkompetenz zum Ehrenmitglied der Gesellschaft.
Beflügelt durch die Ehrungen und hungrig nach neuen Erkenntnissen stürzte sich Carl Theodor erneut in die Forschungsarbeit. Daneben aber fuhr er mit dem Leibarzt seiner Mutter, Dr. Mayer, über Land und begleitete ihn auf seinen Krankenbesuchen. Nicht selten ging auch Marie José mit, die in späterer Zeit zu einer unentbehrlichen Assistentin ihres Mannes werden sollte. Aber so sehr sich der Herzog auch bemühte, seine Arbeiten voranzutreiben, so sehr machte ihm sein Gesundheitszustand einen Strich durch die Rechnung. Nicht nur seine junge Frau war in Sorge um ihn, auch Sisi versuchte auf ihre Weise den Bruder dazu zu bringen, sich mehr zu schonen. Aber ihre Einladungen nach Ischl und Wien nahm er zwar an, blieb aber nur ein paar Tage, um sofort wieder an die Krankenbetten zu eilen. Bis er eines Tages selber zusammenbrach und Blut spuckte. Jetzt war es fünf vor zwölf für Carl Theodor, der endlich erkannte, wie es wirklich um ihn stand. Nachdem man die beiden berühmten Kapazitäten, die Professoren von Ziemssen und Bauer, zugezogen hatte, gelangten durch Indiskretionen Mitteilungen an die Presse. In

England, wo die beiden Schwestern Sisi und Marie sich gerade zur Jagd aufhielten, erfuhren sie aus der Zeitung vom bedenklichen Zustand ihres Bruders. Für den Herzog gab es keine Alternative mehr: Er musste für einige Zeit in den Süden, wollte er das nächste Jahr überleben.

Man hatte Nervi als Erholungsort ausgewählt, wo sich Carl Theodor auch anfangs an die Anordnungen der Ärzte hielt. Kaum war eine leichte Besserung seines Zustandes eingetreten, begann er aber schon wieder zu arbeiten und saß zusammen mit Professor Buhl stundenlang vor dem Mikroskop. Eineinhalb Monate waren seiner Meinung nach genug Zeit zur Erholung.

Nach seiner Rückkehr an den Tegernsee erlebte Carl Theodor eine freudige Überraschung. Der sehr angesehene und bekannte litauische Internist Dr. Maximilian Gotthardt von Cube hatte sich entschlossen, sich in Oberbayern anzusiedeln. Schon bei den ersten Untersuchungen, die Dr. Cube an seinem prominenten Patienten durchführte und die im Grunde genommen ein niederschmetterndes Ergebnis zeitigen, erkannten beide, sowohl der Herzog als auch von Cube, dass sie in Zukunft mehr als ärztliche Kollegialität verbinden würde.

Zunächst aber hieß es für Carl Theodor und seine kleine Familie – im Oktober war die Tochter Marie Gabriele zur Welt gekommen – wieder in den Süden zurückzukehren, »eine mit Fieber verbundene katarralische Erkrankung und neuerliche Spuren von Blut« gaben Anlass zu äußerster Besorgnis.

Diesmal nahm man in Mentone in der Villa »Madonna« Quartier. Es sollte für Carl Theodor ein für seine medizinische Zukunft sehr wichtiger Aufenthalt werden. Denn hier im milden Klima und inmitten der prachtvollen Natur suchte der russische Professor für Ophthalmologie Alexander von Iwanoff, ein in aller Welt bekannter und berühmter Augenspezialist aus Kiew, sein Lungenleiden auszukurieren. Allerdings hatte sich auch hier, obwohl er schon seit vielen Monaten in Mentone weilte, keine Besserung eingestellt, zu fortgeschritten war seine Erkrankung. Außerdem wurde er nach wie vor von Patienten belagert, die zu ihm wie zu einem Heiligen pilgerten. Es hatte sich herumgesprochen, dass nur er bestimmte Leiden zu heilen vermochte, und man nahm seinen schroffen Umgangston, dessen er sich befleißigte, ohne zu murren in Kauf. Auch dem Kollegen aus Bayern gegenüber verhielt sich Iwanoff zunächst äußerst reserviert und lehnte jeden Kontakt mit Carl Theodor ab. Aber der Herzog war der Letzte, der sich von Unfreundlichkeiten abschrecken ließ, er überging das merkwürdige Verhalten des russischen Professors geflissentlich und es dauerte nicht lange, bis Iwanoff erkannte, dass es sich bei dem bayerischen Herzog keineswegs um einen übersättigten Müßiggänger handelte, der sich mit medizinischen Fragen die Zeit vertreiben wollte. Allmählich fasste er Vertrauen zu Carl Theodor und machte ihm sogar nach einiger Zeit das Angebot, ihm bei manchen komplizierten Operationen zu assistieren.

Der Gesundheitszustand von Iwanoff verschlechterte sich so sehr, dass er sich außer Stande sah, seine Arbeit weiter fortzusetzen. Er empfahl seinen Patienten Carl Theodor aufzusuchen – und sie taten nicht schlecht daran. Denn der Herzog war in kurzer Zeit nicht nur zu einem Spezialisten geworden, er behandelte auch diejenigen Hilfesuchenden, die nicht über ausreichende Mittel verfügten, um teure Operationen zu bezahlen, ohne Honorar, ja, er gab ihnen noch die notwendigen Medikamente mit, sodass sie sich tatsächlich auskurieren konnten.

Als Carl Theodor an den Tegernsee zurückkehrte, hatte er nichts Eiligeres zu tun, als den inzwischen zum Freund gewordenen Iwanoff einzuladen. Obzwar schon fast dem Tod geweiht, nahm der Professor die Einladung an, verließ aber sein Zimmer, wo er ausführliche Gespräche mit dem Herzog führte, kaum mehr.

Carl Theodor hatte durch die Begegnung mit Iwanoff plötzlich klar erkannt, wohin sein medizinischer Weg in Zukunft führen würde: Er wollte sich ganz der Augenheilkunde widmen. In seinen Aufzeichnungen gab er die Gründe für seinen Entschluss an: »*Die Augenkunde – sie erscheint mir als das umfassendste medizinische Gebiet … Im Auge quintessenziert sich der körperliche Zustand, in ihm zeichnen sich Krankheiten ab, zum Beispiel der Niere, noch ehe deren charakteristische Merkmale auftreten. Wie in einem Spiegel gewahrt man hier das Innere eines Menschen.*« Und weiter fuhr er fort: »*Ist nicht Erblindung das entsetzlichste Los, das einen Menschen treffen kann? Des Lichts beraubt, von der Umwelt abgeschlossen, auf Gnade und Barmherzigkeit der anderen angewiesen – nein, ich kann mir nichts Furchtbareres vorstellen. Aber auch kein größeres Glück, als diesen Ärmsten der Armen helfen zu können, ihnen das Leben neu zu schenken.*«

Und Carl Theodor schenkte Hunderten dieses neue Leben, so wie er sich das damals vorgestellt hatte. Aber bis dahin war noch ein Kräfte verzehrender Lernprozess nötig. Carl Theodor wusste, er konnte nur dann gut sein, wenn er die besten Spezialisten auf dem Gebiet der Ophthalmologie aufsuchte und bei ihnen praktizierte. Daher ließ er sich im Oktober 1879 bei Professor Horner von der Universität Zürich anmelden, der ihm von seinem Freund Iwanoff empfohlen worden war. Horner stellte sich als das genaue Gegenteil seines russischen Kollegen heraus: Er war ein freundlicher, gemütlicher Schweizer, der dem Herzog nicht nur fachliche Dinge erklärte, sondern auch ermöglichte, dass Marie José, die ihren Gatten begleitet hatte, angeleitet wurde, wie man fachgerecht bei Operationen assistieren konnte.
Allmählich hatte sich der Ruf des Herzogs als Augenspezialist auch in Bayern verbreitet, man hatte in München die erste Augenklinik errichtet und wahrscheinlich gehofft, dass Carl Theodor hier arbeiten würde. Aber vorher wollte er noch den Kollegen gegenüber sein Wissen und Können unter Beweis stellen. Er entschloss sich, das medizinische Fach-Staatsexamen offiziell abzulegen, wobei die Kommission ihm rundheraus erklärte, dass man von ihm, einer königlichen Hoheit, schon mehr verlangen müsse als von einem gewöhnlichen Mediziner, da ihm mehr Möglichkeiten geboten worden waren und ihm mehr Lehrmittel zu Verfügung gestanden hätten. Und was alle erwartet hatten, trat ein: Der Herzog bestand das Examen mit Glanz und Gloria, besonders seine vorzüglichen Kenntnisse in der Augenheilkunde wurden von Professor Rothmund hervorgehoben.
Damit war aber die Ausbildung für Carl Theodor noch lange nicht abgeschlossen. Er hatte zwar schon zu dieser Zeit den festen Plan, eine Klinik in Tegernsee zu eröffnen, wollte aber noch die Methoden anderer Kapazitäten auf dem Gebiet der Augenheilkunde studieren. Einer Einladung des Kaisers und seiner Schwester nach Wien folgte er daher mit großer Begeisterung, denn hier praktizierte Ferdinand von Arlt, ein Ophthalmologe von internationaler Bedeutung. Obwohl sich vor allem Sisi den Aufenthalt des Bruders anders vorgestellt hatte, musste sie doch erkennen, dass er nicht aus seiner Haut konnte. Ohne Rücksicht auf sich und seine Gesundheit machte er manchmal noch die Nacht zum Tage, um alles durchzuarbeiten, was die Kollegen ihm demonstriert hatten. Dennoch war es ab und

zu möglich, dass die Geschwister einen gemeinsamen Abend in der Hofburg oder im Theater verbrachten.
Obwohl sich der Ruf Carl Theodors als Augenspezialist zusehends verbreitete, war er immer noch dabei, weiter zu lernen, wobei gerade die unterschiedlichsten medizinischen Meinungen für ihn von Interesse waren. Deshalb besuchte er auch die Vorlesungen von Arlts medizinischem Gegner, von Professor Eduard von Jäger, dessen Operationsmethoden denen von Arlt im Prinzip völlig konträr waren. Aber der Herzog hatte längst erkannt, dass man nur dann zu einer eigenständigen Methode gelangen konnte, wenn man alle Möglichkeiten ins Kalkül gezogen hatte.
Wie überall bisher, war man auch in Wien dem Bruder der Kaiserin in medizinischen Kreisen anfangs skeptisch gegenübergestanden, aber die Bedenken hatten sich schnell in nichts aufgelöst, ja, man hatte seinen Arbeitseifer, seine Geschicklichkeit und sein wissenschaftliches Interesse schätzen gelernt. Er war der Mann, der auf dem Gebiet der Augenheilkunde Großes leisten konnte! Daher stellten die Kollegen unter der Ägide von Professor Jäger den Antrag, dass Carl Theodor am 31. Jänner 1881 als Dritter neben den berühmten Professoren Hyrtl und Virchow zum Ehrenmitglied des medizinischen Doktorkollegiums ernannt werden sollte.
In der Laudatio hieß es: *»Liebe zur Wissenschaft und Forschung hat ihn zum Doktor gemacht, Liebe zur leidenden Menschheit zum hingebungsvollen Arzt.«*
Nun versuchte er seinen Plan einer eigenen Klinik am Tegernsee in die Realität umzusetzen. Aber dies war leichter gesagt als getan, da es wie immer und überall auch hier an den nötigen Mitteln fehlte, und die örtlichen Behörden sich außer Stande sahen, Geld aufzubringen, sodass Carl Theodor nichts anderes übrig blieb, als selber tief in die Tasche zu greifen und zu versuchen, von anderer Seite her Unterstützung zu bekommen. Bei seinem Schwager, dem Kaiser, fand er ein offenes Ohr für seine Pläne. Ohne große Formalitäten veranlasste Franz Joseph, dass eine nicht unbeträchtliche Summe dem Bruder seiner Gemahlin für den Klinikbau zur Verfügung gestellt wurde.
Zwei Wirkungsstätten hatte sich Carl Theodor für die nächsten Jahre ausersehen: Tegernsee und Meran, wo er, ohne auf seine eigene Gesundheit zu achten, beinahe rund um die Uhr seine Patienten versorgte. So lange, bis er vor Erschöpfung selber aufs Krankenbett

geworfen wurde. Denn nach wie vor wurde er von Zeit zu Zeit von heftigem Fieber befallen, meist in Verbindung mit einer Lungenentzündung, die er nur im Süden auskurieren konnte. Meran erschien ihm dabei als der geeignete Ort, das Klima bot ihm Milderung seiner Beschwerden, aber die vielen Augenleidenden, die er auch während seiner Fieberschübe zu betreuen hatte, verzögerten den Heilprozess enorm.

Freie Zeit gab es für den unermüdlich Arbeitenden kaum, auch seine Frau hatte dies schon längst akzeptiert. Hatte Marie José anfangs versucht, ihn in seiner Arbeitswut etwas einzubremsen, so erkannte sie, dass das wahre Glück seines Lebens im Heilen der Kranken bestand. Und da sie selber ein mitfühlendes Wesen besaß, hatte sie sich schon bald entschlossen, ihrem Mann hilfreich zur Seite zu stehen. Allerdings verzögerte die stetig wachsende Familie ihre Mitarbeit – am 17. Januar 1884 hatte sie endlich nach drei Töchtern dem lang ersehnten Sohn das Leben geschenkt –, aber sobald die Kinder sie nicht mehr unmittelbar benötigten, wollte sie sich ganz der Aufgabe als Assistentin ihres Mannes widmen.

Carl Theodor hatte für die Zukunft große Pläne. Er hatte in der Nähe von Meran eine Villa in Obermais gemietet, wo er zusammen mit dem Meraner Kurarzt Dr. Rochelt praktizierte. Die Zahl der Patienten nahm von Woche zu Woche zu, vor allem als bekannt wurde, dass der Doktor aus Bayern geradezu Wunder wirken konnte. Es war ihm nämlich gelungen, einem uralten Pfarrer, der schon seit Jahren an grauem Star völlig erblindet war, das Sehvermögen durch eine Operation wiederzugeben. Diese Kunde hatte sich wie ein Lauffeuer verbreitet und jeder, der Augenprobleme hatte, suchte sein Heil bei Carl Theodor. In drei Monaten hatte er 1000 Patienten zu betreuen und die Zahl nahm stetig zu. Dies bedeutete für den Herzog pausenlosen Einsatz ohne jegliche Rücksicht auf sich selbst. Ruhe und Erholung, die er eigentlich in Meran hätte suchen sollen, gab es für ihn nicht.

Das Renommee Carl Theodors als Augenspezialist beschränkte sich nicht nur auf Südtirol oder auf das Gebiet um den Tegernsee, weit über die Grenzen Mitteleuropas kannte man in Fachkreisen seinen Namen, sodass man auch im rumänischen Königshaus seine Erfolge interessiert verfolgte. Königin Carmen Silva von Rumänien, eine hochinteressante Frau und gute Freundin von Kaiserin Elisabeth,

äußerte sich über den Bruder Sisis bewundernd: »*Solch ein Mann ist eine Ehre für unseren ganzen Stand.*«
Der Arbeitseifer des Herzogs wurde allerdings jäh unterbrochen, als er sich bei einer Amputation an einem Knochensplitter infizierte. Eine bösartige Lympherkrankung und die Gefahr der Lähmung des rechten Armes waren die Folgen der Verletzung. Carl Theodor musste, ob er wollte oder nicht, eine Ruhepause einlegen. Er entschloss sich, endlich sein Versprechen wahr zu machen und seine Schwester Marie in Paris zu besuchen, die Künstler, Musiker und Wissenschaftler einlud, um dem Bruder die entsprechende Abwechslung zu bieten. Aber kaum fühlte er sich besser, zog es ihn wieder nach Meran, wo sich Marie José über seine unermüdliche Tätigkeit dahingehend äußerte, dass »*nicht eine Minute im Tag für mich bleibt nachdem ich Gackels Assistent bin*«. Dabei wurde auch sie von früh bis spät gefordert, sie hatte vielfältige Aufgaben zu erledigen und meisterte alles bravourös.
Die Stunden des Tages reichten zwar manchmal für den Herzog kaum aus, um all seinen Verpflichtungen nachzukommen, dennoch versäumte er es nie, den engen Kontakt zu den Geschwistern, vor allem zu seinen Schwestern, aufrechtzuerhalten. Meist schon tief in der Nacht schrieb er Briefe nach Wien, Paris oder Regensburg, die Zeugnis von seiner engen Bindung an seine Geschwister ablegten. Daher traf es ihn selber wie ein Blitz aus heiterem Himmel, als ihn eines Tages der Hilferuf seiner Schwester Nené erreichte, die ihn bat, so schnell als möglich an das Krankenbett seines Neffen Maximilian Maria von Thurn und Taxis zu eilen. Aber jede Hilfe kam für den begabten, allseits beliebten jungen Mann, der den Onkel flehentlich bat, sein Sterben zu verhindern, zu spät. Er, der mittlerweile Tausenden von Kranken hatte helfen können, musste ausgerechnet der verzweifelten Schwester Nené gegenüber, die schon in jungen Jahren ihren Mann verloren hatte, seine Machtlosigkeit als Arzt eingestehen.
Auch eine weitere Tragödie konnte er Jahre später nicht verhindern: den bis heute geheimnisumwitterten Tod des bayerischen Königs Ludwig II. im Starnberger See. Carl Theodor hatte zwar schon über längere Zeit hinweg die erschreckenden Veränderungen im Aussehen und Wesen des »Cousins« und »Beinahe-Schwagers« festgestellt, war aber doch mehr als überrascht, als die Minister es wagten, den

Elisabeth und ihr Bruder Carl Theodor

Staatsstreich durchzuführen und den König zu entmündigen. Carl Theodor hatte verschiedene Entscheidungen, die gefällt worden waren, nur am Rande registriert, da er sich bei seinem riesigen Arbeitsprogramm nicht noch um die Interna der bayerischen Politik zu kümmern vermochte. Daher war er so wie seine anderen Geschwister auch aufs Höchste bestürzt, als er die Nachricht vom plötzlichen Tod des Königs und seines Leibarztes Dr. Gudden im Starnberger See erhielt. Obwohl er sich über die Vorgänge am See seine eigenen Gedanken machte, standen zunächst die Sorgen um seine Schwester Sisi im Vordergrund. Der Tod des »Adlers« hatte die »Möwe«, wie

Elisabeth und Ludwig einander in Gedichten und Briefen nannten, derart aus der Fassung gebracht, dass ihr Gemütszustand zu ernsten Bedenken Anlass gab und selbst ihre Tochter Marie Valerie an ihrem Geisteszustand zu zweifeln begann. Konnte es sein, dass auch die Mutter wahnsinnig geworden war, als sie sich vor der Tochter auf den Boden warf und den »großen« Jehova anflehte. Dazu kamen andere Merkwürdigkeiten, die Sisi schon seit längerer Zeit an den Tag legte, wie ihre übertriebene Schwärmerei für den deutschen Dichter Heinrich Heine, in dessen Stil sie nicht nur reimte, sondern sich auch einbildete seine Stimme zu vernehmen.

Je mehr Jahre ins Land zogen, umso problematischer wurde die Situation innerhalb der Großfamilie. Da und dort pochte der Tod ohne rechtzeitige Ankündigung an die Tür. Wenn auch Carl Theodor, der als Fachmann immer wieder gerufen wurde, zu helfen versuchte, so kam er doch in den meisten Fällen zu spät, wie auch bei Karl Ludwig, einem Bruder des Kaisers. Diesem Schwager war er sehr zugetan gewesen, da der Erzherzog nicht nur das medizinische Wirken Carl Theodors bewunderte, sondern auch als großzügiger Sponsor zur Stelle war, wenn – wie so oft – finanziell Not am Mann war.

Die Probleme mit Sisi waren in den letzten Jahren für Carl Theodor immer gravierender geworden, denn ein Ereignis hatte die Schwester völlig aus der Bahn geworfen. Am 30. Januar 1889 war ihr einziger Sohn Rudolf zusammen mit der Zufallsgeliebten Mary Vetsera aus dem Leben geschieden. Völlig gebrochen war sie zur Mater dolorosa geworden, die sich nicht in der Lage gefühlt hatte, an den Beisetzungsfeierlichkeiten für ihren Sohn teilzunehmen. Auch die Geschwister, die zu ihrem Beistand nach Wien gereist waren, wollte sie nicht sehen. Carl Theodor, Sisis Gackel der Kinderzeit, akzeptierte allerdings diese Entscheidung der Schwester nicht, er ließ sich genauso wenig abweisen wie Marie José, obwohl Elisabeth jeden tröstlichen Zuspruch ablehnte. Er eilte, ohne bei der Kaiserin angemeldet zu sein, in Sisis Gemächer und nahm sie in die Arme, wobei die Schwester ihm später diese liebevolle brüderliche Geste verübeln sollte. Niemandem war es erlaubt, an ihrem Schmerz Anteil zu haben, auch Gackel nicht!

Es dauerte lange, bis das gute Einverständnis zwischen den Geschwistern wiederhergestellt war, zu tief war die Enttäuschung in Carl Theodor begraben, dass die Schwester seine Hilfe in der schrecklichen

Situation abgelehnt hatte. Es mussten erst die Eltern der beiden, Max und Ludovika, sterben, damit sie wieder zueinander finden konnten.

Aber im Gegensatz zu seiner Schwester, die rast- und ruhelos ganz in Schwarz gekleidet durch die Lande zog, hatte Carl Theodor ein reiches Aufgabengebiet und daher andere Sorgen. Die Zahl seiner Patienten nahm auch in Bayern immer mehr zu, sodass der Bau einer privaten Augenklinik in München unumgänglich geworden war. Für dieses aufwändige Projekt hatte Marie José in dem Grafen Marogna einen großzügigen Mäzen gefunden, der sowohl von der Arbeit Carl Theodors, aber auch von dem Wirken der Herzogin so beeindruckt war, dass er es sich nicht hatte nehmen lassen, die finanziellen Mittel für eine moderne Klinik aufzubringen. Carl Theodors Traum war endlich wahr geworden!

Dass es um die Gesundheit des Herzogs auf Grund seiner aufreibenden Tätigkeit nicht zum Besten stand, war nicht verwunderlich. Immer wieder musste er, ob er wollte oder nicht, seine Arbeit unterbrechen um im Süden für kurze Zeit neue Kraft zu tanken. Auf einer dieser Reisen nach Mentone lernte er den Fürsten von Monaco aus dem Hause Grimaldi kennen, einen Mann, der sofort die Sympathie Carl Theodors gewann. Albert hatte sich als Tiefseeforscher einen Namen gemacht und schon sehr bald konnte er den Bayernherzog für seine Entdeckungen interessieren. Sooft es seine Gesundheit und seine Zeit erlaubten, fuhr Carl Theodor mit Fürst Albert hinaus aufs Meer, um sich von dem neuen Freund noch nie geschaute Dinge zeigen zu lassen.

Die Zeit am Mittelmeer, die er im Freundeskreis, manchmal auch mit seiner Schwester Sisi und sogar mit Kaiser Franz Joseph verbrachte, war allerdings mehr als beschränkt. Denn kaum fühlte er sich wieder bei Kräften, rief ihn die Arbeit nach München, die nur ab und zu durch ein paar Reitstunden unterbrochen wurde. Er hatte nämlich die Liebe zu den Pferden wieder entdeckt, als seine Kinder begonnen hatten, den Pferdestall dem Schulzimmer vorzuziehen. So wie alle in der Possenhofener Familie entwickelten sich die Töchter und Söhne von Carl Theodor in kurzer Zeit zu exzellenten Reitern, die in ihrem Vater ein wirkliches Vorbild sahen.

Der Reitsport brachte auch die beiden Brüder Gackel und Mapperl einander wieder näher. Man hatte sich zwar nie ganz aus den Augen

verloren, aber durch die Überlastung von Carl Theodor waren die Treffen seltener geworden. Jetzt hatte man endlich im Reitsport eine Gemeinsamkeit gefunden. Doch der erst 42-jährige Herzog Max Emanuel erkrankte ganz plötzlich an einer Magenblutung, an der er nach kurzer Zeit trotz der medizinischen Hilfe des Bruders starb.
Durch den tragischen Tod von Schwester Sophie in Paris wurde der Kreis der Possenhofener Geschwister immer kleiner, nachdem im Jahr 1890 schon Helene in Regensburg gestorben war. Mit ängstlicher Sorge beobachtete daher Carl Theodor seine eigene Frau, die sich in Meran bei einem Krankenbesuch eine bösartige Infektion geholt hatte. Da sich der Zustand von Marie José auch durch das Heranziehen verschiedener medizinischer Kapazitäten nicht besserte, beschloss der Herzog einen längeren Aufenthalt in Nordafrika. Seine Töchter und sein zukünftiger Schwiegersohn Graf Törring sollten ihn und seine Gemahlin begleiten.
Der Aufenthalt in Algerien und später in Tunis war in jeder Hinsicht ein Erlebnis für die Familie, nicht nur, dass man von allen Seiten mit wahrhaft orientalischer Pracht umgeben wurde und die Kalifen und Scheichs ihre Reverenz erwiesen. Carl Theodor führte wahre Wunderheilungen durch, sodass ihn bald nicht nur Menschen, die an Augenkrankheiten litten, aufsuchten, scharenweise pilgerten die Bresthaften zu ihm. Er führte alle möglichen Operationen unter schwierigsten hygienischen Bedingungen durch, wobei ihm manchmal, wenn der Patientenansturm zu groß war, selbst seine Töchter assistieren mussten. Marie José musste sich immer noch schonen, obwohl sich ihr Gesundheitszustand in dem trockenen warmen Klima rasch gebessert hatte.
Den Abschluss der Reise nach Nordafrika sollte ein Ritt durch die Wüste bilden. Dies war für damalige Verhältnisse ein nicht zu unterschätzendes Abenteuer, das so manche Gefahr in sich barg. Aber Carl Theodor war seit jeher ein furchtloser Mann, der seine Familie davon überzeugte, dass man sich ein derartiges Erlebnis nicht entgehen lassen konnte. Nach den überwältigenden Eindrücken der Wüste wäre die kleine Expedition dennoch beinahe in eine Situation geraten, die alles andere als glimpflich hätte ausgehen können. Denn plötzlich tauchte aus dem Nichts ein Trupp Tuaregs auf, Männer des für ihre Wildheit und Unberechenbarkeit bekannten Nomadenstammes. Was aber von den ängstlichen Europäern niemand hät-

te vermuten können, geschah, als die Stammesangehörigen an dem Herzog vorbeizogen. Sie kreuzten vor ihm die Arme, verneigten sich und ihr Anführer sprach: »*Weit, weit kommen sie her, diese Männer. Aber euer Ruf ist bis tief in die Wüste gedrungen. Und sie sagen, dieser große Arzt ist uns wie ein Heiliger. Wir verehren ihn.*«

Zurück in München fand der Herzog zu seiner großen Freude seine Klinik in bestem Zustand vor, Hofrat Dr. Zenker, der schon lange an seiner Seite gearbeitet hatte, hatte die Patientenbetreuung während der Abwesenheit des Herzogs ganz in dessen Sinne weitergeführt.

In den nächsten Wochen überschlugen sich die Ereignisse: Nachdem Kaiserin Elisabeth erfahren hatte, dass sich ihre Nichte Sophie mit dem Grafen Toerring verlobt hatte, beschloss sie kurzerhand das junge Paar zu besuchen. Obwohl auch Carl Theodor sich gefreut hätte, die Schwester nach so langer Zeit wieder zu sehen, wusste er doch auch, dass es ihm Sisi verübeln würde, wenn er einfach unaufgefordert in der Tür stünde. Daher konnte er nur hoffen, dass Elisabeth auf die Idee käme, auch ihn und Marie José kurz zu besuchen.

Es sollte die letzte Begegnung der Geschwister sein. Denn am 10. September 1898 stach der Anarchist Luigi Luccheni der Kaiserin in Genf eine präparierte Feile mitten ins Herz. Jede Hilfe kam zu spät. Die Kaiserin von Österreich war einen völlig sinnlosen Tod gestorben. Als hätte sie ihr Ende vorausgesehen, hatte sie sich ihrer Nichte Sophie gegenüber dahingehend geäußert, dass sie sich, wenn sie nur einen Grafen heiratete, wenigstens nicht vor Anarchisten zu fürchten brauche.

Der Tod der geliebten Schwester traf Carl Theodor schwer. Noch intensiver stürzte er sich in seine Arbeit, wobei er zunehmend schweigsamer wurde. Im Geheimen fürchtete er mehr und mehr, dass seine Hände zu zittern beginnen könnten, sodass für ihn weiteres Operieren ausgeschlossen sein würde. Aber auch noch knapp vor seinem 70. Geburtstag war er trotz aller Bedenken in der Lage, schwierige Fälle selber zu behandeln. Zu seinem Ehrentag waren die Verwandten und Freunde in Scharen aus allen Himmelsrichtungen angereist, nur die beiden Töchter Elisabeth und Marie Gabriele fehlten zum Leidwesen des Vaters. Wenn auch getrübt durch diesen Wermutstropfen wurde der Tag für Carl Theodor ein großes Fest. Abordnungen aus ganz Bayern und Ehrenformationen aus allen Landesteilen fanden sich zur Feier ein und Carl Theodor wurde sogar zum Ehrenbürger der Stadt München erklärt.

Es schien aber, dass die Kraft, die ein Leben lang in Carl Theodor gewohnt hatte, mit der Erreichung des 70. Lebensjahres allmählich nachließ. Außerdem hatte er die Absicht, seinen Platz für jüngere Kollegen frei zu machen, denen er durch seinen ärztlichen Ruf im Wege stand. Sie sollten sich endlich aus seinem Schatten befreien können. Vielleicht hatte er aber auch den Wunsch, endlich in der ihm verbleibenden Zeit mehr Stunden mit seiner geliebten Frau zu verbringen.
Aber das Schicksal machte ihm einen Strich durch alle Zukunftspläne: Nach einer für ihn sehr erfolgreichen Jagd fühlte sich der Herzog plötzlich unwohl. Schüttelfrost befiel ihn, sodass man ihn eilends zu Bett brachte. Er sollte nicht mehr aufstehen. Die zugezogenen Ärzte stellten Arteriosklerose fest, die keine Aussicht auf Besserung zuließ. Carl Theodor selber gab sich keinen Illusionen hin, er wusste, dass seine Uhr abgelaufen war. Allein die Sorge um Marie José, von der er noch mit ersterbender Stimme sagte, sie sei alle Tage die Sonne seines Lebens gewesen, hielt ihn noch für einige Zeit aufrecht. Dann aber bat er, man möge ihn in Frieden sterben lassen, ein Wunsch der ihm schweren Herzens gewährt wurde. Tief betrauert von Tausenden von Menschen, denen er das Augenlicht wiedergegeben hatte, wurde er in aller Stille beigesetzt. Seine Tochter Sophie Toerring zeichnete viele Jahre später ein Bild von ihrem Vater: *»Wir Kinder haben in unserem Elternhaus nur Schönes erlebt. Wenn man zum Vater gerufen wurde, so war es, als käme man in die Sonne.«*

Von Liebe reden wir später

Sisis Schwester Marie Sophie

Wer fragte schon nach den Gefühlen der jungen Mädchen aus adeligem Hause, wenn es darum ging, eine standesgemäße, vielleicht sogar eine besonders attraktive Partie zu arrangieren. Der »hohe« Bräutigam hatte durch die Stellung seiner Geburt auf alle Fälle alle Trümpfe in der Hand, war er auch geistig noch so beschränkt und körperlich alles andere als ansehnlich.

Marie Sophie, Elisabeths um vier Jahre jüngere Schwester, wurde auch nicht lange gefragt, als sie an den Königshof von Neapel heiraten sollte. Die Freude im Hause des Herzogs in Bayern war kaum zu fassen, denn wieder einmal würde eine Tochter von Ludovika und Max die Gemahlin eines Prinzen werden, der in absehbarer Zeit seinem Vater auf den Thron folgen würde. Wie dieser Franz aussah, der die schöne Schwester der österreichischen Kaiserin zur Frau begehrte, wurde nicht kund getan, obwohl da und dort Gerüchte über sein seltsames Wesen und seine nicht gerade einnehmende Gestalt in Umlauf waren. Der Einzige, der über seinen eventuellen zukünftigen Schwiegersohn Erkundigungen einzog, war Herzog Max. Und das, was er zu hören bekam, war keineswegs dazu angetan, sein schönes Kind ohne vorherige Warnung nach Neapel ziehen zu lassen. In einem kurzen Gespräch mit der Tochter gab er Marie kurz und bündig den Rat, diesen – wie er sich ausdrückte – Trottel auf keinen Fall zu nehmen. Aber durch die Äußerung des ungeliebten Gemahls wurde natürlich sofort die Opposition von Ludovika hervorgerufen. Denn im Laufe der Jahre war es geradezu zu einem Spiel geworden, dass sie auf alle Fälle gegenteiliger Meinung wie ihr Ehemann war.

Außerdem war so eine »grenzüberschreitende« Eheschließung im Hause Wittelsbach schon längst keine Privatsache mehr. Wenn auch die Familie des Herzogs »in« Bayern keine Regierungskompetenzen hatte, so war sie nicht nur eng mit König Maximilian II. verwandt, sondern auch mit dem Kaiser von Österreich. Die offiziellen Heiratsverhandlungen wurden daher auch nicht im Stadtpalais der Familie in München oder in Possenhofen geführt, sondern am Hofe des bayerischen Königs. Hier empfing man die neapolitanischen Gesandten, in der Residenz wurden unter der Aufsicht des Grafen Ludolf, der den Rang eines Ministers des Königreiches von Neapel mit sämtlichen Vollmachten hatte, alle Dokumente eingehend geprüft und in den prunkvollen Räumen sollte auch die Trauung per procurationem, d. h. durch einen Stellvertreter, stattfinden, würde man handelseins werden.

Marie, deren Schicksal über ihren Kopf hinweg entschieden wurde, erfuhr herzlich wenig von ihrem zukünftigen Gemahl. Man ließ sie in jeder Hinsicht im Ungewissen, man hatte nämlich schwer wiegende Gründe, alles Mögliche vor dem jungen Mädchen zu verheimlichen. Intimste Details, die für den Fortbestand der Monarchie höchst bedenklich waren, hatten sich unter vorgehaltener Hand bis München durchgesprochen. Franz würde nämlich in seiner augenblicklichen Situation nicht in der Lage sein, die Ehe vollziehen zu können, da er an einer Phimose, einer Verengung der Vorhaut, litt, die nur operativ beseitigt werden konnte.

Natürlich hätte sich Marie als keusche Jungfrau des 19. Jahrhunderts, unaufgeklärt und naiv, wie sie war, unter so einem Gebrechen kaum etwas vorstellen können, und prüde, wie man nun einmal war, weihte niemand, auch nicht die Mutter, Marie in diese Probleme ein, die niemals ein Gesprächsthema mit einem jungen Mädchen sein konnten. Wichtig waren vor allem alle kleinen und kleinsten Details des Ehevertrags, die Mitgift der Braut, die Morgengabe des Bräutigams und die Stellung der Braut als zukünftige Königin von Neapel.

Dass man Marie gegenüber keine genauen Schilderungen des Äußeren ihres zukünftigen Gemahls machte, konnte jeder verstehen, der den Prinzen einmal in Augenschein genommen hatte. Denn er war alles andere als ein Traummann, wobei zu seiner nicht sehr ansehnlichen Gestalt noch eine angeborene Schüchternheit kam, die durch übertriebene Bigotterie noch verstärkt wurde. Franz war streng katholisch erzogen worden, hatte eine beinahe klösterliche Erziehung genossen, wodurch er eine viel stärkere Beziehung zur Theologie entwickelt hatte als zu jeglichen politischen Themen. Stundenlang konnte der junge Mann im Gebet verharren und sich mit metaphysi-

schen Überlegungen beschäftigen oder religiöse Themen mit seinem Beichtvater besprechen, der als sein engster Vertrauter Nacht für Nacht im Zimmer des Prinzen schlief.
Dieser Jüngling war nun von den Eltern ausersehen, die schöne Marie als seine Braut heimzuführen, eine Herzogstochter, die allerdings ganz anders erzogen worden war als die Mädchen ihres Standes. Wild und bunt war ihr bisheriges Leben durch den Einfluss des unkonventionellen Vaters gewesen, ohne große Pflichten und Verantwortung. Genauso wie ihre ältere Schwester Elisabeth, die Marie von klein auf grenzenlos bewunderte, ging sie viel lieber mit dem Vater auf die Pirsch als sich mit Stickereien zu langweilen. So war es kaum verwunderlich, dass das junge Mädchen schon sehr bald treffsicher schießen lernte und mit den Gewehren wie ein Weidmann umgehen konnte. Damals konnte Marie freilich noch nicht ahnen, dass sie in der Zukunft einmal nicht nur aus Jagdleidenschaft ein Gewehr in die Hand nehmen würde.
So wie alle Töchter von Ludovika und Max hatte sich auch Marie schon in jungen Jahren zu einer Schönheit entwickelt und jeder, der das schlanke, hoch gewachsene Mädchen mit den irisierenden Augen und dem dunklen Haar sah, konnte nicht umhin, sie mit ihrer älteren Schwester Elisabeth zu vergleichen. Und man hätte eigentlich nicht absolut sicher sagen können, welcher von beiden der Apfel des Paris gebührt hätte.
Die zwei Schwestern hatten auch viel Ähnlichkeiten in ihrem Wesen, denn eine wie die andere gebärdete sich gerne exzentrisch und hatte Freude daran, die Mitmenschen spontan zu brüskieren. Sowohl Elisabeth als auch Marie hatten schon als halbe Kinder rauchen gelernt und dieses für die damalige Zeit unschickliche Laster ein Leben lang beibehalten. Als Kaiserin ließ es sich Elisabeth nicht nehmen, im offenen Wagen rauchend durch Wien zu fahren, etwas, was nicht nur ihre Schwiegermama bis aufs Äußerste schockierte. Auch Marie erregte allgemeinen Unwillen in Neapel, als bekannt wurde, dass sie lange dünne Zigarillos rauchte, zunächst nur im Geheimen, aber je mehr sich ihr Konflikt mit der ungeliebten Schwiegermutter verstärkte, desto ungenierter rauchte die junge Frau in aller Öffentlichkeit um zu provozieren.
Den ersten großen Einschnitt in Maries Leben brachte die schnelle Heirat ihrer älteren Schwester Elisabeth mit sich, denn obwohl

Marie vier Jahre jünger war, war Sisi ihre engste Vertraute gewesen, mit ihr hatte sie alle kleinen Probleme und Geheimnisse besprochen, hatte sich in den Bäumen des Schlossparks versteckt oder war mit ihr unerlaubterweise auf den Starnberger See hinausgerudert.
Aus Marie wurde im Laufe der nächsten Jahre ein bezauberndes junges Mädchen, das sich vor Verehrern kaum retten konnte. Allerdings war für die ehrgeizige Mutter keiner dabei, der auf Grund seiner Herkunft und seiner Familie für Marie in Frage kam. Standesgemäß wollte sie ihre Töchter unter die Haube bringen, denn immerhin rollte auch in ihren Adern königliches Blut, weshalb Ludovika in ganz Europa ihre Fühler ausstreckte, um geeignete Ehemänner für ihre schönen Töchter zu finden.
Schneller als erwartet stand der erste Prinz bald tatsächlich vor den Toren. Die Brautwerber des Bourbonenkönigs von Neapel zogen diskret ihre Erkundigungen am bayerischen Königshof ein, ob die Tochter von Herzog Max in Bayern bereit wäre, dem ältesten Sohn von Ferdinand II. die Hand fürs Leben zu reichen.
Wie es damals üblich war, wurden die Brautleute nicht um ihre Meinung gefragt, Ehen wurden auf höchster politischer Ebene geschlossen. So verfuhr man auch mit Franz und Marie.
Außer den politischen Gegebenheiten, der religiösen Übereinstimmung waren vor allem die materiellen Hintergründe von Interesse. Ferdinand II. war ein schwerreicher Mann, das wusste man in ganz Europa, und Marie konnte sich ausrechnen, dass sie in der Zukunft auf nichts werde verzichten müssen, obwohl ihre eigene Mitgift eher bescheiden ausfiel. Denn Herzog Max hatte noch mehr Töchter zu versorgen, sodass er beileibe nicht aus dem Vollen schöpfen konnte. Aber der neapolitanische König zeigte sich nicht knauserig, immerhin würde sein Sohn eine Braut zum Altar führen können, deren Schönheit weit über die Grenzen Bayerns hinaus gerühmt wurde.
Nachdem die offiziellen Verhandlungen am Königshof in München abgeschlossen waren und Maximilian II. sein offizielles Ja-Wort dem Grafen Ludolf mit auf den Weg nach Neapel gegeben hatte, wurde auch Marie in feierlichem Rahmen über ihre bevorstehende Heirat informiert. Gerührt küsste die Braut die Hände ihrer Eltern.
Dann kam der große Augenblick, den das junge Mädchen herbeigesehnt, vor dem es aber auch gebangt hatte: Festlich gekleidete Pagen überreichten ihr auf einem weißsamtenen Kissen ein Medaillon mit

dem Konterfei ihres Zukünftigen. Gespannt blickte Marie auf das Portrait und brach mit einem Seufzer der Erleichterung gleichsam in Entzücken aus. Allen Anwesenden verkündete sie: »*Aber er ist schön!*« Sie bedachte dabei nicht, dass der Maler des Bildnisses den ausdrücklichen Auftrag gehabt hatte, das wenig einnehmende Gesicht des blassen Jünglings durch seine Kunst zu veredeln.

Die Hochzeit per procurationem wurde für den 8. Januar 1859 angesetzt, wobei der Bruder des Königs, Prinz Leopold, die Stelle des Bräutigams einnahm. Als die junge Braut in ihrem eleganten Brokatkleid mit einer Schleppe aus weißem Samt am Arm ihres Bruders Ludwig durch die Kapelle des Münchner Königsschlosses schritt, waren sich alle Anwesenden darin einig: Der Prinz von Neapel bekam eine entzückende, wunderschöne Frau!

Für den 1. Februar war die offizielle Übergabe der Braut in Triest geplant. Vor ihrer endgültigen Abreise wollte sie aber noch ein paar Tage in Wien bei Sisi verbringen. Die Schwester hatte sie herzlichst eingeladen, an ihrer Seite ausgiebig den Wiener Fasching auszukosten. Elisabeth setzte alles daran, um der Schwester schöne Tage in Wien zu bereiten. Sie ahnte, was Marie in Neapel erwarten würde, denn sie brachte folgende Zeilen zu Papier: »*Es schien fast, als ob das Schicksal eingedenkt der traurigen Zukunft Maries ihr einige Tage heiterer Unbeschwertheit gewähren wollte. Ich wusste sehr wohl, dass meine arme Schwester eine Schwiegermutter zu erwarten hatte, die der meinen um nichts nachstand. Deshalb entschloss ich mich, sie ihren unerwarteten Urlaub in Wien so gut wie möglich genießen zu lassen.*« Was Sisi allerdings nicht bedachte, war die Tatsache, dass Marie in Neapel nicht so wie sie in Wien vor der Schwiegermutter kapitulieren würde, sondern den Fehdehandschuh, der ihr hingeworfen wurde, mutig aufnahm!

Die Übergabe der Braut in Triest wurde nach einem Ritus vollzogen, den man schon bei Marie Antoinette oder bei Marie Louise durchgeführt hatte und der so überaltet und verstaubt wirkte, dass die beiden jungen Frauen – neben Marie war auch Sisi in Triest anwesend – plötzlich inmitten der ehrfürchtigen Würdenträger schallend zu lachen anfingen und dadurch die Zeremonie stark beeinträchtigten. Wenn auch Marie alles, was sie hier in Triest erlebte, auf die leichte Schulter zu nehmen schien, so fiel ihr doch der Abschied von der Schwester und von all den lieb gewordenen Personen, den man von ihr forderte, reichlich schwer. Man hatte ihr nur erlaubt, ihren Kanarienvogel »Hansi« mit auf die Fregatte »Tancredi« zu nehmen, die sie nach Bari bringen sollte. Dort wollte sie Franz inmitten seines Hofstaates erwarten.

Der Vater des Bräutigams, König Ferdinand II. aus dem Hause Bourbon, war schon lange leidend, obwohl er noch keine 50 Jahre alt war. Schwere Stoffwechselkrankheiten hatten ihm das Leben vergällt, sodass man ernsthaft im Zweifel war, ob er überhaupt in der Lage sein würde, die Braut persönlich zu begrüßen. Er war ein dicker, schwerfälliger Mann, der grobe Scherze liebte und jedermann amikal duzte. Dadurch wollte er seine Popularität steigern, was ihm auch in Maßen gelungen war. Denn so lange er das Szepter in der Hand hielt, kam es zu keinen größeren Unruhen in dem bunt zusammengewürfelten Staatsgebilde. So grobschlächtig er auch wirkte, so war er doch ein treu sorgender Ehemann und guter Familienvater, der seine beiden Frauen über alles liebte. Seine erste Gemahlin, die Mutter von Franz, die schon bald nach der Geburt des Kindes gestorben war, und hatte Ferdinand nach ihrem Hinscheiden geradezu glorifiziert. Am Königshof wurde sie nicht nur von ihrem Sohn wie eine Heilige verehrt.

Ihr früher Tod war für König Ferdinand II. zwar ein schwerer Schlag, den er aber bald in den Armen seiner zweiten Gemahlin vergaß, einer Tochter Erzherzog Carls, des berühmten Siegers von Aspern. Maria Theresia war alles andere als eine liebreizende charmante junge Frau, düster schwarz gekleidet wirkte sie schon in jungen Jahren wie eine missgünstige Matrone. Ein Leben lang war sie von unendlicher Neugierde befallen, die so weit ging, dass sie an Türen lauschte, damit ihr vor allem die intimeren Dinge nicht entgingen. Ihre Stiefschwiegertochter sollte ihr Lieblingsobjekt für diese Neigung sein. Obwohl sie in ihren unvorteilhaften Kleidern und mit ihrem puritanischen Leben eher wie eine biedere Bürgersfrau wirkte, entwickelte sie dennoch ein unwahrscheinliches Machtstreben, durch das sie ihren manchmal zögerlichen Gemahl zu besonderen Unnachgiebigkeiten überredete, die sich sehr zum Nachteil des Königshauses auswirkten. Aber nicht Maria Theresias Gemahl wurde die Rechnung von den unzufriedenen Untertanen präsentiert, sondern sein Sohn Franz sollte bitter für die Racheakte der Stiefmutter bezahlen.

Für viele, die ihn kannten, war es unverständlich, dass König Ferdinand seiner zweiten Gemahlin genauso seine Liebe entgegenbrachte wie seiner ersten. Da sich die Familie rasch vermehrte, hatte man sich Gedanken darüber gemacht, wie man den Kindersegen eindämmen konnte. Dabei war man auf absurde Gedanken verfallen: Ferdinand schlief vier Matratzen höher als seine Frau, die nur auf zwei Matratzen gebettet war. Doch auch diese Maßnahme blieb ohne Erfolg, denn Maria Theresia brachte nicht weniger als vier Mädchen und sieben Knaben zur Welt.

Vor der Abreise Maries war schon festgelegt worden, dass die Königsfamilie sie in Bari erwarten würde. Der Gesundheitszustand des Königs war aber alles andere als stabil, weshalb man sorgenvoll überlegt hatte, wie Ferdinand die Reise mitten im Winter durchstehen würde. Aber trotz mancher widriger Umstände und Konsultationen diverser Ärzte erreichte der König mit seiner Familie schließlich doch Bari, wo er von der Bevölkerung begeistert empfangen wurde. Der Grund für die Anwesenheit der königlichen Familie hatte sich wie ein Lauffeuer herumgesprochen, und hunderte waren zum Hafen gekommen, wo man die junge Braut des Kronprinzen erwartete. So mancher Schaulustige wiegte zwar bedenklich sein Haupt, wenn er einen Blick auf den jungen Bräutigam warf. Wie konnte dieser schüchterne, magere Bursche mit dem strähnigen Haar und den starren Augen, aus denen die Angst schaute, ein junges Mädchen entzücken? »Arme Braut!«, dachte so mancher bei sich.

Als die Sirenen die Ankunft der Fregatte verkündeten, kam Leben in die Volksmenge. Das Gedränge am Hafen wurde beinah gefährlich, denn keiner wollte sich den Anblick der zukünftigen Königin entgehen lassen.

Marie Sophie entstieg dem Schiff wahrhaft wie eine Königin. Ihre hohe schlanke Gestalt verlieh ihr eine eigentümliche Grazie, als sie die Reling hinunterschritt, ihr schönes Gesicht, in dem die dunkelblauen Augen strahlten, wirkte entspannt, obwohl die junge Braut erst vor wenigen Minuten die erste große Enttäuschung in ihrem Leben erfahren hatte. Denn der Unterschied zwischen dem geschönten Bild im Medaillon und der Wirklichkeit hätte kaum größer sein können. Der Anblick von Franz musste ihr geradezu einen Schock versetzt haben, den sie aber in unglaublich dezenter Art verbarg. Franz dagegen war von seiner schönen Braut hingerissen, ja, verzaubert. Er konnte es nicht fassen, dass das Schicksal ausgerechnet

ihm ein so schönes Mädchen als Ehefrau beschert hatte. Aber er wusste auch, dass er sie nur platonisch lieben konnte, seine Angst vor Operationen war zu groß gewesen, um den angeborenen Fehler rechtzeitig vor der Brautnacht korrigieren zu lassen.
König Ferdinand II. hatte anlässlich der Eheschließung seines Sohnes alle Lustbarkeiten für das Volk aufgeboten, es sollte ordentlich gefeiert werden! Er hatte Marie vom ersten Augenblick an ins Herz geschlossen, genauso die Halbgeschwister von Franz. Nur die Schwiegermutter trat in der Nähe der bayerischen Braut absichtlich einen Schritt zurück, um der jungen Frau von vornherein ihre Ablehnung spüren zu lassen, die Schwiegertochter war Maria Theresia von allem Anfang an ein Dorn im Auge.
Als der Abend des Hochzeitstages in die Nacht überging und man sich anschickte, die beiden jungen Leute ins Brautgemach zu führen, wusste es Franz so einzurichten, dass seine ihm eben angetraute Gemahlin schon eingeschlafen war, als er sich neben sie ins Bett legte. Und so sollte es auch in den nächsten Wochen sein.
Wenn Franz auch keine intimen Beziehungen zu seiner schönen Frau aufnehmen konnte, so betete er sie doch an und Marie genoss seine Bewunderung von Tag zu Tag mehr, weshalb das Verhältnis der beiden jungen Leute eigentlich ungetrübt war, beinahe wie zwischen einem sich ausgezeichnet verstehenden Geschwisterpaar. Natürlich wusste man bei Hofe schon durch die verschiedenen Lausch- und Schlüssellochaktionen genau über das nicht vorhandene Eheleben Bescheid, und solange König Ferdinand II. lebte, musste man sich auch nicht übertriebene Sorgen um den Fortbestand der Dynastie machen. Marie war es dadurch möglich, sich in Neapel, wohin man schließlich zurückgekehrt war, einzuleben. Sie fand rasch fröhliche Gefährten unter den Geschwistern von Franz, mit denen sie in beinah vertrauter Weise lustige Scherze und Streiche aushecken konnte, und schon bald liebten die Buben und Mädchen die neue Schwägerin von Herzen.
Aber für alle viel zu schnell verschlechterte sich der Gesundheitszustand des Königs, sodass man in der Familie kaum noch Hoffnung haben konnte. Wunden, aus denen das Eiter ununterbrochen rann und die einen bestialischen Gestank verbreiteten, bedeckten seinen abgemagerten Körper. Ärzte, Heilkundige aus allen Teilen des Landes, Quacksalber, Priester, Gesundbeter und selbst ernannte

Wunderheiler versammelten sich um das Bett des schon vom Tode Gezeichneten, jeder versprach neue Hoffnung und Aussicht auf Heilung, obwohl sich der Zustand Ferdinands von Stunde zu Stunde verschlechterte. Dazu kamen besorgniserregende Nachrichten aus Oberitalien. Der große Kampf um die Einigung Italiens hatte begonnen, Cavour hatte zusammen mit Napoleon III., dem intriganten Kaiser der Franzosen, Österreich den Fehdehandschuh hingeworfen, um Franz Joseph einen Krieg in Oberitalien aufzuzwingen. Als sich der österreichische Botschafter an den König beider Sizilien um Hilfe wandte, erklärte ihm Ferdinand II. rundheraus: »*Geld, so viel ihr wollt – Soldaten nicht!*«

Es war seine letzte große Entscheidung, die er in diesem Leben treffen sollte. Denn am 22. Mai 1859, kurz vor der großen Schlacht von Magenta, schloss er die Augen für immer.

Das Erbe, das sein Sohn Franz antreten musste, barg alles andere als rosige Aussichten für die Zukunft in sich. Denn es brodelte nicht nur in Oberitalien, wo der König von Piemont, Victor Emanuel, ein durchaus mittelmäßiger Mann, ganz auf seinen Berater Cavour hörend die Hand nach allen Seiten ausstreckte um sich weite Gebiete einzuverleiben. Auch in Sizilien und Unteritalien hatte sich eine starke Opposition gegen den König gebildet, die nur auf einen tatkräftigen Führer wartete um losschlagen zu können. Man hatte genug vom Königtum und vor allem von den Bourbonen, die man nach wie vor als Fremdkörper im Lande empfand, obwohl Franz hier geboren war. Daher war der Boden so richtig heiß für einen Mann wie Garibaldi, der alles auf eine Karte setzten konnte, da er wusste, dass er von Süden her große Chancen hatte, eine gewaltige Veränderung im politischen Gefüge herbeiführen zu können.

Franz hatte in einer denkbar schlechten Zeit den Thron bestiegen, die Zeit schien reif für ein geeintes Italien zu sein, und beide Männer, Cavour und Garibaldi, wollten den in ihren Augen unfähigen König in Neapel in die Zange nehmen. Größere Widerstände von Seiten Franz' II. waren eigentlich nicht zu erwarten.

Franz war sicherlich nicht der Mann, der weit reichende Entscheidungen treffen konnte, der den politischen Durchblick hatte und der sich, wenn schon er selber nicht in der Lage war, das Königreich beider Sizilien zu erhalten, auch nicht mit den richtigen Beratern umgab. Denn an fähigen Männern wie dem politisch geschulten ab-

solut königstreuen Carlo Filangieri mangelte es keineswegs. Maria erkannte den Weitblick Filangieris, aber der Einfluss der Stiefmutter Maria Theresia auf den ewig schwankenden Franz war nach wie vor groß, sodass Filangieri entmutigt seine Demission einreichte.
Das Schicksal von Franz II. war nicht aufzuhalten und damit auch nicht das Schicksal Maries, wenngleich sie alle Hebel in Bewegung setzte, um die Königskrone von Neapel für ihren Gemahl zu erhalten. Sie nahm dafür selbst die übelsten Nachreden in Kauf, da es nicht ausbleiben konnte, dass die schöne Frau mit einzelnen Männern, die sie Franz wegen politischer Fähigkeiten empfohlen hatte, ins Gerede kam, wobei die Schwiegermutter nicht ruhte, die entsprechenden Gerüchte über die Schwiegertochter noch zu schüren.
Das Jahr 1860 sollte das weitere Leben Franz' II. entscheidend beeinflussen. Von Norden und Süden stießen bewaffnete Truppen gegen Neapel vor und es schien nur noch eine Frage der Zeit zu sein, wann die Stadt kapitulieren musste. Die Stiefmutter Maria Theresia war mit ihrer Kinderschar auf die Festung Gaeta geflohen, wo sie sich in Sicherheit wähnte. Für Marie allerdings kam zunächst ein Aufgeben der Stadt nicht in Frage, obwohl sich auch in Neapel selbst schon eine Revolutionsstimmung bemerkbar machte. In intensiven Gesprächen versuchte die junge Königin ihren Mann zu überzeugen, dass es notwendig war, alle Reserven zu aktivieren und sich an die Spitze der Truppen der Stadt zu stellen, um als Herrscher die königstreuen Soldaten im Kampf anzufeuern. Franz, der seine schöne Gemahlin nach wie vor platonisch vergötterte, hörte sich geduldig ihre Vorschläge an, um dann den Oberbefehl über die Truppen dem hl. Gennario anzuvertrauen ...!
Es kam, wie es kommen musste. Auch Franz und Marie verließen Neapel, nicht ohne vorher pompös Abschied von ihren Untertanen zu nehmen. Dabei floss so manche Träne, vor allem, als man die Hand der schönen jungen Königin drückte. Franz hatte in seiner unüberlegten Art sein gesamtes Privatvermögen – 11 Millionen Dukaten sowie 50 Millionen Goldfranken – in Neapel zurückgelassen, im guten Glauben, dass er auch später jederzeit über seine Geldbeträge verfügen werde können. Er sollte sich bitter getäuscht haben! Dafür ließ er 66 Reliquiare einpacken, dazu eine Urne mit der Asche der hl. Iasonia sowie unzählige andere Devotionalien und ein Gemälde von Raffael, das er später verschenken sollte.

Marie Sophie mit ihrem Mann, König Franz II. beider Sizilien

Das Königspaar zog sich ebenfalls in die Festung Gaeta zurück, die zum Schicksalsort für Marie werden sollte. Hier erntete sie als heldenhafte Verteidigerin der Burg und auch des Königtums einen Ruhm, der sich über ganz Europa verbreitete. Kein anderer als der italienische Dichter Gabriele d'Annunzio charakterisierte die Situation für Franz besser, der hätte *»alles haben können: die gebieterische Stärke des alten Namens, die Jugend, die verführt und mitreißt ... ein prunkvolles Königsschloss ... eine leidenschaftliche Gefährtin, deren katzenhafte Nasenflügel in einem heldenhaften Traum zu atmen und vor Lust zu beben schienen, als würden sie Blitze in einem Gewittersturm erzeugen ...«*

Die prekäre Situation auf der Festung schien Marie geradezu zu beflügeln. Wenn die Bomben rund um sie herum einschlugen und die Kanonenkugeln an ihr vorbeipfiffen, flößte ihr das keine Angst ein, sondern sie wuchs über sich hinaus. Unerschrocken und abenteuerlustig feuerte sie nicht nur die königstreuen Truppen zum Durchhalten an, sie mischte sich mit einer Art Uniform bekleidet selber unter die Kämpfenden, nahm das Gewehr zur Hand und zielte auf die Feinde. Es war ein unwahrscheinliches Aufsehen, das die schöne junge Frau unter den Soldaten erregte, wenn sie auf den Mauern der Stadt erschien oder die Verwundeten besuchte. Für sie gab es kein Aufgeben und keine Kapitulation, obwohl die Lage in der Festung von vornherein aussichtslos war. Denn von einer Seite drängten die Landtruppen der Feinde, von der Meerseite beschoss man die Festung von den Schiffen aus, was zu schweren Zerstörungen führte. Dazu kam, dass die Versorgung nicht mehr aufrechterhalten werden konnte, weder Mensch noch Tier hatte genug zu essen. Man war gezwungen, die Pferde zu schlachten, wollte man nicht zusehen, wie sie elendiglich zu Grunde gingen. Zu allem Übel bestand durch die miserablen hygienischen Zustände die Gefahr von Seuchen, an den die geschwächten Bewohner zu erliegen drohten.
Tief deprimiert verfolgte Franz II. den allmählichen Untergang seines Königtums, im Gebet versunken, ständig auf ein Zeichen des Himmels wartend. Denn nur der Allmächtige konnte jetzt noch das Schlimmste verhindern, obwohl seine Truppen immer noch heldenhaft kämpften.
In dieser Situation grenzte es beinahe an ein Wunder, dass es Marie gelang, ihren Gemahl aus seiner Trübsal zu reißen und ihn zu überzeugen, dass er sich hoch zu Ross den Truppen zeigen musste um ihnen noch einmal Mut zu machen. Und was keiner für möglich gehalten hatte, geschah tatsächlich: Das Königspaar erschien vor den Soldaten, die in begeisterten Jubel ausbrachen. Dann begann der letzte Kampf ...
Am 13. Februar 1861 unterzeichnete König Franz II. die Kapitulation. General Cialdini gewährte den Besiegten im Auftrage Cavours einen ehrenvollen Abgang. Man stellte der königlichen Familie eine Fregatte bereit, auf der sie sich ins Exil nach Rom begeben konnte. Als Marie in einem eleganten Reisekleid mit einem kecken Hütchen auf dem Kopf, auf dem eine lange Feder lustig im Wind schwankte,

und ihr zutiefst deprimierter Gemahl das Schiff betraten, spielte die Militärkapelle zum letzten Mal die bourbonische Hymne und die zurückbleibende Menschenmenge rief mit Tränen in den Augen: »Es lebe der König!« Dann lichtete das Schiff die Anker. Als man das Ende der Bucht erreicht hatte, hörte man 21 Salutschüsse, während am Torre di Orlando die königliche Flagge mit den Lilien der Bourbonen auf- und niedergezogen wurde. Kurz darauf blähte sich die Trikolore mit dem Savoyerkreuz im Wind.

Man hatte Rom, die Stadt mitten im Kirchenstaat, als Ort des Exils gewählt, wo Marie sofort hoffnungsfroh alle Hebel in Bewegung setzte, um Monarchisten zu finden, die bereit waren, für die Restitution des Königs zu kämpfen. Sie hatte bei ihren Aktivitäten einerseits nicht mit den Intrigen gerechnet, die von ihrer Schwiegermutter, die ebenfalls in Rom Zuflucht gesucht hatte, ausgingen, und andererseits nicht mit der zwielichtigen Einstellung des römischen Adels. Jeder kämpfte im Untergrund gegen jeden und die schöne junge Exkönigin war ein willkommenes Subjekt für Gehässigkeiten und Gerüchte. Denn bis nach Rom war dem Königspaar der Ruf vorausgeeilt, dass man nach wie vor wie Bruder und Schwester lebte und mit einem Nachkommen in absehbarer Zeit wahrscheinlich nicht zu rechnen wäre. Was war nahe liegender, als Marie eine wahre Legion von Liebhabern anzudichten, unter anderen ihren treu ergebenen spanischen Berater, dem Marquis Bermudez de Castro, der allerdings dann ein Verhältnis mit der Schwester Maries, Mathilde, unterhalten sollte.

Zunächst nahm Marie keine Notiz von all den Gehässigkeiten, die sich gegen ihre Person hinter ihrem Rücken richteten. Aber ein Skandal, der in Rom allergrößtes Aufsehen erregte, konnte auch sie nicht kalt lassen. Eine Frau namens Costanze Vaccari stand eines Tages vor Gericht, der man wegen übelster Nachrede den Prozess gemacht hatte. Die Frau gab Folgendes zu Protokoll: »*In einer Pose war die Königin ganz nackt. Auf einem Fauteuil halb sitzend, halb liegend führte sie ihre Hand an ihre Natur mit der Absicht, sie mit den Fingern zu berühren, und ihr gegenüber befanden sich die Portraits seiner Heiligkeit Pius' IX., des Herrn Generals de Goyon, des hochwürdigsten Kardinals Antonelli und des Zuavengenerals Bermudez de Castro ...*«

Diese Skandalbilder waren in kürzester Zeit über ganz Italien verbreitet worden und tauchten sogar in München auf. Wie sich sehr bald herausstellte, waren es Fotomontagen – die ersten in der Geschichte der Fotografie, die wahrscheinlich im Auftrag der piemontesischen Partei, aber auch einzelner liberaler Kreise in Rom angefertigt worden waren, um das Image, das Marie seit dem Kampf um Gaeta wie ein Glorienschein umgab, von Grund auf zu zerstören. Seltsamerweise wurden die Ausführenden des Komplotts gegen die Ehre Maries nach einem längeren Prozess freigesprochen.

Trotz dieser unverhüllten Anschläge auf ihre Person kümmerte sich Marie kaum um das »on-dit« und erlaubte sich Freizügigkeiten, so, wie sie es gewohnt war. Sie hatte es satt, nur dem königlichen Gemahl Gesellschaft leisten zu müssen, seine religiösen Marotten mitzumachen, die er immer intensiver auslebte. Aufgaben und Pflichten gab es für ihn längst nicht mehr und seine Interessen waren von Jugend an nur auf religiösem Gebiet zu finden. Und damit konnte Marie beileibe nichts anfangen. Sie begann ihr Leben, das sie in Neapel geführt hatte, auch in Rom fortzusetzen, schwamm in Ostia – zum Missfallen der römischen High Society – im Meer und unternahm wilde Ausritte in Männerkleidung. Wenn ihr der Sinn danach stand, verschwand sie plötzlich aus dem Palazzo del Quirinale und mischte sich unters Volk. Manchmal konnte man sie auch in der Gesellschaft von jungen feschen Offizieren sehen, die in der Exkönigin eine wahre Kultfigur erblickten. Viele dieser Zusammenkünfte dienten freilich Marie dazu, heimlich eine Art Partisanenheer ins Leben zu rufen, wovon nicht einmal ihr Ehemann etwas erfuhr. Sie hatte die Absicht, mit allen Mitteln den Kampf um die Krone weiterzuführen. Um aktiv einmal inmitten der Soldaten kämpfen zu können, trainierte sie sich täglich im Pistolenschießen. Ihre bedauernswerten Opfer waren allerdings Katzen, auf die sie als wittelsbacherische Katzenfeindin erbarmungslos zielte. Erst allmählich, nachdem schon viel sinnloses Blut an verschiedenen Orten vergossen worden war, wurde ihr im Jahr 1862 bewusst, dass ihre Vorstellung von einer Restitution ein unerfüllbarer Traum bleiben musste.

Und während seine schöne junge Frau ein freies Leben führte, überkam den frommen Franz eine merkwürdige Versuchung. Denn in seiner Einsamkeit verliebte er sich in eine entzückende Hofdame, der er heimlich kleine Billetts zustecken ließ, die die verschiedenen Rendezvous ankündigten. Obwohl Franz nicht der Mann war, der verführt werden konnte, wurde er doch von Gewissensbissen geplagt, selbst wenn sein eigener Beichtvater Monsignore Gallo ihn beruhigte. In einer kurzen Mitteilung an die verehrte Dame schrieb er daher: *»Die Sünde setzt den heiligsten Freundschaften ein Ende; die Freundschaft gibt die größte Befriedigung; wenn die Sünde hinzukommt, kommen die Gewissensbisse.«*

Anders als bei dem frommen Franz kam bei Marie tatsächlich die Sünde dazu. Denn für ewige Zeiten konnte die jungfräuliche schöne Königin nicht den heißblütigen Anbetern widerstehen.

Die junge Frau hatte es sich angewöhnt, vor allem in den frühen Morgenstunden ihre Ausritte zu unternehmen, meist in Begleitung eines jungen feschen belgischen Grafen namens Armand de Lawayss. Um nicht ganz den Ruf zu verlieren, schloss sich gewöhnlich Maries Schwester Mathilde an, die den Halbbruder von Franz, den Grafen Trani, geheiratet hatte.

Und während der Ehemann Franz vor Gott auf den Knien lag und um Vergebung seiner nicht begangenen Sünden flehte, erlag seine jungfräuliche schöne Frau einem belgischen Beau.

Wahrscheinlich wäre irgendwann einmal das Gerücht über diese Liebschaft seiner Gemahlin auch an das Ohr von Franz gedrungen, hätte diese heiße Affäre nicht ein sehr schnelles Ende gefunden. Denn im April 1862 stellten sich bei Marie die ersten Anzeichen einer Schwangerschaft ein. Und da der Exkönig auf keinen Fall der Vater des erwarteten Kindes sein konnte, war guter Rat teuer, wie man die Sache aus der Welt schaffen konnte. Marie wandte sich, durch die Anfangsbeschwerden ihres Zustandes krank aussehend, an Franz mit der Bitte, für einige Wochen nach Hause fahren zu dürfen, um sich von den Strapazen der letzten Monate zu erholen. Da Franz um die Gesundheit seiner Gemahlin ernsthaft besorgt war, gab er seine Zustimmung, sodass Marie ehestmöglich nur in Begleitung einiger Getreuer nach Possenhofen aufbrechen konnte. Dort beichtete sie die ganze Geschichte sofort ihrer Mutter, die beschloss, nachdem sie sich vom ersten Schrecken erholt hatte, einen Familienrat einzuberufen, dem auch Elisabeth und der König von Bayern Maximilian II. angehören sollten. Eine Lösung musste in naher Zukunft gefunden werden, um einen Skandal zu vermeiden.

Auf keinen Fall sollte der gehörnte Ehemann etwas von der Sache erfahren. Daher beschloss man, die werdende Mutter in ein Kloster

nach Augsburg zu schicken, wo sie die Zeit vor der Geburt, aber auch einige Wochen nachher zur Erholung bleiben sollte. Da Franz von Rom aus immer wieder Briefe mit der Bitte schickte, seine Frau möge ehestmöglich zu ihm zurückkehren, teilte man ihm mit, Marie habe beschlossen, eine Zeit lang zur inneren Erbauung im Kloster St. Ursula zu verbringen, was den bigotten Ehemann sehr beruhigte.
Dass die Zeit im Kloster sich keineswegs nach dem Geschmack der lebenslustigen aktiven jungen Frau gestaltete, davon konnten sich alle überzeugen, die mit Marie ständigen Kontakt unterhielten. Einige wenige Personen hatte man ihr als Gesellschafter zugebilligt, denn es galt, eine Isolierung zu verhindern. Wie leicht hätte es sein können, dass sich bei Marie die legendäre wittelsbacherische Melancholie breit machte, je weiter die Schwangerschaft fortschritt. Dazu kam, dass sie vor dem bayerischen König eine eidesstattliche Erklärung hatte abgeben müssen, den Vater des erwarteten Kindes niemals wieder zu sehen. Der Schein der Ehrsamkeit musste gewahrt bleiben!
Am 24. November brachte Marie zur Überraschung aller Zwillinge zur Welt. Für ein Kind hatte man einen genauen Zukunftsplan aufgestellt, was man aber jetzt mit der zweiten Tochter anfangen sollte, wusste man beileibe nicht. Schließlich erklärte sich Maries ältester Bruder, Ludwig, bereit, eines der beiden Mädchen bei sich aufzunehmen, während man das andere in die Obhut des belgischen Vaters geben wollte, der über Maries Schwester Mathilde über die Vorfälle informiert worden war. Vergebens hatte Armand de Lawayss versucht ein Lebenszeichen der Geliebten zu erhalten. Als seine glühenden Liebesbriefe nicht beantwortet wurden, entschloss er sich, sich inkognito auf den Weg nach Bayern zu machen um endlich Marie in die Arme zu schließen. Dabei lief er Gefahr, in Bayern sofort verhaftet zu werden, denn König Maximilian II. hatte seine Agenten ausgeschickt, die verhindern sollten, dass Armand mit Marie zusammentraf. Unter größten Gefahren und härtesten Strapazen gelangte der unglückliche Liebhaber bis zum Palais von Maries Bruder in Augsburg. Aber auch hier wurde er mit seiner Bitte um ein Wiedersehen brüsk mit dem Hinweis abgewiesen, dass der psychische Zustand der jungen Frau bedenklich wäre. Denn unter Tränen rief Marie mehrmals am Tage aus: »*Lasst meine Ehe annullieren. Begrabt mich lebendig in diesem Kloster …*«

Aber an derlei Dinge dachte man weder in München noch in Possenhofen. Nachdem Armand endlich eingesehen hatte, dass er keine Chancen hatte, an die geliebte Frau heranzukommen, entschloss er sich – krank, wie er war –, nach Belgien zurückzukehren.
Kaum war die geheime Geburt im Kloster vorüber, wurden von Seiten der Familie Pläne für die Rückkehr Maries nach Rom geschmiedet. Denn je mehr Zeit ins Land gezogen war, umso heftiger drängte Franz auf die Rückkehr seiner Gemahlin. Doch alle Eingeweihten machten sich ernsthafte Gedanken darüber, wie sich Marie ihrem Ehemann gegenüber verhalten sollte. Schließlich schrieb sie auf allgemeinen Rat hin einen aufrichtigen Brief an ihn, worauf Franz postwendend in hochherziger Weise antwortete: »*Marie, ich erwarte dich.*«
Die Königin von Neapel sollte ihre beiden Kinder allerdings nicht für immer verlieren. Manchmal trafen einander die Mädchen, die glaubten, nur Cousinen zu sein, bei ihrer »Lieblingstante«, die eine – Viola – galt als Tochter von Maries Bruder, die andere als Tochter Armands. Dieser war kein langes Leben beschieden, sie starb schon im Jahre 1871 an Schwindsucht.
Marie hielt sich an ihr Versprechen, das sie einst in ihrer Verzweiflung gegeben hatte, und sah ihren Liebhaber jahrelang nicht wieder. Erst als Armand in Paris vom Tode gezeichnet darniederlag, besuchte sie ihn. Es war eine deprimierende Begegnung!
König Maximilian II. hatte zwar zur Vertuschung der skandalösen Angelegenheit seiner Nichte beigetragen, aber er traute dem Frieden und den Versprechungen Maries, von nun an eine ehrbare Ehefrau zu sein, doch nicht so ganz. Daher entschloss er sich zu einer Reise nach Rom, um dort persönlich nach dem Rechten zu sehen. An vielem, was er hier erlebte, nahm er Anstoß, besonders aber an dem ihm sehr vertraulich vorkommenden Umgang, den sowohl Marie als auch ihre Schwester Mathilde mit Hidalgo Bermudez de Castro pflegten. Bevor es zu einem neuerlichen Eklat kam, wollte er handeln: Er wandte sich an die spanische Königin, die den Auftrag erteilte, den stürmischen Liebhaber von Mathilde aus Rom abzuberufen, was verständlicherweise zu einem bösen Streit mit seinen Nichten führte. Wütend verließ Maximilian die Ewige Stadt, um bald darauf ganz überraschend die Augen für immer zu schließen. Sein Nachfolger wurde sein schöner Sohn Ludwig – ein langjähriger und enger Freund der Possenhofener Familie.

Franz hatte seiner Frau anscheinend alles verziehen, da er eingesehen hatte, dass bei der leidigen Angelegenheit ein gerüttelt Maß an Schuld auf ihn fiel. Obwohl er sich immer noch nicht entschließen konnte, die Operation vornehmen zu lassen, war er besonders liebenswürdig zu seiner Gemahlin und setzte alles daran, dass sie bei ihm blieb. Aus diesem Grunde hatte er veranlasst, dass seine Stiefmutter endlich in ein anderes Palais zog, damit Marie nicht tagtäglich mit der ihr verhassten Frau unter einem Dach leben musste. Allerdings waren die Tage Maria Theresias ohnehin gezählt, denn sie fiel genauso wie ihr Sohn Gennaro der Cholera, die in Rom eingeschleppt worden war, zum Opfer.

Franz trauerte um die tote Stiefmutter zutiefst, obwohl sie ihn sogar noch nach ihrem Tode gedemütigt hatte. In ihrem Testament hatte sie nämlich verfügt, dass nicht er, Franz, als Ältester die Vormundschaft über seine Geschwister erhalten sollte, sondern Erzherzog Albrecht von Österreich.

Es waren keine guten Jahre, die auf den Exkönig von Neapel warteten. Alles schien sich gegen ihn verschworen zu haben, denn neue Auseinandersetzungen drohten am politischen Horizont. Da und dort war es zu aggressiven Aktionen Garibaldis gekommen und es war unschwer zu erkennen, dass es nicht mehr lange dauern würde, bis er in Richtung Rom marschierte. Die Schlacht, die er provozierte, nahm ihm allerdings für die nächste Zeit den Wind aus den Segeln. Denn bei Mentana, wo sich Marie wie ehedem in Gaeta mitten unter den Soldaten aufhielt, wurden ihm zunächst die Hoffnungen auf Rom zunichte gemacht. Angetan mit einer großen weißen Schürze feuerte die »Heldin von Gaeta« die französischen Truppen an, die zur Verteidigung Roms eingetroffen waren, und verteilte unter den Soldaten Zigarren und Bonbons.

Es war gleichsam ein letztes Aufbäumen gegen die Einigung Italiens gewesen, denn allmählich kam man überall im Lande zu der Überzeugung, dass ein einheitliches Italien in Europa für die Zukunft absolut notwendig war. Marie kämpfte gegen Windmühlen, wenn sie sich dagegen stemmte, freilich hätte sie keine Skrupel gehabt, wenn an der Spitze des geeinten Italiens ihr Mann als König gestanden hätte. Obwohl diese Vorstellung jeder Realität entbehrte, führte sie den aussichtslosen Kampf um eine Wiedereinsetzung der Bourbonen in Italien bis ans Ende ihrer Tage. Ihre Mittel waren dabei meist alles

andere als legal, sie verbündete sich mit den suspektesten Gestalten und scheute nicht davor zurück, selbst als alte Frau noch, als ihr Gemahl längst die Augen für immer geschlossen hatte, die französischen und schließlich die internationalen Anarchisten zu unterstützen. In ihrem Haus in Paris gaben sich Attentäter und Extremisten die Klinke in die Hand, hier liefen viele Fäden zusammen, obwohl Marie hätte erkennnen müssen, wie gefährlich ihr Verhalten war. Aber sie war niemals die Frau gewesen, die ihre Ziele verriet oder aufgab.
Für ihre aktive Teilnahme an der Schlacht bei Mentana zeichnete sie Papst Pius IX. mit der Mentana-Medaille aus, da er große Hochachtung vor der abgedankten Königin von Neapel empfand, nicht aber vor ihrem larmoyanten Gemahl, den er als kleinen »Hiob« bezeichnete.
Nach diesen aufregenden Zeiten, in denen sie sich endlich wieder am Pulvergeruch hatte berauschen können, kehrte der triste Alltag in Rom wieder ein, ohne Lichtblick, ohne Aussicht auf Veränderung. Die junge Frau verfiel in tiefe Melancholie, sodass es allen als einziger Ausweg erschien, dass sie zu ihrer Schwester nach Budapest reisen sollte. Kaiserin Elisabeth, die ebenfalls die Flucht nach Ungarn angetreten hatte, nahm sie mit offenen Armen auf. Mit einem Schlag war alle Traurigkeit vergessen, die beiden schönen Frauen stürzten sich mitten hinein ins volle Leben dieser faszinierenden Stadt, machten die Nacht zum Tage und genossen die Komplimente der heißblütigen ungarischen Verehrer. Für die Exkönigin von Neapel hätte dieses Leben ewig dauern können, genauso wie für ihre kaiserliche Schwester.
Es gab wohl nur wenige Augenblicke in dieser Zeit, in denen Marie an ihren in Rom zurückgebliebenen Gemahl dachte und sich nach seinem Wohlergehen erkundigte. Dabei musste sie zu ihrem Schrecken erfahren, dass Franz in finanzielle Schwierigkeiten geraten war. Um einerseits ihr Gewissen zu beruhigen, andererseits ihrem Mann zu helfen, stellte sie ihm einen Großteil ihres Schmuckes zur Verfügung, mit dem Franz die lästigsten Gläubiger abfinden konnte.
Das lustige Leben der beiden schönen Schwestern in der Stadt an der Donau hatte sich natürlich auch bis Possenhofen durchgesprochen. Und hier runzelte nicht nur Ludovika die Stirn über ihre temperamentvollen Töchter. Selbst Herzog Max konnte es nicht gutheißen, dass sowohl Marie als auch Elisabeth ihren Ehemänner so lange allein ließen, wobei nach wie vor bekannt war, dass Franz und Marie

immer noch wie Bruder und Schwester lebten. Vor allem Elisabeth beschäftigte diese Tatsache. Daher wandte sie sich in einem diskreten, aber doch eindeutigen Schreiben an ihren Schwager in Rom und wies ihn darauf hin, dass man nun einmal nicht nur miteinander beten könne. Als Elisabeth erfuhr, dass Franz tatsächlich entschlossen sei, sich einem Chirurgen anzuvertrauen, versprach sie Marie eine »Liebesgabe«, derer sich die Schwester immer bedienen sollte. Als Marie voller Spannung in Rom eintraf, erwies sich dieses Geschenk als prunkvolles Ehebett, das natürlich zu allen möglichen gut gemeinten, aber auch gehässigen Kommentaren verleitete.

Das Wunder, das Marie nicht mehr zu erhoffen gewagt hatte, trat ein: Franz war endlich zum vollen Manne geworden und es dauerte nicht lange, da erwartete seine Frau tatsächlich ein Kind von ihm. Der werdende Vater konnte sein Glück kaum fassen, er suchte selber die Baby-Aussteuer aus und kümmerte sich um alle kleinen Einzelheiten rund um das große Ereignis. Am 7. Dezember brachte die Exkönigin von Neapel im Beisein ihrer Schwester Elisabeth »nur« ein Mädchen zur Welt, »eine Rose, welche der Lilie vorangeht«, wie man die allgemeine Enttäuschung zu kaschieren versuchte.

Nach der feierlichen Taufe der kleinen Prinzessin, wobei Kaiserin Elisabeth als Patin fungierte, verloren die Eltern rasch das Interesse an dem Kind. Es wurde in die Obhut einer völlig unfähigen Gouvernante gegeben, die den frühen Tod des Mädchens durch gesundheitsgefährdende Methoden verschuldete. So wurde der Säugling in eiskalte Bäder gelegt, anschließend nicht abgetrocknet und der prallen Sonne ausgesetzt. Ab und zu flößte ihm die Frau einen Schluck Cognac oder Rum ein und verbot der Amme das Kind zu stillen. Es war für alle, die Zeugen dieses Wahnsinns waren, nur zu verständlich, dass das Kind schwach und kränklich wurde und schließlich am 28. März sein kleines Leben aushauchte.

Jetzt, als es zu spät war, gingen den Eltern die Augen auf. Genauso wie später ihre Schwester Elisabeth nach dem Tod ihres einzigen Sohnes Rudolf, verfiel Marie plötzlich in tiefe Melancholie, um im nächsten Moment ihren Schmerz lauthals herauszuschreien. Franz hingegen, der unglückliche Vater, wurde nur noch mystischer und versank ganze Tage und Nächte im stillen Gebet, ohne einen Bissen zu sich zu nehmen. Sein Haar war vorzeitig weiß geworden.

Nachdem einige Monate seit dem tragischen Ereignis vergangen wa-

ren, beschloss Marie Rom, die Stadt, die ihr kein Glück gebracht hatte, für immer zu verlassen. Sie floh zu Elisabeth nach Wien, während Franz an den Starnberger See zog, den Namen eines Grafen de Castro annahm und sich in einem relativ bescheidenen Schlösschen niederließ. Von allen unbeachtet starb er 58-jährig 1894 in Arco di Trento, wo er sich einer Wasserkur unterzogen hatte, an Diabetes. Die Beisetzungsfeierlichkeiten des einfachen, freundlichen Herrn Fabiani – unter diesem Pseudonym war der Exkönig gereist – fanden in Anwesenheit Maries und hoher bayerischer und österreichischer Adeliger im Dom von Trient statt.
Zu dieser Zeit lebte seine Gemahlin schon längst in der Villa Hamilton in Neuilly-sur-Seine in einem vornehmen Pariser Vorort. Sie war noch immer eine schöne Frau und überraschte die elegante Pariser Gesellschaft durch ihre exzellenten Reitkünste. Selbst in fortgeschrittenem Alter war ihr keine Hecke zu hoch und kein Graben zu breit, auf dem Rücken ihrer Pferde empfand sie die absolute Freiheit, die sie ein Leben lang gesucht hatte. Sie zierte durch ihre Anwesenheit so manche exklusive Gesellschaft im In- und Ausland, vor allem in England weilte sie gerne als Gast der alten Queen Victoria, die sie im Gegensatz zu ihrer Schwester Elisabeth nicht brüskierte. Allerdings schien es geboten zu sein, in ihrer Gegenwart nicht allzu viel gesellschaftlichen Klatsch und Tratsch auszuplaudern, denn Marie liebte es, Gerüchte und Halbwahrheiten in die Welt zu setzen. Selbst ihre eigene Schwester Elisabeth hatte unter so einer Indiskretion zu leiden, denn Marie sprach ihrem Neffen Rudolf gegenüber die Vermutung aus, dass seine Mutter eine Affäre mit ihrem englischen Reitinstruktor Bay Middleton haben sollte. Rudolf war sowohl über seine indiskrete Tante als auch über seine Mutter empört. Als er kurz nach dieser Information Bay Middleton auf einer Party in beleidigender Weise brüskierte, kam es zum Eklat zwischen Mutter und Sohn und beinahe zum Bruch zwischen den beiden Schwestern, die bis dahin ein Herz und eine Seele gewesen waren.

Die Exkönigin von Neapel führte auch in der Nähe von Paris ihr aufregendes Leben weiter. Nicht nur, dass sie weiterhin gegen die Einigung Italiens genauso vehement kämpfte wie gegen die Piemonteser Königsfamilie, aus der die Könige des geeinten Italiens kamen, sie unterstützte auch revolutionäre Vereinigungen mit größeren

Geldbeträgen. Marie war nämlich nach wie vor eine wohlhabende Frau, denn sie hatte begonnen, Rennpferde zu züchten. Ihre Kunden kamen aus ganz Europa und legten ein kleines Vermögen für die reinrassigen edlen Tiere auf den Tisch.
An gut aussehenden Verehrern von Rang und Namen mangelte es der schönen Exkönigin von Neapel nicht. Aber sie konnte sich nicht entschließen, einem ihrer Anbeter tatsächlich ihre Gunst zu schenken. Vielleicht waren ihre Erfahrungen in sexueller Hinsicht zu einseitig und zu unbefriedigend gewesen, als dass sie nach körperlichem Kontakt mit einem Mann Sehnsucht gehabt hätte. Sie beschäftigte sich lieber mit ihren Terranova-Hunden und Papageien, eine Vorliebe, die in der Wittelsbacher Familie lag.
Eigentlich hätte Marie in Beschaulichkeit dem Alter entgegengehen können, aber ihr revolutionäres Blut ließ sie nicht zur Ruhe kommen. Sie konnte sich nicht – auch nicht nach dem tragischen Tod ihrer Schwester Elisabeth – aufs Altenteil zurückziehen, sondern ließ sich die neuesten Erfindungen vorführen, immer in der Hoffnung, irgendetwas für ihre militanten Zwecke verwenden zu können. So stand ihr sofort die Weiterentwicklung eines Automobils zu einer Art Panzer vor Augen. Ihre Rache ruhte nicht.
Je älter sie wurde, umso einsamer wurde sie. Viele ihrer Lieben waren gestorben, gewaltige Veränderungen im politischen Gefüge zeichneten sich ab. Der Erste Weltkrieg bildete auch in ihrem Leben eine echte Zäsur. Nicht nur, dass sie Frankreich verlassen musste und nach München zurückkehrte, sie verlor auch ihr gesamtes Vermögen. Aber sie dachte nicht daran, aufzugeben. Jetzt schien für sie die Stunde endlich gekommen, in der das von ihr so verhasste vereinigte Italien auf den Knien liegen würde. Sie verwickelte sich immer mehr in Spionagetätigkeiten, die vom deutschen Geheimdienst unterstützt wurden. Freilich verhielt sie sich dabei so schlau, dass man ihr wenig nachweisen konnte. Allein bei der Versenkung von zwei italienischen Panzerkreuzern und einem Panzerschiff soll die Exkönigin von Neapel die Hände im Spiel gehabt haben.
Das Ende des Krieges erlebte Marie in München. Während der gefährlichen Zeit der »Räterepublik«, als das Schicksal des Staates auf dem Spiel stand, wohnte sie im Kaiserhof am Stachus, mitten im Zentrum der Kämpfe, die hier zwischen den einzelnen politischen Gruppierungen ausgetragen wurden. Der Besitzer des Hotels wollte

die alte Dame vor den Gefahren, die auf sie zukommen könnten, warnen, aber Marie lachte nur und meinte: »*Ich werde nicht in den Keller gehen. Ich will sehen, ob wenigstens die heutigen Revolutionäre besser schießen als zu meiner Zeit.*«
Obwohl sie wieder die Möglichkeit gehabt hätte, nach Paris zu gehen, blieb sie in München, wo sie sich mit zwei ihrer treuesten Diener in eine kleine Wohnung in dem großen Wittelsbacher Palais zurückzog. Ab und zu empfing sie abgedankte Könige und Mitglieder der Hocharistokratie zu einem Mittagessen, wobei sie immer nach interessanten Persönlichkeiten Ausschau hielt. Ein besonders gern gesehener Gast war der Apostolische Nuntius in München, Monsignore Pacelli, der spätere Papst Pius XII. Er erschien ihr als idealer Gesprächspartner, denn er informierte sie eingehend sowohl über die ersten Aktivitäten der Nationalsozialisten als auch über den Aufstieg Benito Mussolinis.
Die alte Dame mit dem beinahe jugendlichen Gesicht, das von schlohweißem Haar umrahmt war, war immer noch eine königliche Erscheinung, der es aber manchmal am Nötigsten mangelte. Besonders empfindlich traf es sie, dass sie es sich nicht leisten konnte, ausländische Zeitungen, die sie so gerne las, zu abonnieren. Dann und wann traf ein Paket mit einer »Liebesgabe« aus Italien ein, das meist Spaghetti und die Zutaten zu einer richtigen Pasta enthielt. Es war für sie wie ein letzter Gruß aus dem Land, für dessen Wohl sie mit allen ihr zur Verfügung stehenden Mitteln fast ein ganzes Leben gekämpft hatte.
Im Dezember 1924 gab sie einem Journalisten des »Corriere della Sera« ein aufschlussreiches Interview, das aber erst Jahrzehnte später im eigentlichen Wortlaut veröffentlicht wurde: »*Ihr seht, ich bin arm. Und ich wohne hier mit Erlaubnis eines meiner Neffen; denn sonst müsste ich in einer kleinen Vorstadtwohnung in Schwabing oder Sendling wohnen. Monsieur Barcellona dient mir aus Ergebenheit, gewiss nicht wegen des Lohns, welchen ich ihm nicht bezahlen kann. Ich habe nicht einmal die Mittel, um einige italienische Illustrierte zu abonnieren ... Die Savoyer sind nicht chic mit uns Bourbonen gewesen ... Aber dass die Savoyer, nachdem sie das Königreich Neapel annektiert hatten, es nicht für nötig befunden haben, ein wenig Rücksicht auf die Bourbonen, die genauso wie sie legitime Könige gewesen waren, zu nehmen, das ist so, dass es mich noch*

heute, nach so vielen Jahren, wundert. Viktor Emanuel wusste auch, dass vier Millionen Dukaten aus der Mitgift der Mutter Franz' II. stammten, aus dem Erbe der Marie Christine von Savoyen ... Er war ein König, der sich uns gegenüber wie ein Revolutionär verhielt, und das ist nicht gut. Die französische Republik war viel edelmütiger mit den Orleans als das Königreich Italien mit uns ... die Art und Weise, mit der sie uns behandelt haben, ist ein schlechtes Vorzeichen ...«

Am 18. Januar 1925 schloss die Exkönigin von Neapel die Augen für immer – einige Tage vor ihrem 84. Geburtstag. Nachdem sie zuerst in München beigesetzt worden war, wurden ihre sterblichen Überreste 1935 nach Rom überführt und fanden zusammen mit den Gebeinen ihres Gemahls und ihrer kleinen Tochter Maria Christina in der Kirche Santo Spirito dei Napoletani zunächst ihre letzte Ruhestätte, bevor sie noch einmal auf Reisen gingen. Im Mai 1984 wurde das, was vom letzten König beider Sizilien noch übrig war, nach Paris überführt – in den Pantheon der Bourbonen. Auch die kämpferische Königin aus dem Hause Wittelsbach war dabei.

Eine Frau zwischen Pflicht und Leidenschaft

Sisis jüngste Schwester Sophie Charlotte

»Das öfter wiederholte Hinausschieben der Hochzeit hat eine für uns so ungünstige Stimmung hervorgerufen, und zu so unangenehmer Rede Anlass gegeben, dass, da es sich nicht länger mit Sophies Ehre vertrüge, er (Herzog Max in Bayern) den König unterthänigst bitten müsse, entweder den Termin in den letzten Tagen des Novembers einzuhalten, oder das vor mehr als acht Monaten an uns gerichtete Verlangen um Sophies Hand als ungeschehen betrachten zu wollen, wobei er ihn durchaus nicht drängen wolle, diese Verbindung einzugehen, denn es war nie unsere Absicht, ihm unsere Tochter aufzudrängen.«

Als Marie, die Mutter des bayerischen Königs Ludwig II., den Brief der Herzogin in Bayern Ludovika las, mit der sie herzliche Freundschaft verband, wusste sie, dass der Herzog in Bayern gewillt war dem König ein Ultimatum zu stellen. Und wie es schien, hatte Max, der Vater der schönen Sophie Charlotte, allen Grund für sein Vorhaben. Denn wie ein Bräutigam, der seine Braut liebte und begehrte, hatte sich ihr Sohn in den letzten Monaten wahrlich nicht verhalten. Was die Mutter bisher als Exaltiertheit und Eigentümlichkeit bei Ludwig in ihrer mütterlichen Liebe entschuldigt hatte oder nicht wahrhaben wollte, sahen fast alle, die mit dem König näheren Kontakt hatten, mit ganz anderen Augen. Und wenn sie ehrlich war, musste sich Marie schweren Herzens eingestehen, dass es während der stundenlangen Musikabende, die ihr Sohn mit Charlotte gemeinsam verbrachte, wo ausschließlich musiziert wurde, niemals zu einer noch so kleinen intimen Geste, schon gar nicht zu einem leidenschaftlichen Kuss gekommen war, was man von einem verliebten Brautpaar hätte erwarten können. Er nannte sie »Elsa«, die hehre reine Frau, wie sie Richard Wagner in seinem »Lohengrin« auf die Opernbühne gestellt hatte, und sie bezeichnete ihn als Heinrich, als treuen Beschützer Elsas vor allem Ungemach, der es niemals wagen würde, mehr für die Dame zu empfinden als brüderliche Liebe. Waren das wirklich die richtigen Voraussetzungen für eine glückliche Ehe?

Viele Zweifel waren schon längst in Königin Marie wachgerufen worden, wenn sie die jungen Leute betrachtete, die zunächst wie füreinander bestimmt zu sein schienen: Ihren ungewöhnlich attraktiven Sohn, den jungen König, bei dessen Anblick nicht nur die Mädchenherzen höher schlugen, und seine schöne Braut Sophie Charlotte, die schon so manchem Bewerber wie Philipp, dem Herzog von Württemberg, oder dem portugiesischen Prinzen Louis die kalte Schulter gezeigt hatte. Besonderen Staub hatte allerdings die Weigerung Sophies aufgewirbelt, als es ernsthafte Gespräche mit dem Bruder des österreichischen Kaisers Ludwig Viktor gegeben hatte. Es war die Idee der beiden Mütter Ludovika und Sophie gewesen, die jungen Leute miteinander zu verkuppeln. Da aber Ludwig Viktor alles andere als ein gut aussehender Mann war, der noch dazu als übles Tratschmaul und Intrigant am Wiener Kaiserhof verschrien war, weigerte sich Sophie Charlotte vehement, diesem Bruder des Kaisers die Hand fürs Leben zu reichen. Dabei waren ihr die sonstigen Eigenschaften des Erzherzogs gar nicht bekannt, denn die allseits kursierenden Gerüchte über seine Neigung zu Damen und Herren waren nicht bis an ihre jungfräulichen Ohren gedrungen.

Es war für Ludovika nicht leicht gewesen, ihre Schwester Sophie in Wien, die alles so schön eingefädelt hatte, zu beruhigen – ein Leben lang hatte sie sich nicht aus dem Dunstkreis der starken, erfolgreichen Schwester lösen können. Immer aufs Neue schrieb sie ihr devote Briefe, in denen sie sich für die Weigerung ihrer Tochter entschuldigte und um Vergebung bat: »*Es hat mir viele Thränen gekostet, ein solcher Schwiegersohn wäre ein Glück für mich gewesen. Ich sehe meinen Trost darin, dass es Gott mit dir, du viel geprüfte Schwester, gut meint, wenn nicht auch noch eine zweite meiner Töchter in die Hofburg einzieht. Vielleicht hätte Sophie trotz ihrer gewiss guten Eigenschaften, deine Erwartung nicht in Allem entsprochen, und der liebe Gott führt dir eine vorzüglichere zu, die dich und deinen guten Ludwig glücklich macht, wie ihr beide es verdient.*« – Für den »guten Ludwig« fand sich allerdings weder in naher noch in fernerer Zukunft eine Ehefrau!

Aber so wie Ludwig Viktor aus vielerlei Gründen für die schöne Marie Charlotte nicht in Frage kam, so war auch König Ludwig II. von Bayern trotz seiner körperlichen Makellosigkeit nicht der geeignete Ehemann. Ludwig wäre wahrscheinlich von sich aus nie auf die Idee gekommen, um die Hand der attraktiven »Cousine« anzuhalten. Es waren die Umstände, die ihn unter Zugzwang gesetzt hatten. Schon als Kind war er, wenn er mit seinen Eltern in Schloss Berg am Starnberger See weilte, in der Familie des Herzogs ein und aus gegangen, hatte mit den fröhlichen Kindern in Possenhofen begeistert gespielt und war in den Jahren zu einem gern gesehenen Gast geworden. Dabei bewunderte er besonders Elisabeth von ganzem Herzen, er betete sie wie ein überirdisches Wesen an und war glücklich, wenn er ein paar Stunden in ihrer Gegenwart verbringen konnte. Später, als sie älter waren, konnte er seine Verehrung Sisi gegenüber, die schon etliche Jahre mit dem Kaiser von Österreich verheiratet war, für alle sichtbar zum Ausdruck bringen, ohne Gefahr zu laufen, dass sich aus seinem Verhalten irgendwelche Konsequenzen ergeben würden. Denn Elisabeth, die er bei ihren Besuchen in der bayerischen Heimat mit Rosen nahezu überschüttete, stand in dem Ruf, die schönste Frau ihrer Zeit zu sein.

Was Ludwig bei seinen engen Kontakten zur herzoglichen Familie nicht bedachte, war die Tatsache, dass in Possenhofen noch eine unverheiratete Tochter lebte, die es galt, in nächster Zeit an den Mann zu bringen. Und da ihre beiden älteren Töchter Elisabeth und Sophie einen Kaiser und einen König geheiratet hatten, lag für Ludovika der Gedanke nahe, den König von Bayern intensiv ins Visier zu nehmen, noch dazu, als sie erfahren hatte, dass sich zwischen Ludwig und Sophie Charlotte eine eifrige Korrespondenz entwickelt hatte. Was die Mutter jedoch nicht wissen konnte, war die Tatsache, dass der König und das junge Mädchen hauptsächlich in ihren Schreiben über die Musikdramen von Richard Wagner ihre Meinungen austauschten, denn auch Sophie Charlotte entwickelte sich im Laufe der Zeit zu einer regelrechten »Wagnerianerin«, was in der Familie nicht allzu gern gesehen wurde. In einem geheimen Schreiben klagte das junge Mädchen dem Meister ihr Leid: *»In unserem Hause kann ich Sie durchaus nicht sehen, denn leider muss ich Ihnen offen gestehen, dass mir meine Familie alles in den Weg legt, um eine Zusammenkunft mit Ihnen zu verhindern, und ich gezwungen bin, heimlich und*

ohne deren Wissen meinen Wunsch zu erfüllen. Nur in der Wohnung meines ältesten Bruders ist es möglich und dahin muss ich Sie bitten zu kommen. Er und seine Frau werden für Alles sorgen, auf deren guten Willen und Verschwiegenheit dürfen wir uns verlassen ...«
Für Ludovika schienen die Voraussetzungen günstig, dass aus Ludwig und Sophie Charlotte ein Paar werden könnte, und auch Herzog Max, der die Pläne seiner umtriebigen Gemahlin meist mit großer Skepsis betrachtete, hatte diesmal keine gravierenden Einwände. Man fasste den Plan, dass Carl Theodor, ein Bruder Sophies, beim König anfragen sollte, ob dieser Heiratsabsichten hege, da der regelmäßige Briefwechsel ansonsten die Herzogstochter kompromittieren könnte.
König Ludwig geriet zunächst außer sich, als er von diesem Ansinnen hörte, entschloss sich aber doch einzulenken. Herzogin Ludovika hatte nämlich, gekränkt und beleidigt von der negativen Reaktion Ludwigs, ihrer Tochter jeglichen weiteren Kontakt mit dem König verboten. Wenn Ludwig auch keine körperlichen Gefühle Sophie entgegenbrachte, so konnte und wollte er doch auf ihre Anwesenheit nicht ganz verzichten. Er schrieb ihr deshalb folgende Zeilen, voller Schwärmerei, aber ohne Leidenschaft: *»Meine geliebte Sophie! Die Knospe, die unbewusst (als Freundschaft) in meiner Seele keimte, ist aufgegangen: ist Liebe zu dir, meine teure Sophie, innige, aufrichtige, ungetheilte Liebe ... Willst du meine Gattin werden? Genossin meines Thrones? Königin von Bayern? Ich glaube fest und sicher: Wir werden miteinander glücklich werden ...«* Natürlich benachrichtigte der König seinen angebeteten Freund Richard Wagner von dem für ihn so bedeutsamen Schritt: *»Dem teuren Sachs teilt Walther selig mit, dass er sein treues Evchen, dass Siegfried seine Brünhilde fand!«*
Es konnte nicht allzu lang dauern, da begann Ludwig seinen Schritt aus tiefstem Herzen zu bereuen, denn nicht nur, dass er immer mehr die Zusammenkünfte mit seiner Braut vermied, verschob er auch den Termin für die geplante Hochzeit stets aufs Neue – sehr zur Beunruhigung der zukünftigen Schwiegereltern. Seine anders geartete Natur musste in ihm schreckliche Vorstellungen von der Hochzeitsnacht hervorrufen. Aber letztlich war es seiner Mutter zu verdanken, dass die Eheschließung der beiden, die zu einer Katastrophe geführt hätte, noch rechtzeitig abgeblasen wurde. Ihr waren durch Ludovi-

kas Brief die Augen geöffnet worden. Königin Marie bat den Sohn um ein Gespräch, das sicherlich viele intime Details ans Licht brachte. Am Ende erklärte sich Ludwig II. bereit, einen Schlussstrich unter die Affäre zu ziehen und sich von Sophie zu trennen. Wahrscheinlich fiel nicht nur ihm ein Stein vom Herzen, sondern auch den Eltern der »verschmähten Braut«.

Der Abschiedsbrief König Ludwigs an seine »Elsa« überraschte niemanden mehr:

»*Meine geliebte Elsa!*

Wie damals die Verlobung so auch der Vermählungstag durchaus wie eine Treibhauspflanze gewaltsam gezeitigt werden sollte, so halte ich es für meine heilige Pflicht, jetzt, da noch Zeit ist, dir einige Mitteilungen zu machen. Stets warst du mir von Herzen wert und teuer, ich hänge an dir mit inniger und wahrer und aufrichtiger Zuneigung, ich liebe dich wie eine teure Schwester. Als wir im vorjährigen Sommer uns öfters schrieben, als ich dir theilweise meine Freundschaft, mein Vertrauen gab, drängte deine Mutter zu einer Entscheidung: sie glaubte, ich hätte dich betört, denn an ein bestehen von Freundschaft ohne die eigentliche Liebe glaubte sie nicht. Du erinnerst dich der Antwort, die ich dir damals gab und deiner Mutter durch Gakel erteilen ließ. – Als ich zu meinem tiefen Kummer erfahren musste, wie unglücklich dich dieselbe gemacht hat, dass du fort müsstest, wir niemals mehr uns sehen könnten, wurde ich auf das Tiefste ergriffen, gerührt durch diesen Beweis wahrer Liebe, den du mir gabst; meine Zuneigung für dich steigerte sich, sodass ich mich hinreißen ließ, um deine Hand zu werben. Wenn ich nun alle Vorbereitungen zur Hochzeit treffen ließ, mit dir darüber sprach und schrieb, sie hinausschob, sie doch nicht aufgeben wollte, so geschah dies durchaus nicht, um dich anzuführen ... o nein, hintergehen wollte ich dich nicht, ich handelte im festen Glauben, es würde alles zu einem befriedigenden Ende führen. Ich hatte nun Zeit, mich zu prüfen, mit mir zu Rate zu gehen, und sehe, dass nach wie vor meine treue innige Bruderliebe zu dir tief in meiner Seele wurzelt, nicht aber die Liebe, die zur Vereinigung in einer Ehe erforderlich ist. Ich war dir diese Mitteilung schuldig, liebe Elsa, ich bitte dich um die Fortdauer deiner Freundschaft, wenn du mir dein Wort zurückgibst, und wenn wir voneinander scheiden, so bitte ich dich, thun wir das ohne Groll und Bitterkeit; behalte, ich ersuche dich

herzlich darum, die Andenken, die du von mir in Händen hast, und gestatte mir, dass ich die von dir erhaltenen behalte. Sie werden mich stets an eine Zeit erinnern, die nie aufhören wird mir teuer zu sein, und an eine liebe Freundin und Verwandte, für deren Glück, das mir sehr wohl am Herzen liegt, ich täglich Gott bitten werde. Solltest du etwa in Jahresfrist niemanden gefunden haben, durch welchen du glaubst, glücklicher zu werden als durch mich, sollte auch dies bei mir der Fall sein, was ich nicht für ganz unmöglich halte, so können wir uns, ja, dann immer noch vereinen, vorausgesetzt, dass du dann noch Lust hast; doch ist es besser, wenn wir voneinander scheiden, und uns nicht durch ein bestimmtes Versprechen für die Zukunft binden, misslich bleibt immer das plötzliche Einmischen deiner Mutter in unsere Angelegenheiten. Möge, dies ist mein innigster Wunsch, der Vater, der über uns allen wacht, dich, meine treu geliebte Elsa, das Glück finden lassen, das du in einem so reichen Maße verdienst. – Und nun, lebe wohl, behalte auch ferner lieb deinem Herzen anhänglichen und treuen Heinrich.
(Willst du so gut sein, deinen Eltern den Hauptinhalt dieses Briefes mitzuteilen?!) Hohenschwangau, 7. Oktober 1867«
Dass der König andere Gründe hatte, die Verlobung zu lösen, als seine sexuelle Abneigung gegenüber dem weiblichen Geschlecht, die schon in kurzer Zeit immer mehr zum Durchbruch kam, ist aus dem Abschiedsbrief nicht ersichtlich. Aus keinem Wort geht hervor, dass Ludwig eventuell von der leidenschaftlichen Affäre seiner Braut mit dem jungen Fotografen Edgar Hanfstaengl erfahren hatte, was für ihn Grund genug gewesen wäre, sein Versprechen zurückzunehmen.
Sophie Charlotte hatte sich nämlich, nur kurze Zeit nach der offiziellen Verlobung mit dem König von Bayern, bis über beide Ohren in diesen jungen Mann verliebt, den sie noch als halbes Kind zusammen mit seinem Vater kennen gelernt hatte. Franz Hanfstaengl, der in München einen ausgezeichneten Ruf als Fotograf besaß, war seit vielen Jahren Mitglied der legendären Tafelrunde von Herzog Max, wo sich Künstler und Sänger aus allen gesellschaftlichen Schichten zum geselligen Beisammensein trafen, wo gedichtet, gesungen und bei fortgerückter Stunde so manches Maß Bier über den Durst getrunken wurde.
Die Hanfstaengls waren keineswegs unbegütert, Fotografen waren zu dieser Zeit gesuchte Leute und gute Fotografien kosteten ein klei-

nes Vermögen. Daher konnte es sich die Familie leisten, viele Jahre hintereinander den Sommerurlaub auf Schloss Pähl am Ammersee zu verbringen. Da auch Franz Hanfstaengl ein Hauch von Künstlertum umwehte, war Herzog Max auf ihn aufmerksam geworden. Der persönliche Umgang mit dem Herzog in Bayern veranlasste Hanfstaengl, dem Sohn Edgar, der einmal sein Atelier übernehmen sollte, eine mehr als künstlerische Ausbildung zu ermöglichen. Er sollte neben einer gründlichen Einführung in die Kunst der Fotografie auch in der Lage sein, die wirtschaftliche Seite des Unternehmens auf eine solide Basis zu stellen. Deshalb wurde Edgar zunächst nach Stettin und später nach London geschickt, wo er in die Firma Clark eintrat, die beste Beziehungen nach Ostasien unterhielt, da sie ihr Vermögen mit dem Teehandel gemacht hatte. Es dauerte nicht lange, da erkannte man in London, wie flexibel, geschäftstüchtig und verlässlich der junge Münchner war. Unbedenklich sandte man ihn mit Handelsaufträgen bis nach China. Als Edgar nach diesen Lehrjahren nach München zurückkehrte, umgab ihn das Flair eines weit gereisten jungen Mannes, der nicht nur über ein attraktives Äußeres, sondern auch über ein faszinierendes Wesen verfügte. Der Duft der großen weiten Welt, der durch ihn spürbar wurde, betörte die kleine bayerische Herzogstochter, die außer nach Wien noch nirgendwohin gereist war. Edgar Hanfstaengl war nicht mehr der einfache Fotograf, der im Auftrag seines Vaters die Bilder der Reichen und Schönen in den jeweiligen Palais zustellte, er war zum Weltmann geworden, der Sophie unwiderstehlich in seinen Bann zog.

Und damit begann eines der an Tränen reichen Kapitel im Leben von Sophie Charlotte. Ihre Liebe, die sie wie ein Blitz aus heiterem Himmel bei einem Fototermin im Atelier Hanfstaengl getroffen hatte, konnte keine Chance haben. Zu dieser Zeit war sie schon die Braut des bayerischen Königs und dutzende Augen waren tagaus, tagein auf sie gerichtet. Und doch gelang es den beiden leidenschaftlich verliebten jungen Menschen, da und dort eine Lücke im Protokoll zu finden, die sie für ein kurzes Stelldichein nützten. Glücklicherweise fanden sich auch Vertraute, die Briefe voller Sehnsucht, Leidenschaft, aber auch Hoffnungslosigkeit hin und her brachten. Zu der Zeit, als der Hochzeitstermin für Sophie Charlotte mit dem bayerischen König bereits feststand, schrieb sie folgende Zeilen an Edgar:

»Theurer, Liebster Freund
Wie glücklich war ich als mit N. [Nathalie von Sternbach war eine Hofdame und gleichzeitig Vertraute von Sophie Charlotte, Anm. d. Verf.] *u. [unleserlich] soll werden? Hoffnung gibt es keine für uns. Was bleibt uns – Entsagen. Mit Schaudern blick ich in die Zukunft, der Tag meiner Trauung steht wie ein schwarzer Schatten vor meiner Seele, ich möchte entfliehen vor dem unbarmherzigen Schicksal! Warum musste ich dich kennen lernen und da meine Freiheit in Fesseln geschlagen? – Ich liebe dich so innigst, mein Edgar, wenn du bei mir bist, da kann ich es dir nicht so sagen, wie tief dein liebes Bild in meinem Herzen ruht, so tief dass ich so schmählich alle Pflichten gegen meinen armen König vergaß! Bemühe ich Sie mir zu versichern, dass Ihre Zeilen wohl bewahrt werden, die Welt soll nie ahnen, was zwischen uns vorgeht, soll niemals lieblos über Sie urtheilen. – Leben Sie wohl! Leb wohl, mein Edgar – ich komme morgen auf wenige Stunden in Geschäften in die Stadt. Könntest du bis ½ 6 Uhr in das Palais kommen, bitte nicht früher, weil bis zu dieser Stunde Leute bei mir sind. Mit dem letzten Zuge fahre ich wieder hierher. Die Zeit ist wohl kurz bemessen, aber wir müssen damit zufrieden sein.*
Deine S.C. Vergiss mich nicht.
23. Juli 67«
Es war verständlich, dass die jungen Leute trotz der aussichtslosen Situation, in der sie sich befanden, nach jeder Gelegenheit Ausschau hielten, sich zu treffen. In Nathalie von Sternbach fanden sie einen verlässlichen Postillon d'Amour. Wie verschwiegen allerdings Antonia von Pfretschner war, die Toni genannt und die teilweise ins Vertrauen gezogen wurde, geht aus den Briefen Sophie Charlottes nicht hervor. Es könnte sein, dass die Affäre der Herzogstochter mit dem Fotografen gerade durch sie ausgeplaudert wurde, da sie sich in Sophies Vertrauen hintangesetzt fühlte. Denn in einem Brief äußerte sich Sophie folgendermaßen:
»Lieber Theurer Freund
Die Zeit unseres Zusammenseins war letzthin so knapp bemessen, dass sehr Vieles ungesagt blieb. Nathalie ist über das vollständige Verstummen Ihrer Cousine Toni sehr beunruhigt u. sie glaubt sicher Letztere fühle sich gekränkt, dass man ihr über alles im Hochschloss vorgefallene nicht das Geringste mittheilte. Sie ist nun misstrauisch u. hat selbst genug bemerkt um bestimmt zu schließen, dass zwi-

schen Ihnen und mir ein Einverständnis waltet, in welches auch Nathalie eingeweiht ist.
Ich glaube es ist da Nichts zu thun, als ihr, die es, ja, wirklich gut mit uns meint, das Nöthigste einzugestehen, aber bitte, ja, nicht mehr als das Allernöthigste. Nathalie schreibt ihr heute einige Zeilen, sie zu bitten hierher zu kommen, u. bitte seien auch Sie ganz ungezwungen und freundlich mit ihr, und ersuche Sie dringend mit Toni über die Sache nicht eher zu sprechen, als bis sie von Poßenhofen zurückgekehrt ist. Ich nehme mir vor, Toni nur zu sagen, dass Sie in dem schönen Hochschloss, wo wir so viel zusammen waren, sich mir offen ausgesprochen hätten. Nähere Details bleiben unter uns.«
Sophie Charlotte teilte das Schicksal von so vielen jungen Mädchen aus adeligem Haus, in dem die Liebe zwischen einer Prinzessin und einem Bürgerlichen von vornherein zum Scheitern verurteilt war. Wenn sich auch der Vater Sophie Charlottes durch sein leutseliges Wesen das Image eines bürgerfreundlichen Herzogs gab, so blieb er doch der Schwiegervater des Kaisers von Österreich und der des Königs von Neapel. Und allein schon durch diese Tatsache war die Situation der beiden Liebenden hoffnungslos. Immer mehr bricht daher in Sophies Briefen die Verzweiflung durch. Am 13./14. August schreibt sie an Edgar unter dem Pseudonym »Max« aus Angst vor einer Entdeckung folgende Zeilen:
»Mein treu geliebter Max!
In welchem Zustand ich gestern hier ankam u. wie es mir bis heute erging, kann ich dir nicht sagen, es ist ein trostloses Dasein – so hoffnungslos, so öd! ... Wir dürfen uns nun volle vier Wochen nicht sehen, es muss so sein u. sollte mir das Herz darüber brechen ... Ich werde nun viel allein sein ... Mir ist alles was um mich herum geschieht ganz gleichgültig, mir fehlt das innere Glück, was kann da die Außenwelt geben? Leb wohl, du mein Alles! Oh könnten meine heißen Thränen das harte Schicksal erweichen, kann ich nie nie wieder die deine werden! Ich möchte in deinen Armen sterben – und mein Name soll verklingen – die Welt vergessen, dass eine bayerische Königsbraut gelebt. Ich küsse dich tausendmal vergiss mich nicht – O wenn du wüsstest! S.C.«
Der Abschiedsbrief König Ludwigs an Sophie und die Auflösung der Verlobung hatte für die herzogliche Familie einen schweren Schock bedeutet. Denn alle Welt hatte an der bevorstehenden regen Hoch-

zeit Anteil genommen, die Gemächer der zukünftigen bayerischen Königin waren aufwändig renoviert worden, die Gästeliste schien bereits perfekt zu sein und die Schneider arbeiteten wahrscheinlich schon an den eleganten Roben der Damen. Und nun war alles anders gekommen. Ludovika, die die Annullierung der Verlobung als persönliche Brüskierung empfand, wusste, dass es rasch zu handeln galt, um einen neuen Bräutigam für ihre jüngste Tochter zu suchen, noch dazu, wo Gerüchte über eine Beziehung des Mädchens zu dem Fotografen Hanfstaengl da und dort schon die Runde gemacht hatten. Wie leicht hätte dieses inakzeptable Verhältnis katastrophale Folgen haben können! Denn immer noch galt Jungfräulichkeit als Grundvoraussetzung für das Zustandekommen einer Ehe, selbst in den untersten Schichten. Und an dieser bestanden nach Aussagen gut informierter Kreise berechtigte Zweifel. Edgar Hanfstaengl war kein keuscher »Heinrich« wie der Bayernkönig gewesen, er war ein junger Mann aus Fleisch und Blut, dessen Leidenschaftlichkeit auch das Blut der schönen Prinzessin in Wallung gebracht hatte.

Wieder einmal durchforstete Ludovika den europäischen Heiratskatalog für ihre jüngste Tochter, die am 22. Februar 1847 das Licht der Welt im Maxpalais in München erblickt hatte. Immerhin war Sophie Charlotte schon 20 Jahre alt und es war hoch an der Zeit, dass die Hochzeitsglocken in absehbarer Zeit für sie läuteten, bedenkt man, dass ihre Schwester Elisabeth kaum 16 Jahre alt gewesen war, als der Kaiser sie zum Altar geführt hatte. Eile war daher geboten, vor allem, da das junge Mädchen sich reichlich exaltiert gebärdete und kaum andere Interessen entwickelt hatte außer einer übergroßen Liebe zur Musik und – gar nicht ihrem Alter entsprechend – zur Religion. Wie konnte sie auch? Ihre Kindheit und Jugend in Possenhofen war abwechslungslos verlaufen, die Mutter hatte mit den Kindern kaum Reisen unternommen. Das erste große Ereignis im Leben Sophie Charlottes war daher die Fahrt nach Wien zur Hochzeit ihrer Schwester Sisi gewesen, wenngleich auch ein Wermutstropfen dabei war. Denn mit Sisi hatte sie sich besonders gut verstanden, auch wenn diese wesentlich älter war. Ihr würden die vielen Stunden der Zweisamkeit fehlen, wenn sie beide in irgendeinem Versteck stundenlang miteinander plauderten, irgendwelche Tiere beobachteten oder über Stock und Stein in wildem Galopp sprengten. Und da beide Mädchen eher spät zu Bett gingen, waren sie halbe Nächte

Sophie Charlotte hatte dieselben schönen langen Haare wie ihre kaiserliche Schwester Elisabeth

beisammen gesessen, um einander in kindlicher Manier kleine Geheimnisse anzuvertrauen. Sophies Welt hatte sich verändert, als die geliebte Schwester nach Wien gezogen war um Kaiserin zu werden. Nichts war mehr so wie früher! Einzig und allein der kleine Hund Black war dem siebenjährigen Kind als Trost geblieben.
Als Herzogin Ludovika bemerkte, dass sich Sophie Charlotte in Ermangelung anderer Spielgefährten mehr und mehr ihren Brüdern anschloss und ihr ganzes Verhalten dadurch immer weniger mädchenhaft wurde, kam sie auf die Idee, die jüngste Tochter ihrer Schwester Amalie nach Possenhofen einzuladen. Diese Cousine, die ebenfalls

Sophie hieß, sollte in der Herzogstochter weibliche Interessen wecken, wie Freude an schönen Kleidern, kostbarem Schmuck, aber auch an kleinen Handarbeiten. Vielleicht war Ludovika noch von einem anderen Hintergedanken beseelt: Sie sah in Sophie von Sachsen, einem äußerst liebenswürdigen Mädchen, eine eventuelle ideale Schwiegertochter. Und tatsächlich verliebte sich Carl Theodor in die neue Freundin seiner Schwester. Schon ein Jahr später heirateten die beiden. Das Glück dauerte nur kurz, knapp nach der Geburt des ersten Kindes verstarb die junge Frau.

Um den trauernden Sohn etwas aufzurichten und auf andere Gedanken zu bringen, hatte Herzogin Ludovika kurzerhand den jungen Herzog von Alençon und seine Schwester Marguerite nach Possenhofen eingeladen. Zu dieser Zeit konnte Herzogin Ludovika noch nicht ahnen, wie günstig sich gerade dieser Besuch auf die Familie auswirken sollte. Eigentlich hatte sie nur den unglücklichen Carl Theodor im Auge gehabt, als sie für die Nemours, die gerade bei der Prinzessin Amalie von Bayern zu Gast weilten, eine Jagd arrangierte.

Jetzt, wo es galt, auch für ihre Tochter Sophie Charlotte einen Ehepartner zu finden, fiel Ludovika der junge Herzog von Alençon wieder ein. Und da sie ohne die Kommentare und eventuelle Zustimmung ihrer Schwester in Wien nichts Entscheidendes unternehmen wollte, schrieb sie an Sophie folgende Zeilen: »*Ich habe sehr viel über den jungen Alençon nachgedacht, den ich hier schon im letzten Sommer mit seinem Vater gesehen habe. Was denkst du darüber? Charlotte* [eine Schwester Ludovikas und Sophies, Anm. d. Verf.] *steht mit ihm über den Herzog von Aumale* [Onkel Ferdinands von Alençon, Anm. d. V.] *in Kontakt und könnte eventuell irgendetwas in diese Richtung unternehmen ...*«

Es war ein abgekartetes Spiel, das in der nächsten Zeit in Sachsen gespielt wurde und in dem es für Ludovika einen Preis zu gewinnen gab: Ferdinand von Alençon als Schwiegersohn. Man hatte die Sache geschickt angelegt, Sophie Charlotte war Gast bei ihrer Tante und Ferdinand war eben zu diesem Zeitpunkt von Prinz Georg von Sachsen eingeladen worden.

Die beiden jungen Leute, die von der Verwandtschaft füreinander bestimmt waren, trafen sich schon am ersten Tag ihres Sachsenaufenthaltes. Schließlich galt es, keine Zeit zu verlieren.

Was weder Sophie Charlotte noch Ferdinand wussten, war, dass

heimlich alle Augen auf sie gerichtet waren, man gespannt wartete, ob der eingefädelte Kuppelversuch auch gelingen würde. Und er gelang perfekt! Schon am ersten Tag bat die Prinzessin Ferdinand, sie nur Charlotte zu nennen, ein Vorzug, den noch niemand – selbst Edgar nicht – genossen hatte. Man hatte alles aufgeboten, um die beiden jungen Leute zusammenzubringen. Kutschenfahrten und Picknicks wurden arrangiert, bei denen man im trauten Kreis in einer einfachen Hütte Tee trank, die so klein war, dass es gar nicht anders ging, als dass »Charlotte« ganz nah an Ferdinand heranrücken musste, am nächsten Tag lustwandelten die beiden jungen Leute beinahe allein durch den prachtvollen Park von Schloss Pillnitz, wobei sich die Anstandsbegleiter diskret im Hintergrund hielten, sodass die Prinzessin und der junge Herzog nicht nur einmal Gelegenheit hatten, einander tief in die Augen zu schauen.
Natürlich wurde jeder verliebte Blick, jede zärtliche Geste, die man von weitem beobachten konnte, sofort sowohl an den Herzog von Nemours als auch an Ludovika berichtet, und niemand war eigentlich besonders darüber erstaunt, dass Ferdinand schon am nächsten Tag ein Telegramm nach Bayern schickte, in dem er um die Hand Sophie Charlottes anhielt. Obwohl Ferdinand seine Braut nicht besonders gut kannte, äußerte er sich voller Begeisterung über seine Zukünftige: *»Sie ist fromm, einfach, süß, liebevoll und intelligent; sie findet Gefallen an einem ausgefüllten und ruhigen Leben, und dennoch hat sie eine gewisse natürliche Fröhlichkeit; sie wird meinem Vater eine zärtliche und ehrerbietige Tochter sein, mir solch eine Ehefrau, die ich mir wünsche.«*
Es war gut, dass der Herzog von Alençon nicht in die Zukunft blicken konnte!
Auch vom Äußeren seiner Zukünftigen war Ferdinand angetan, denn er beschrieb sie seinem Vater folgendermaßen: *»Ich kenne meine zukünftige Frau nun besser und ich schätze ihr liebenswürdiges Wesen noch mehr. Ich fühle eine tiefe Zuneigung zu ihr ... was ihr Äußeres betrifft, so kann man nicht von einer regelmäßigen Schönheit sprechen, aber sie hat schöne, große, ausdrucksvolle, blaue Augen, viele glänzende blonde Haare, eine schöne Haut und eine liebliche Figur, sie sieht lebhaft und gesund aus, was mir Freude macht. Sie ist weder groß noch klein, ungefähr so groß wie meine Tante Clementine.«* [1,66 m, Anm. d. Verf.]

Ferdinand hatte in seiner Verliebtheit nichts Eiligeres zu tun, als seine zukünftigen Schwiegereltern in Possenhofen aufzusuchen. Herzog Max, der sich bei diesem Arrangement der Damen bisher bedeckt gehalten hatte, fand Ferdinand von Anfang an sympathisch.
Für den 28. September war die Hochzeit geplant. Und so wie bei allen anderen Töchtern, die in Possenhofen geheiratet hatten, sollte am Polterabend eine Überraschung stattfinden. Dass sie so spektakulär ausfallen würde, hatten die Brautleute, aber auch das Herzogspaar und die geladenen Gäste nicht erwartet: Der Himmel über dem Starnberger See erglühte in den buntesten Farben und die Kaskaden des Brillantfeuerwerkes, das von Schloss Berg aus abgefeuert wurde, machten die Nacht zum Tage. Offiziell hatte König Ludwig II. dieses Spektakel für die auf Besuch weilende Zarin von Russland veranstaltet, inoffiziell galt es vielleicht seiner einstigen Braut.
Die Trauung fand am nächsten Tag in Schloss Possenhofen statt, wo man ganz einfach einen Saal in eine Kapelle umgewandelt hatte. Sophie Charlotte sah in ihrem mit Orangenblüten geschmückten weißen Seidenkleid und dem schamhaft das Gesicht bedeckenden Tüllschleier wahrhaft wie eine keusche Braut aus, die allerdings relativ gleichgültig die Trauung über sich ergehen ließ. Ihr seltsames Verhalten gab den anwesenden Gästen genug Anlass zu Spekulationen. Fürst Chlodwig von Hohenlohe-Schillingsfürst, der einen ausführlichen Bericht über die Zeremonie lieferte, brachte seine Gedanken und Eindrücke zum Ausdruck. Er erwähnte nicht nur, dass der Bräutigam ein »hübscher junger Mensch von frischem Aussehen« wäre, sondern vor allem das emotionslose »Ja« der Braut.
Nach einigen ruhigen Tagen am Starnberger See hieß es für die junge Frau Abschied von der Heimat zu nehmen und ihrem Mann in Länder zu folgen, in denen sie nicht glücklich werden sollte. Denn der erste Wohnsitz des jungen Paares war in der Nähe Londons, in Bushy House, da es den Mitgliedern des französischen Königshauses seit den Tagen der Revolution verboten war, französischen Boden zu betreten. So lebten alle irgendwo im Exil, bis sich die Tore Frankreichs für sie wieder öffnen würden.
Sophie Charlotte war, so wie alle Töchter des Herzogspaares, stark von ihrer momentanen Gefühlslage und den augenblicklichen Eindrücken abhängig. So konnte es sein, dass sie Bushy House an einen Tag urgemütlich fand, um am nächsten Tag ihrer Mutter zu berichten,

dass man England im Winter nicht seinem ärgsten Feind zumuten sollte. Dabei mangelte es dem jungen Ehepaar keineswegs an Abwechslungen, eine Einladung jagte die andere, jeder wollte die charmante Gemahlin des Herzogs von Alençon persönlich kennen lernen. Und als es sich herumgesprochen hatte, dass Sophie Charlotte nicht nur eine exzellente, sondern auch eine passionierte Reiterin war, hatte sie die Herzen der englischen Adeligen voll und ganz erobert. Langweilig konnte der jungen Frau das Leben eigentlich nicht werden, vor allem, da man auch sehr häufig den Herzog von Aumale und seine liebenswürdige Gemahlin Marie Caroline besuchte, eine geborene Prinzessin von Neapel. Das Schicksal hatte es mit diesem Ehepaar nicht gut gemeint, denn ihre drei Söhne waren früh gestorben. Die junge bayerische Prinzessin nahmen sie deshalb mit offenen Armen auf, kam durch sie doch etwas frischer Wind in ihr trauriges Leben.

Obwohl Sophie Charlotte, wahrscheinlich beeinflusst von dem trüben nebeligen Wetter, immer wieder melancholische Anwandlungen befielen, erweckte sie den Eindruck, dass sie eigentlich ihrem Gemahl sehr zugetan war. Aus ihren Briefen geht hervor, dass sie ihn schmerzlich vermisste, selbst wenn er nur ein paar Tage abwesend war. Am 29. Januar 1869 richtete sie die folgenden Zeilen an ihn: »*Ich bin sehr traurig und weine viele heiße Thränen. Um diese Uhrzeit* [17.30] *lesen wir sonst immer dein Journal in meinem kleinen Salon, nachdem wir den ganzen Tag zusammen waren. Heute ist deine Ratte ganz alleine! Ich habe keine großen Sachen gemacht, seit du mich verlassen hast ... Die großen Spiegel – auch die in deinem Zimmer – machen sich sehr gut. Es ist lediglich unangenehm zu sehen, wie ich immer dicker werde ...*« [Sophie erwartete ihr erstes Kind, Anm. d. Verf.]

Und schon wenig später schrieb die junge Frau an den fernen Ehemann: »*Es ist traurig, wenn du nicht bei mir sein kannst; dein Zimmer ist vollkommen kalt und schwarz. Es ist schrecklich, wenn ich daran denke, dass dies noch vier Tage so sein wird. Ich liebe dich sehr, so sehr! Du glaubst mir das nicht, ist es nicht so, meine Muschel? Und es ist dennoch mehr als wahr und ich bin so glücklich, so zufrieden, wenn ich bei dir bin.*«

Die Ehe der Alençons erweckte durchaus den Eindruck, glücklich zu sein. Am späteren Gesinnungswandel Sophie Charlottes trugen jedoch sicherlich die äußeren Umstände, aber auch ihre charakterliche Veranlagung ein gerüttelt Maß an Schuld. Was einige Kinder von Herzog Maximilian ein Leben lang nicht konnten, war, sich eine sinnvolle Beschäftigung zu suchen. Auch Sophie Charlotte vertrödelte Wochen und Monate mit Nichtstun um immer stärker in Melancholie zu verfallen. Dazu kam ihre Exzentrik, die sie den Boden der Realität zunehmend mehr vergessen ließ. Erst nachdem sie durch die Hölle einer psychiatrischen Klinik gegangen war, erhielt ihr Leben einen Sinn, indem sie sich karitativen Tätigkeiten hingab.

Am 19. Juli 1869 kam das erste Kind des Herzogs von Alençon in Bushy House zur Welt, ein Mädchen, das man nach der Großmutter Louise taufte. Sophie Charlotte erholte sich nur sehr langsam von der Geburt, sie magerte ab und wurde von Tag zu Tag depressiver. Damals wusste man noch nicht, dass diese psychische Veränderung der Wöchnerinnen nichts Ungewöhnliches war, dass die Hormonumstellung nach einer Entbindung nicht funktionierte, wie sie sollte. Deshalb suchte man vergeblich nach allen möglichen Ursachen und gab dem düsteren Wetter die Hauptschuld an der Melancholie der jungen Mutter. Und da sich Sophie Charlotte von Anfang an in England nie zu Hause gefühlt hatte, beschloss der Herzog eine Einladung des Herzogs von Aumale, für einige Monate sein Gast in Palermo zu sein, anzunehmen. Dort, unter dem Einfluss der südlichen Sonne, würde seine Frau an Leib und Seele sicherlich vollständig gesunden. Vor der Reise nach Italien aber war ein Aufenthalt in der bayerischen Heimat geplant, wo der Leibarzt König Ludwigs II. die junge Frau eingehend untersuchte. Er stellte chronische Bronchitis fest, die außer klimatischen natürlich auch psychische Ursachen haben konnte.

Nachdem sich Sophie Charlotte sowohl körperlich als auch seelisch einigermaßen im Elternhaus erholt hatte, setzten die Alençons die Reise in den Süden fort. Ein nächster längerer Aufenthalt war in Rom geplant, wo zwei von Sophies Schwestern lebten. Sophie Charlotte kam gerade recht, um ihrer Schwester Marie und deren Ehemann, dem Exkönig von Neapel, zur Geburt des ersten gemeinsamen Kindes zu gratulieren.

Das Leben in Palermo gestaltete sich für die junge Herzogin von Alençon zunächst günstig, sie unternahm ausgedehnte Spaziergänge und genoss die heitere Atmosphäre Siziliens. Aber schon nach kurzer Zeit überfielen sie wieder Angstzustände und Phobien, denen sie sich vollständig hingab. Ihr Gemahl erkannte die Gefahr, in der seine Frau schwebte, und da er inzwischen wusste, wie Sophie Charlotte zu kurieren war, beschloss er, mit seiner Familie für einige Zeit wieder an den Starnberger See zu ziehen. Ferdinand von Alençon, ein Herzog ohne Land, konnte es sich leisten, den Wünschen seiner Gemahlin nachzugeben und vorübergehend in Bayern Quartier zu nehmen.

Da das kleine Schloss der Eltern für alle Geschwister nichts an Reiz verloren hatte, kam es im Sommer 1870 zu einem großen Familientreffen in der Heimat. Auch Kaiserin Elisabeth mietete sich im Hotel Strauch ein, ihre Schwester Marie in der Villa Porte a Parte, der Bruder Ludwig bewohnte Schloss Garatshausen, Max Emanuel Schloss Biederstein und Carl Theodor blieb in Possenhofen, wo man einander regelmäßig traf, um viele Stunden in angeregter Plauderei zu verbringen. Daneben lud der Starnberger See zum Schwimmen ein, man ruderte nach Schloss Berg, um dem bayerischen König einen Überraschungsbesuch abzustatten, man genoss die ungezwungene Atmosphäre und die herrliche Bergwelt im Süden Bayerns. Diese Wochen waren vor allem für Sisi, aber auch für Sophie Charlotte ein wahrer Lebensquell und Jungbrunnen, der plötzlich wieder wie in alten Zeiten zu sprudeln begann.

Während man unbeschwerte Tage am Starnberger See verbrachte, zogen drohende Wolken am politischen Horizont auf: Kontroversen zwischen Deutschland und Frankreich schienen unausweichlich zum Krieg zu führen. Und als echter Franzose, der sein Vaterland zwar nicht betreten durfte, es aber aus tiefstem Herzen liebte, wollte Ferdinand von Alençon sofort Hals über Kopf zu den Fahnen eilen. Aber das Schicksal rief nicht nach einem Helden namens Alençon und bescherte ihm und allen Familienmitgliedern eine Rötelerkrankung, die diesen Plan zunichte machte. Da der Gesundheitszustand Sophie Charlottes vor allem Anlass zur Besorgnis gab, nahm das Herzogspaar eine Einladung der Kaiserin an und verbrachte einige Wochen in Schönbrunn.

Auch nach Ausbruch der Kämpfe legte man in der französischen Armee wenig Wert auf die Anwesenheit des Herzogs, obwohl man – wie es sich zeigen sollte – eigentlich jeden Mann vonnöten gehabt hätte. Deshalb beschlossen die Alençons in der Nähe von Meran zu überwintern.

In der nächsten Zeit überschlugen sich die politischen Ereignisse, denn die deutschen Truppen hatten nicht nur den Kaiser von Frankreich Napoleon III. gefangen genommen, sie waren auch in Paris eingezogen. Damit war für die vertriebenen Bourbonen das Ende ihres Exildaseins gekommen, sie konnten endlich in die Heimat zurückkehren. Auch für Ferdinand von Alençon war es jetzt möglich, den Boden des Landes zu betreten, das er mit vier Jahren hatte verlassen müssen.

Er ging zunächst allein auf seine Besitzungen, um dann, wenn das Wichtigste geregelt war, seine Familie nachkommen zu lassen. Aber wie immer in solchen Situationen, wo sich Veränderungen im Leben Sophie Charlottes abzeichneten, überfiel die junge Frau eine unerklärliche Angst vor der Zukunft, die zu körperlichem Unwohlsein, ja, sogar zu allen möglichen Krankheiten führte. An eine Abreise nach Frankreich war daher nicht zu denken. Und da der Herzog von Alençon mittlerweile wusste, wie seine Gemahlin genesen würde, schickte er sie nach Wien zu ihrer kaiserlichen Schwester, von wo aus beide im Sommer nach Ischl reisten. Dort zeigte sich von irgendwelcher Krankheiten keine Spur mehr, im Gegenteil: Die Schwestern unternahmen derartige Gewalttouren, dass die Hofdamen oftmals um Gnade baten, *»wenn die Herrschaften anfingen, ihren Sport zu betreiben«*, wie die leidgeprüfte Madame d'Abancourt berichtete.

Auch nach diesen erholsamen Wochen in Österreich konnte sich Sophie Charlotte nicht entschließen, endlich die Besitztümer ihres Gatten in Frankreich zu besichtigen. Sie zog es vor, obwohl sie ein zweites Kind erwartete, allein den Winter in Meran zu verbringen. Die Zeit der Entfremdung der beiden Alençons begann.

So wie es nicht anders zu erwarten war, finden sich in den Briefen, die Sophie Charlotte an den fernen Gemahl richtete, immer wieder Vorwürfe, dass er sie so viel alleine ließe. Sie konnte sich nicht in seine Rolle hineinversetzen, oder wollte nicht verstehen, dass er sich nach einer Aufgabe sehnte, nachdem er eigentlich jahrelang nur seiner Frau zuliebe in Europa umhergezogen war. Jetzt wurde er zum Kapitän des 12. Artillerieregiments ernannt, worauf ihm Sophie folgende Zeilen schickte: *»Ich bin so glücklich, dass du einen guten Empfang bei deinen Offizieren hast! Dies ist ein guter Anfang! Ich leide jedoch, wenn ich mir dich als Offizier vorstelle. Ich erwarte mit Ungeduld und Angst deine Nachricht, in der du mir definitiv sagst, dass du kommst. Und wann? Wie lange?«*

Die letzten Wochen der Schwangerschaft wurden der jungen Frau durch die Anwesenheit ihrer Schwester Elisabeth erleichtert, die allerdings den erhofften Sohn, der am 18. Januar 1872 das Licht der Welt erblickt hatte und nach dem Großvater Max und dem Bruder Sophies Emanuel genannt wurde, nicht aus der Taufe heben konnte, da sie wieder einmal erkrankt war.

So sehr Sophie Charlotte ihre Abreise nach Frankreich hinausschob, einmal war der Tag gekommen, an dem sie das Landhaus ihres Mannes in Vincennes in der Nähe von Paris betreten musste. Ihr erster Eindruck von dem neuen Domizil war niederschmetternd. Die Räumlichkeiten waren viel zu klein, alles wirkte völlig veraltet und entbehrte jeglichen Komfort. Hier würde sie kaum glücklich werden!

Ihre ersten Empfindungen täuschten Sophie Charlotte nicht. Sooft sie konnte, besuchte sie Freunde, die sie ans Meer einluden. An ein geregeltes Familienleben war für sie unter diesen desolaten Umständen nicht zu denken. Dazu kam, dass sich ihr Schwiegervater Nemours plötzlich in ihr Privatleben einmischte. Er nahm für sich das Recht in Anspruch, über den Tagesablauf der Schwiegertochter zu bestimmen. Und da sein Sohn Ferdinand nicht Manns genug war, sich hinter seine Ehefrau zu stellen, erlebte Sophie Charlotte das gleiche tragische Spiel wie ihre Schwester Sisi in Wien. Nur mit anderen Vorzeichen.

In den folgenden Jahren versuchte die Herzogin immer mehr, aus den ihr gesteckten Grenzen auszubrechen. Wo immer es ging, traf sie ihre Schwestern Marie und Mathilde, die sich auch in Frankreich aufhielten und die sie für kurze Zeit aus ihren schweren Depressionen rissen, die sie stets aufs Neue befielen.

Um die beiden Kinder, die ihre Gouvernanten und Kinderfrauen hatten, kümmerte sich Sophie Charlotte herzlich wenig. Erst als Louise älter wurde, nahm die Mutter sie auf ihre Reisen mit, wenn sie ihre Geschwister irgendwo in Deutschland treffen sollte. Die politische Entwicklung kam Sophies privaten Wünschen entgegen: Die Bourbonen waren zwar zurückgekehrt, waren aber nach wie vor in Frankreich nicht gerne gesehen. Deshalb verkaufte der Herzog von Nemours all seine Güter außer einem Haus in Paris und erwarb Schloss Mentelberg für seinen Sohn und dessen Familie, worüber Sophie besonders glücklich war, denn jetzt stand einer immer engeren Verbindung der Geschwister auch räumlich nichts mehr im Wege.

Obwohl Sophie Charlotte immer häufiger wochenlang von ihrem Mann getrennt lebte und ihrer eigenen Wege ging, feierten die Alençons im September 1878 ihren zehnten Hochzeitstag mit eindrucksvollem Pomp am Tegernsee im Kreise der großen Verwandtschaft.
Dabei hatte man sich nur noch wenig zu sagen, ihre Interessen waren zu verschieden, sodass man es vorzog, getrennte Wege zu gehen. Dazu kam, dass Sophie wie schon in ihrer Jugendzeit sich immer mehr religiösen Spintisierereien hingab, was darin gipfelte, dass sie im Jahr 1880 in den Dritten Orden der Dominikaner eintrat, in einen Laienorden, bei dem man sich, wenn einem der Sinn danach stand, von der Welt in stillem Gebet zurückziehen konnte. Sophie erhielt den Namen Soeur Marie Madeleine, den sie selber ausgewählt hatte. Sie verehrte Maria Magdalena als seelenverwandte Frau, die sich von einer Sünderin in eine Heilige gewandelt hatte. Am 1. Mai 1880 schrieb sie folgende Zeilen: »*Ich bin gestern in den Dritten Orden eingetreten. Ich war sehr gerührt, wie Sie mir zweifelsfrei glauben werden, und in meinem ganzen Leben werde ich die Eindrücke nicht vergessen, die ich an diesem Tag erhalten habe. Ich habe mich ganz besonders während der letzten Tage darauf vorbereitet, indem ich einen Teil meines Tages in der Kapelle vor dem Heiligen Sakrament kniend verbrachte. Die Bitten von jenen, die mich mögen, haben mich unterstützt. Und auf Grund dieser Bitten, konnte ich mir selbst Halt geben.*«
Der Herzog von Alençon, der erkennen musste, dass er schon lange seine Frau verloren hatte, war ebenfalls – ob aus Neigung oder Verzweiflung bleibt dahingestellt – in einen Laienorden eingetreten. Er unterstützte die Wohltätigkeitsaktionen seiner Frau finanziell, wo er nur konnte, denn Sophie hatte es sich zum Ziel gesetzt, in den Armenvierteln von Paris Gutes zu tun. Hier sah sie so viel Not und Elend, dass sie selber auf ihre Depressionen vergaß und alles daran setzte, zu helfen. Auf diese Weise hatte auch Paris, wo sie sich bisher nie wohl gefühlt hatte, seinen Schrecken verloren.
Im Juni 1886 erhielt Sophie Charlotte eine Nachricht, die sie erschütterte: Ihr einstiger Verlobter, der bayerische König Ludwig II., war in nur knietiefem Wasser im Starnberger See ums Leben gekommen. Und obwohl die Beziehung zwischen beiden so viele Jahre zurücklag, traf Sophie diese Mitteilung wie ein Schock. Sie sandte einen Jasminzweig nach München und bat, ihn dem toten König aufs Herz

zu legen. Ein letzter Gruß seiner einstigen Braut! Sophie erinnerte sich noch, dass Jasmin die Lieblingspflanze des Königs gewesen war. »Jéspere quíl má pardonne«, sollen die Worte Sophies gewesen sein, als sie später vor dem Sarg des Königs stand. Was sollte er ihr vergeben? Ihre Affäre mit Hanfstaengl?

Wenn auch Schwester Maria Magdalena viele Stunden des Tages mitten unter den Notleidenden und Obdachlosen verbrachte, so war sie doch für die restliche Zeit den Annehmlichkeiten, die sich für eine Frau aus reichem Hause boten, nicht verloren. Sie besuchte mit ihrem Schwiegervater die Oper, verbrachte unvergessliche Monate im Kreise ihrer Geschwister und deren Kindern. Auf diese Reisen begleitete sie meist ihre Tochter Louise, die längst eine Freundin von Sisis Lieblingstochter Marie Valerie geworden war. Die beiden Mädchen steckten fast Tag und Nacht zusammen, sodass es für Elisabeth in ihrer übertriebenen mütterlichen Fürsorge, die sie ihrer »Einzigen« entgegenbrachte, einen Schlag bedeutete, als sie erfuhr, dass ihre Schwester Sophie an Scharlach erkrankt war. Wie leicht hätte es sein können, dass Marie Valerie durch ihre Cousine angesteckt würde. Für die Kaiserin eine entsetzliche Vorstellung! Warum hatte man die Scharlacherkrankung geheim gehalten? Das Verhalten der Schwester erschien der Kaiserin unverzeihlich!

Die Krankheit, die Sophie Charlotte relativ rasch überstanden hatte, zeigte ihre Komplikationen erst hinterher, denn es dauerte nicht lange, da stellten sich bei der Herzogin Unterleibsschmerzen ein und sie war gezwungen, einen Gynäkologen in München aufzusuchen. Man hatte ihr zu Dr. Glaser, einem weit über die Grenzen der Stadt bekannten Frauenarzt, geraten. Es blieb allerdings nicht bei den ärztlichen Konsultationen, die Besuche Sophies wurden immer häufiger und schließlich war es für niemanden mehr ein Geheimnis, dass die beiden mehr verband als nur die Heilkunst. Dr. Glaser wurde Sophie fast zum Schicksal. Die immer noch attraktive Frau verliebte sich leidenschaftlich in den charmanten Arzt und ihre Liebe blieb von Glasers Seite nicht unerwidert. Glasers Ehefrau aber hatte nichts Eiligeres zu tun, als die intime Angelegenheit in die Öffentlichkeit zu tragen, denn sie war nicht gewillt sich scheiden zu lassen. München hatte endlich wieder einmal einen handfesten Skandal, bei dem nicht nur der betrogene Ehemann, der Herzog von Alençon, sondern auch die gesamte Herzogsfamilie in schiefem Lichte dastand.

Die Aufregung über die Liaison Sophie Charlottes zog weite Kreise, vor allem, als es sich herumgesprochen hatte, dass sie sich von Alençon offiziell scheiden lassen und Dr. Glaser heiraten wollte. Ferdinand von Alençon, der seine Frau trotz aller Eskapaden, die er mit ihr schon erlebt hatte, immer noch liebte, versuchte mit allen Mitteln, Sophie von ihrem Plan abzubringen. Die Tochter Elisabeths, Marie Valerie, vermerkte über sein Verhalten in ihrem Tagebuch: »*In Attnang Zusammentreffen mit Mama* [Kaiserin Elisabeth]. *Sie erzählte mir von Großmama* [Herzogin Ludovika], *Amelie* [Tochter Herzog Carl Theodors], *Gisela* [Schwester Valeries] *und Alençons. Tante Sophie will sich scheiden lassen, um, wie gesagt, Dr. Glasers rechtmäßige Frau zu werden. Onkel Alençon soll sich wie ein Heiliger benehmen, immer begegnet er ihrem förmlichen Hass mit liebender Milde, Güte und Besänftigung. Louise* [Sophies Tochter] *soll, als man ihr sagte, dass Tante ein wenig irrsinnig sei, geantwortet haben: ›Ja, das muss und will ich glauben, denn sonst hätte ich keine Mutter mehr.‹*«
Es war sicherlich nicht Irrsinn, der Sophie befallen hatte, vielmehr eine letzte leidenschaftliche Liebe, ein letztes Aufbäumen gegen die Konventionen, denen sie sich schon als junges Mädchen hatte beugen müssen. Anders als bei Edgar Hanfstaengl stellte sie ihre Liebe öffentlich zur Schau, und als Dr. Glaser und sie erkannten, dass eine legale Verbindung für sie beide nicht möglich war, da die Widerstände von allen Seiten unüberwindlich waren, versuchten sie wie zwei romantische Jugendliche zu fliehen. In Meran aber war ihre Flucht zu Ende, Sophie wurde zur Familie zurückgebracht, wo man sich inzwischen Gedanken gemacht hatte, wie man sie zur Räson bringen könnte. Ferdinand von Alençon vertraute ganz auf die Ratschläge seines Schwagers Carl Theodor, der als Arzt sicherlich am besten Bescheid wusste. Und der Bruder Sophies hatte keine andere Idee, als die Schwester in eine Irrenanstalt in Graz einweisen zu lassen, um sie von dem unseligen Wahn, der sie befallen hatte, mit drastischen Mitteln zu heilen. Marie Valerie, die Kaisertochter, vermerkte in ihrem Tagebuch: »*Der Zweck ihres* [Carl Theodor und seine zweite Ehefrau Marie José] *Herkommens war, Papa zu melden, dass die unglückliche Tante Sophie von verschiedenen Ärzten für krank und unzurechnungsfähig erklärt worden ist, denn ganz wahnsinnig kann man doch nicht sagen, und für einige Zeit in die Villa eines berühmten Grazer Irrenarztes gebracht wurde, wo man hofft, dass Ruhe*

und Einsamkeit ihre Nerven beruhigen werden. Onkel Gackel hält diesen schrecklichen Zustand für eine Folge des Scharlachs …«

Was die junge Marie Valerie nicht wusste, war, dass man in dem Sanatorium des Nervenarztes Professor von Krafft-Ebing Methoden anwendete, die einen gesunden Menschen hätten in den Wahnsinn treiben müssen. Man setzte ganz auf eine Schocktherapie, wobei man plötzlich Pistolen in unmittelbarer Nähe des Patienten abfeuerte, die »Kranken« mit Eiswasser übergoß oder ihren Kopf mit einer Art Zugsalbe einschmierte, um die bösen Gedanken aus dem Gehirn zu ziehen. Dass sicherlich viele Gründe, die in der Ehe der Alençons zu suchen waren, zu der letzten Leidenschaft Sophies geführt hatten, daran dachte niemand …

Wie bei so manchem familiären Anlass griff Kaiserin Elisabeth auch bei der Affäre um ihre Schwester zur Feder und schrieb ein Gedicht, das den Titel trug:

»An Sophia
… Während mit der Dame d'Honneur
Louise zum Musentempel eilet;
Trinkst du Tee mit dem Docteur,
Der gemütlich bei dir weilet.

Schlimmres aber noch geschah:
Mit dem Schlüssel in der Taschen
War's, dass man ihn nahen sah,
Nachts, Verbotenes zu naschen.

… Deinem guten Herrn Gemahl
Hast die Treue du gekündigt,
Stießest ihm ins Herz den Stahl;
Ja, du hast dich schwer versündigt.

Die Frau Doctor mit Geschrei
Ringt verzweifelt ihre Hände,
Reklamiert schon Polizei,
Scheidung gibt's wohl hier am Ende.

Nun heißt es, die freie Schweiz
Sucht ihr flüchtend zu ereilen,

Um in landschaftlichem Reiz
Euer sündhaft Glück zu teilen.

Glück und Glas, wie bald bricht das!
Trotz dem schönsten Hoffnungsscheine;
Wehe dem, der dies vergaß;
Und vom Glase kommt das deine.«

Was man kaum hätte vermuten können, trat tatsächlich ein: Die Rosskuren des Grazer Professors zeigten tatsächlich eine Wirkung. Sophie Charlotte wurde nach fünf Monaten als von ihrem Wahn geheilt entlassen und kehrte zu ihrem Ehemann nach Schloss Mentelberg zurück. Die Familie war froh, dass sich die peinliche Angelegenheit doch noch scheinbar zum Guten gewendet hatte. Das Tagebuch Marie Valeries gibt darüber Auskunft. Am 13. Januar 1888 berichtete die Kaisertochter: *»Tante Sophie mit Onkel Alençon bei Mama. Ganz und gar die Tante Sophie von ehemals, nur wenn möglich verjüngt ... blühend ... ruhige Heiterkeit, von Aufgeregtheit keine Spur, von Scham ... absolutes Rätsel ... schönstes Einverständnis mit Onkel Alençon. Papa nachher zu Mama: ›Du warst viel genierter als Sophie.‹«*
Ganz ohne psychische Folgen allerdings blieb das Abenteuer mit Dr. Glaser für Sophie Charlotte nicht, denn bei einem Familientreffen anlässlich des 80. Geburtstages von Herzogin Ludovika warf sich Sophie plötzlich vor der Mutter auf den Boden und weinte bitterlich ...
Als Sophie Charlotte im Oktober 1896 ihr Testament in Mentelberg verfasste, war sie anscheinend wieder einmal in depressiver Stimmung, denn sie konnte damals kaum ahnen, dass sie nur noch wenige Monate zu leben hatte. Ihr letzter Wille gibt Auskunft über die seelische Verfassung, in der sich die Herzogin befand. Denn sie verfügte, dass sie nicht wie es ihrem Stand entsprach beigesetzt werden sollte, sondern als Ordensfrau oder wie eine Schwester des Dritten Ordens des Hl. Domenicus: *»Ich will, dass man mir keine Blumen beigebe, und dass alles mit größter Einfachheit veranstaltet werde. Auch soll man mir den Rosenkranz, den ich stets bei mir trage, in die Hände geben, damit ich ihn mit ins Grab nehme, ebenso ein Cruzifix und die Ordensregel ... ich will in einem ganz einfachen Sarge, ohne*

Schmuck, wie eine Ordensperson beigesetzt werden, das Gesicht mit dem Schleier bedeckt ... Auch will ich, und bitte meinen vielgeliebten Gemahl, auf mein Grab folgende Inschrift setzen zu lassen:
Sophie Charlotte
Herzogin in Bayern
Schwester Marie Madeleine
Vom Dritten Orden der Buße des Hl. Domenicus
Datum von Geburt und Tod ...
Ich möchte zunächst an der Seite meines lieben Gatten liegen, der mir Schutzengel im Leben war. Ich will, dass man das Leichenbegräbnis auf die einfachste Weise veranstalte, ohne Kränze, ohne Musik ...«

Der letzte Wille Sophie Charlottes sollte nur allzu schnell erfüllt werden! Denn vom 3. bis 6. Mai wurde wie jedes Jahr vom Dritten Orden ein Wohltätigkeitsbasar in Paris veranstaltet. Die Herzogin engagierte sich ganz besonders für diese Veranstaltung, galt sie doch als prominente Schirmherrin. Sie hatte sich, um möglichst viele Besucher und damit Käufer anzulocken, eine besondere Attraktion ausgedacht: Die Brüder Lumière führten den Gästen ihre sensationelle Neuheit vor: bewegte Bilder, die dadurch zu Stande kamen, indem man auf Glasplatten aufgezeichnete Bilder durch einen Apparat zog, in dessen Mitte eine Kerze befestigt war. Und diese Maschinerie sollte Charlotte zum Verhängnis werden. Denn während sich neugieriges Volk von einem Verkaufsstand zum anderen drängte und die Geschäfte bestens liefen, erscholl plötzlich im Hauptraum, wo die Vorführungen der Lumières stattfanden, unerklärlicher Lärm. Es dauerte nicht lange, da stürzten rußgeschwärzte Menschen in Panik ins Freie und bald vernebelten dicke Rauchschwaden den Blick. Sophie Charlotte wusste, dass sich einige ihrer jungen Mitarbeiter mitten im Saale befanden und stürzte sich in das Inferno um die Mädchen herauszuholen. Ihr Mann wollte sie zurückhalten, aber es war zu spät. Alençon selber wurde von einem glühenden Balken getroffen, während Sophie einen Weg für die Mädchen frei machte. Sie bestand darauf, als Letzte den Raum zu verlassen, obwohl schon alles um sie herum lichterloh brannte. Eine ihrer Dienerinnen rief ihr zu: »*Oh, Madame, welch Tod!*« Worauf Sophie geantwortet haben soll: »*Ja, stellen Sie sich vor, in wenigen Minuten sehen wir Gott, sind wir im Himmel!*«

Das tragische Leben der jüngsten Schwester Kaiserin Elisabeths hatte sein Ende gefunden. Durch ihren Tod hatte sie alle »Sünden«, die ihre Zeitgenossen ihr angelastet hatten, auf schreckliche Weise gebüßt.

Ein König stolpert über eine Tänzerin

Sisis Onkel, König Ludwig I. von Bayern

Er war ein Leben lang verliebt, jener unscheinbare schmächtige Mann mit dem leichten Höcker auf der Stirn, dem rotblonden Haar und den bürgerlichen Allüren, der durch verschiedene Launen des Schicksals bayerischer König geworden war und der durch seine leidenschaftliche Bewunderung der Griechen der Stadt München in künstlerischer Weise für alle Zeiten seinen Stempel aufdrückte.

Das Licht der Welt hatte Ludwig im fernen Straßburg erblickt, in einer Stadt, die jahrhundertelang zwischen Frankreich und Deutschland ihre Position behaupten musste. Seine Geburt fiel in eine Zeit, die kaum turbulenter hätte sein können, denn da und dort hörte man in Frankreich schon ein immer lauter werdendes Grollen, das einen Umschwung, eine Revolution ankündigte. Wer feines politisches Gespür besaß, achtete auf die fernen, immer noch leisen Signale, die sich vor allem gegen den redlichen französischen König Ludwig XVI. richteten, der das verhängnisvolle Erbe seiner verschwenderischen Vorfahren angetreten hatte.

Der Vater des neu geborenen Knaben, Pfalzgraf Maximilian, der spätere König Max I. Joseph, war ein begeisterter Anhänger Frankreichs, seines Lebensstils und seines jungen Königs. Daher sah er es als besondere Ehre an, dass sich Ludwig XVI. bereit erklärte, seinen Sohn aus der Taufe zu heben und ihm außer seinem Namen auch gleichzeitig das französische Obersten-Patent zu verleihen. So ausgestattet würde der junge Ludwig sicherlich ein Leben lang mit Frankreich verbunden sein.

Maximilian täuschte sich gründlich, denn die wirren Jahre der Französischen Revolution und ihrer Auswirkungen auf die angrenzenden Länder, die Ludwig überstehen musste, hinterließen tiefe Spuren im Gemüt des Knaben, für den das Leben immer wieder aufs Neue aus Flucht und Verstecken bestand. Zunächst vor den revolutionären französischen Truppen, die den Rhein überschritten und eine Stadt nach der anderen auf deutschem Boden eingenommen hatten. Kaum hatte sich das Kind halbwegs in eine Umgebung eingewöhnt, packten die Diener schon wieder die Reisekörbe, um den drohenden Gefahren, die durch die Koalitionskriege entstanden waren, zu entkommen. Rast- und ruhelos, immer auf der Suche nach Sicherheit, zog die wachsende Familie in Deutschland umher, von Darmstadt nach Mannheim, von dort nach Rohrbach und Schwetzingen, um dann in Würzburg für längere Zeit Quartier zu nehmen.

Solange die Mutter Auguste Wilhelmine noch lebte, war alles Ungemach für den Knaben noch halbwegs erträglich gewesen, aber mit ihrem Tod vereinsamten Ludwig und seine vier Geschwister zusehends. Der Vater hatte andere Sorgen, als sich um die Kinder zu kümmern, einerseits ging er wieder auf Freiersfüßen, andererseits wurde die politische Lage immer schwieriger, da man in den deutschen Kleinstaaten nicht wusste, wie man sich in Zukunft Frankreich gegenüber verhalten sollte.

Maximilian I. Joseph blieb nicht lange Witwer, er führte als seine zweite Gemahlin Karoline Friederike von Baden zum Altar und bald schon vergrößerte sich die Familie um weitere sieben Kinder. Zwei der Halbschwestern Ludwigs sollte in der Zukunft große Bedeutung zukommen, Sophie, die den österreichischen Erzherzog Franz Karl ehelichen musste und die Mutter des späteren Kaisers Franz Joseph wurde, und ihrer Schwester Ludovika, der Mutter Elisabeths. Ludwig war daher sowohl der Onkel des österreichischen Kaisers als auch der Onkel von dessen Gemahlin Sisi.

Nach dem Tod der Mutter wurde es für die Erzieher Ludwigs immer schwieriger, sich in die Seelenzustände ihres Zöglings hineinzudenken, wobei sich der eine oder andere auch nicht übermäßige Mühe gab, den Knaben zu verstehen. Allzu häufig wechselten seine Launen von himmelhoch jauchzend bis zum Tode betrübt. Daher war es ein Glück für den Heranwachsenden, dass schon sehr früh der verständnisvolle Sambuga zu seinem Erzieher auserwählt wurde, ein tief gläubiger Mann, der in seiner feinfühligen Art mit sanfter Hand seinen Schützling leitete. Auch er berichtete des Öfteren von unkontrollierten Ausbrüchen Ludwigs, wenn dieser gegen Gott und die Welt, aber vor allem gegen die Franzosen haderte. In diesem

Volk sah Ludwig die Quelle allen Übels, in Frankreich hatte man nicht nur den König, seinen Paten, zum Schafott geführt, hier ging es drunter und drüber, bis ein Napoleon – in den Augen Ludwigs ein Parvenü – sich bis zur Spitze des Staates aufschwingen konnte.
Unter dem Einfluss Sambugas entwickelte sich Ludwig im Laufe der Jahre zu einem ernsten jungen Mann, dessen Interessensgebiete weit gesteckt waren. Obwohl er sich in seinem späteren Leben vor allem als außergewöhnlicher Kunstmäzen einen Namen machte, fühlte er sich in gleicher Weise zu den Naturwissenschaften hingezogen, sodass sein Vater beschloss, den Sohn zuerst an die Universität Göttingen und dann an die Universität nach Landshut zu schicken. Denn auch als Max I. Joseph schon auf dem bayerischen Königsthron saß, gab es in der Stadt München noch keine akademische hohe Schule. Wahrscheinlich hatte Ludwig schon als Student an der Alma Mater in Landshut den Plan entwickelt, dass er, sollte er einmal die Regierungsgeschäfte führen, die Universität nach München holen würde. Mit großem Eifer studierte der Kronprinz Mathematik, Chemie, Physik, aber auch die Dinge, die er später einmal brauchen würde: Staatsrecht, Staatswissenschaften, Nationalökonomie und Finanzpolitik. In dem jungen Mann wuchs somit ein Herrscher heran, der nicht wie sein Neffe Franz Joseph als Kaiser von Österreich mehr oder weniger seine Entscheidungen zwar wohl überlegt, aber doch ohne jegliche staatspolitische Ausbildung traf, sondern dessen Handeln auch wissenschaftlich fundiert war. Eine völlig neue Herrschergestalt zeichnete sich in ihm ab, die vorbildhaft hätte sein können, hätte Ludwig in seinen Vorstellungen und beim Umsetzen seiner privaten Vorlieben das rechte Maß behalten.
Ludwig war ein fleißiger Student, dem seine Lehrer nur das beste Zeugnis ausstellen konnten. Denn neben den naturwissenschaftlichen Studien beschäftigte er sich zudem noch eingehend mit Geschichte, wobei das Altertum seine besondere Vorliebe besaß. Sehr früh war es ihm nämlich schon möglich gewesen, Reisen in den Süden zu unternehmen, auf denen er die Baudenkmäler der Antike eingehend betrachten und bewundern konnte.
Italien hieß ab dieser Zeit das Land seiner Sehnsucht, hierhin zog es ihn mit Macht. Von diesem Land wollte er alles wissen und sein innigster Wunsch war, nicht nur die äußeren Schönheiten in sich aufzusaugen, in dessen Seele wollte er eindringen. Mit einer wahren Be-

geisterung lernte er Italienisch, um die Werke Dante Alighieris, Petrarcas oder Torquato Tassos im Original lesen zu können. In Rom umgab sich der junge Kronprinz mit einer Gruppe von ambitionierten Künstlern, mit denen er lange Diskussionen über die Formen der Kunst der Antike und der Renaissance führte. Er war bekannt und beliebt in den Trattorias am Tiber, und wenn er sich auch nicht zu einem Adonis entwickelt hatte, so war er doch bald von den Damen umschwärmt, die seinen Charme und seine Bewunderung zu schätzen wussten.

Ludwig war kaum den Kinderschuhen entwachsen, als er sich schon intensiv für die holde Weiblichkeit zu interessieren begann. Er, der selber wenig attraktiv war, entwickelte geradezu eine Schwäche für schöne Frauen, die er auch nach seiner Eheschließung mit Therese von Sachsen-Hildburghausen nicht ablegte.

Die erste Dame, die durch ihre unübersehbaren Reize den jungen Ludwig bezirzt hatte, war die spätere Schauspielerin am Hofe von Weimar Caroline Jagemann gewesen, der Mädchen und Frauen aus allen Gesellschaftsschichten folgten, deren Namen teilweise nicht mehr bekannt sind.

Seine große Liebe allerdings war die schöne Marchesa Marianna Florenzi, der Ludwig mehr als 3000 Briefe schrieb – eine hoch gebildete und allseits bewunderte Dame ihrer Zeit – die, die Werke des deutschen Dichters Schellings ins Italienische übersetzte.

Es waren vor allem Sängerinnen, wie die Sopranistin Karoline Lizius, oder Schauspielerinnen, in späterer Zeit Konstanze Dahn, die in besonderer Gunst des Königs standen und denen er seine Bewunderung offen zeigte. Ludwig machte nie ein Hehl daraus, wenn ihm eine Frau besonders gefiel, im Gegenteil: Er gab seinem Hofmaler Stieler den offiziellen Auftrag, für ihn eine Schönheitsgalerie anzulegen, wobei der Künstler die schönsten Frauen im Portrait verewigen sollte. Auch ein äußerst attraktives Mädchen, seine eigene Schwester Sophie, die spätere Schwiegermutter von Kaiserin Elisabeth, befindet sich unter den Auserkorenen.

Die Vorliebe des jungen Königs für die holde Damenwelt – Ludwig war nach dem Tod seines Vaters auf den von Napoleon errichteten bayerischen Thron gefolgt – hatte sich natürlich wie ein Lauffeuer herumgesprochen und so manches schöne Kind versuchte mit allen Mitteln, besonders im Theater die Aufmerksamkeit des Monarchen

auf sich zu lenken, wahrscheinlich nicht nur um in der Schönheitsgalerie verewigt zu werden.
Lange bevor er die bayerische Königskrone trug, hatte Ludwig sein politisches Konzept, das er einmal zu verwirklichen beabsichtigte: Er wollte das Land wie ein Hausvater betreuen, nicht wie ein von seinen Untertanen abgehobener Herrscher. Er hatte nicht die Absicht, sich mit einer unüberschaubaren Anzahl von Ministern zu umgeben, die ihn beraten sollten, er wollte sich höchstpersönlich um alles kümmern, überall Einblicke gewinnen, sodass er – kompetent, wie er war – allein seine Entscheidungen treffen konnte. Alle Fäden sollten bei ihm zusammenlaufen. Eine Abhängigkeit von einem Minister, wie er dies bei seinem eigenen Vater hatte beobachten können, der seinen Berater und Einflüsterer Montgelas für unentbehrlich gehalten hatte, bis es endlich zum Sturz und 1817 zur Entlassung dieses in den Augen Ludwigs verhängnisvollen Mannes kam, wollte er unter allen Umständen vermeiden.
Aber der Kronprinz hatte nicht nur Ideen, was seine zukünftige politische Linie betraf, seine Pläne waren weitreichender, allumfassender: Er träumte geradezu davon, die Stadt München zu einem zweiten Athen zu machen. Er betrachtete Kunst nicht als Luxus, er meinte, *»in allem drücke sie sich aus, sie gehe über ins Leben«*. Daher schwebten ihm großartige Bauten vor, die alles bisher Dagewesene in den Schatten stellen sollten. Prachtstraßen mit antiken Monumentalbauten sollten der Hauptstadt Bayerns ein Flair verleihen, das weit und breit unverwechselbar sein sollte. Es war ein Glücksfall, dass Ludwig die richtigen Männer fand, allen voran den aus Hildesheim stammenden Leo Klenze, der all die Vorstellungen des Kronprinzen und späteren Königs begeistert aufgriff und in die Tat umsetzte. Mit Klenze zusammen verwandelten Friedrich Gärtner, Georg Friedrich Ziebland, Ludwig Schwanthaler, um nur einige zu nennen, die Stadt München von einer biederen Kleinstadt mit beinah noch mittelalterlichem Gepräge in eine moderne, unverwechselbare Kunststadt, von der schon bald der Spruch ging, man kenne Deutschland nicht, ohne München gesehen zu haben.
Die gesamte Innenstadt wurde von Grund auf umgekrempelt, prunkvolle Straßen führten zu den prächtigen Palais und selbst außerhalb der Stadt an der über hundert Kilometer entfernten Donau sollten verschiedene Denkmäler auf die Stationen der deutschen Geschichte

hinweisen, und in der Walhalla wurde den deutschen Geistesheroen ein ewiges Denkmal gesetzt. In der Residenz München erhielt der Königsplatz mit seinen Monumentalbauten sein neues Gesicht, genauso wie der Odeonsplatz, von dem die »Ludwigsstraße«, eine wahre Prachtstraße, stadtauswärts führte.
Es waren gewaltige Vorhaben, die der junge König begann, kaum dass er die Nachfolge seines Vaters angetreten hatte. Er schien am Ziel seiner Wünsche zu sein, endlich seine Träume von einem großartigen München wahr machen zu können. Dabei war es allerdings keineswegs leicht, die nötigen Gelder aufzutreiben, die solch riesige Vorhaben verschlangen, und mit Sorge registrierte die Münchner Bevölkerung, dass ein neues Bauprojekt das nächste jagte. Woher nahm der König eigentlich das Geld? Wäre es nicht sinnvoller, andere Projekte zu unterstützen als Bibliotheken und Standbilder zu errichten?
Was der einfache Münchner nicht durchschauen konnte, war die Tatsache, dass gerade die vielen Großbaustellen Arbeiter und Handwerker aus ganz Bayern anlockten, die hier als Spezialisten benötigt wurden. Sie fanden nicht nur eine Beschäftigung, sondern auch gute Verdienstmöglichkeiten, die es ihnen ermöglichten, sich in München für immer niederzulassen. Dadurch vergrößerte sich die Stadt beinahe schlagartig, die gesamte Wirtschaft ungemein belebt und ein zumindest bescheidener Wohlstand kehrte in gewissen Schichten der Bevölkerung ein.
Ludwig hatte sich im Laufe der Jahre zu einem jungen Mann entwickelt, der seine Vorstellungen in jeder Hinsicht verwirklichte, auch in seinem Privatleben. Dass er als König von Bayern eine seinem Stand entsprechende Gemahlin neben sich auf dem Thron haben musste, war ihm schon in frühen Jahren klar geworden, wobei es für ihn galt, sowohl eine Gefährtin fürs Leben zu suchen als auch eine Frau, die seine Schwärmereien, aber auch ab und zu ein Abenteuer mit einer schönen Maid pardonierte. In Therese von Sachsen-Hildburghausen fand er die ideale Gattin, die er nicht nur wegen ihres verständnisvollen Verhaltens liebte, sondern der er ein Leben lang aus ganzem Herzen wirklich zugetan war.
Die Hochzeit wurde im Jahre 1810 von König Max I. Joseph glanzvoll in München ausgerichtet. Dabei sollte nicht nur der Adel auf seine Rechnung kommen, leutselig wie er war, lud er auch das einfache Volk zu den Festlichkeiten ein – freilich sollte jeder auf seine Weise

feiern. Während das frisch getraute Paar mit den hohen Eltern in den königlichen Gemächern auf goldenen Tellern speiste, wurde voller Begeisterung auf der Theresienwiese so manches Fass Bier angestochen und der köstliche Duft der Ochsenbratereien legte sich über die ganze Wiese. Die Hochzeit des Kronprinzen war ein rauschendes Fest geworden, so richtig nach dem Geschmack der Münchner. Hoch sollte das Brautpaar leben und viele Kinder zeugen! Ludwig nahm sich diesen frommen Wunsch zu Herzen und wurde schließlich Vater von vier Söhnen und fünf Töchtern.

Längst sind die Tage des Königtums in Bayern verschwunden, geblieben aber ist bis heute das Fest auf der Theresienwiese, das alljährlich Tausende Besucher aus aller Welt Ende September nach München lockt, das berühmte Oktoberfest!

Ludwig machte seiner jungen Frau gegenüber von Anfang an kein Hehl daraus, dass er auch andere schöne Frauen äußerst anziehend fand. Seine amourösen Eskapaden standen eigentlich ganz im Gegensatz zu seiner strengen Religiosität, die er als König öffentlich zur Schau stellte. Aber eine Schwäche musste man ihm schließlich zubilligen, ihm, der wahrheits- und gerechtigkeitsliebend war, der eine offene Hand für alle Notleidenden besaß und der immer nur das Beste wollte. Der Himmel würde nach seinem Tode ein Einsehen haben, dass er es in diesem Leben mit der ehelichen Treue nicht so genau genommen hatte. Dessen war er sich sicher!

Schon als Kronprinz hatte sich Ludwig vorgenommen, ein vollkommener König zu werden. Er wusste genau, dass er nicht durch die Gnade Gottes Herrscher in Bayern geworden war, sondern durch die politischen Schachzüge eines Napoleon. Da er aus diesem Grunde mehr oder weniger durch Zufall auf dem bayerischen Thron saß, nahm er die Regierungsgeschäfte überaus ernst. Er war von dem festen Willen beseelt, das Unrecht, das sich im Laufe der Zeit zwangsläufig und beinahe überall zugetragen hatte, abzumildern oder, wenn möglich, ganz zu beseitigen. Vor allem der Kirche wollte er zurückgeben, soweit dies überhaupt noch möglich war, was ihr in den Wirren der Säkularisation an wertvollen Kunstschätzen verloren gegangen war. Aufgehobene Klöster wurden restituiert, wie das uralte Benediktinerkloster Metten, dessen Gründung in die Zeit Karls des Großen zurückging.

Dass er sich bei seinen Unternehmungen und Restitutionen nicht

überall Freunde machte, war nur allzu selbstverständlich. Denn was er dem einen zurückgab, musste er dem anderen nehmen. So waren die Landshuter keineswegs erfreut darüber, dass er die Universität nach München verlegte, sank Landshut doch durch diesen Verlust zur Provinzstadt in Niederbayern herab.
Für Ludwig allerdings war es eine unumgängliche Notwendigkeit, die Alma Mater nach München zu holen, denn was wäre schließlich eine Weltstadt ohne Universität? Die berühmtesten Kapazitäten sollten hier lehren, wobei Ludwig selber bei der Berufung herausragender Wissenschaftler die Hand im Spiel hatte. München sollte nach den Vorstellungen des Königs nicht nur ein Hort der Künste, sondern auch der Wissenschaft werden, vorbildhaft für alle übrigen deutschen Staaten, die sich immer noch nicht von der Bevormundung eines Napoleon gänzlich befreit hatten.
Er, Ludwig, hatte dem Kaiser der Franzosen gegenüber, dessen Stern so plötzlich erlosch, ein äußerst zwiespältiges Verhältnis. Obwohl er ihn in seinem tiefsten Innersten hasste, war er doch gezwungen gewesen, mehrmals einem Treffen mit Napoleon zuzustimmen, ja, er hatte sogar eine Nacht mit ihm in einem Zelt verbracht.
Napoleons Großreich zerfiel, was für ein Jahrhundert blieb, war das Königreich Bayern. Ludwigs Vater Max I. Joseph hatte im Laufe der Jahre durch diplomatisches Geschick klug verstanden, seinen eigentlichen Herrschaftsbereich zu erweitern, ohne dabei irgendwelchen illusionistischen Ideen zu erliegen. Seinem Sohn Ludwig allerdings konnte man politische Fantasien nicht ganz absprechen. Denn nur so ist es zu verstehen, dass sich der bayerische König geradezu in eine Schwärmerei für die Befreiung der Griechen vom türkischen Joch hineinsteigerte und beinahe realitätsfern nicht nur reichlich Geldmittel und Offiziere für den Freiheitskampf den Griechen zur Verfügung stellte, sondern auch seinen erst 17-jährigen Sohn Otto in ein Abenteuer stürzte, dessen Ausgang äußerst ungewiss war. Nach Jahren wurde Ludwig I. die bittere Rechnung präsentiert, denn er verlor aus seiner Privatschatulle nicht nur 1 ½ Millionen Gulden, sondern im Jahre 1862 wurde auch sein Sohn, den man in Griechenland immer als ungeliebten Fremden gesehen hatte, von seinem Thron in Athen vertrieben.
Dabei galt Ludwig alles in allem als sparsamer Mann, der die zerrütteten Staatsfinanzen, die er von seinem Vater übernommen hatte,

in kürzester Zeit in Ordnung brachte, trotz seiner aufwändigen Bauten. Das Geheimnis für diese Finanzsanierung war leicht zu durchschauen: Vereinfachung des Staates, Zusammenziehung einzelner Behörden, aber auch drastische Sparmaßnahmen auf dem Gebiet des Militärs. Der König selber ging auf allen Lebensgebieten der bayerischen Bevölkerung mit gutem Beispiel voran, denn er schränkte die Ausgaben für die Hofhaltung und für seine Familie sichtbar ein, sodass man in ganz München überrascht war, mit wie wenig Glanz und Glorie sich der König umgab. Wie ein gut gekleideter Bürger seines Landes konnte man Ludwig durch die Straßen seiner Hauptstadt spazieren sehen, freundlich, aber dennoch distanziert. Von allen Seiten ehrfürchtig gegrüßt, erwartete er aber auch gleichzeitig, dass jeder Mann sofort seinen Hut oder seine Mütze vom Kopfe riss, sobald er dem König gegenüberstand. Wenn dies nicht in Windeseile geschah, nahm Ludwig seinen Spazierstock und hieb seinem überraschten Visavis die Kopfbedeckung vom Haupt.

Obwohl der junge König vielfach noch in alten Traditionen verankert war, ließ er in Maßen einige Neuerungen zu. Wenn er auch kein ausgesprochener Freund der Eisenbahn war, die allmählich ihren Siegeszug durch ganz Deutschland von Bayern aus antreten sollte, stand er der Erweiterung des Schienennetzes in keiner Weise im Wege, genauso wie er den Ausbau der Wasserwege, namentlich des Kanals zwischen Main und Donau, förderte. Ludwig nahm die Zeichen der neuen Zeit wahr, ja, er prägte sie sogar, obwohl er sich in seinem Inneren von gewissen absolutistischen Vorstellungen nicht ganz zu lösen vermochte. Zwei Seelen wohnten immer noch in seiner Brust! Dabei bemühte er sich redlich, ein moderner Herrscher zu sein, hob die Pressezensur auf, die noch auf die Zeiten eines Monteglas zurückging, machte aber seine liberalen Verordnungen sofort rückgängig, als er bemerkte, dass vor allem die Studenten dies nur als Beginn von größeren Reformschritten interpretierten. Er berief Karl von Abel als Ministerpräsidenten, einen Mann mit streng katholischer Weltanschauung, der in gar keiner Weise in das ursprüngliche religiöse Konzept Ludwigs gepasst hätte. Denn Ludwig hatte nicht nur eine Protestantin geheiratet, sehr zum allgemeinen Erstaunen der stets katholischen Wittelsbacher, sondern auch die erste evangelische Kirche in München erbauen lassen, um seine Ansichten von der Gleichwertigkeit der Religionen aller Welt zu verstehen zu geben.

Vieles hatte Ludwig I. im Laufe der Jahre geprägt, mit offenem Geist und weitem Herzen hatte er alles in sich aufgenommen, was ihn zu einem Manne hatte reifen lassen, der als König Bayern zu einem modernen Staat hatte formen können. Viel zu seiner geistigen Haltung hatte neben manch anderem kein geringerer als der große Weltbürger Johann Wolfgang von Goethe beigetragen. Von Jugend auf war Ludwig I. ein großer Bewunderer des Dichterfürsten gewesen und jahrelang von dem Wunsche beseelt, ihn einmal persönlich kennen zu lernen. Er schickte mehrere Einladungen nach Weimar, erhielt aber wegen Goethes fortgeschrittenen Alters höfliche, jedoch abschlägige Antworten. Ludwig wusste sich zu helfen. Er zauderte nicht lange, legte sich einfache Kleidung an, fuhr nach Weimar und machte dem Dichterfürsten wie ein gewöhnlicher Student seine respektvolle Aufwartung.

Wahrscheinlich hätte der König viele der auf ihn zukommenden Unannehmlichkeiten und politischen Schwierigkeiten im Laufe der Zeit durch seine staatsmännischen Fähigkeiten meistern können, hätte ihn nicht im Jahre 1846 ein Blitz aus heiterem Himmel in Gestalt einer jungen schönen Frau getroffen, der sein ganzes Leben veränderte. Obwohl er seine Therese immer noch innig liebte, konnte er sich dem Reiz und dem Charme der dubiosen »spanischen Tänzerin« Lola Montez nicht entziehen.

Diese Dame war nach einem äußerst wechselvollen Leben, das sie aus ihrem Geburtsland Irland zweimal nach Indien und in alle möglichen europäischen Länder geführt hatte, in München gelandet, wo sie am Hoftheater als Tänzerin auftreten wollte. Da der Direktor das geringe Talent der selbst ernannten Spanierin erkannte, lehnte er es ab, Lola zu engagieren. Der jungen Frau war aber, obwohl sie erst kurz in München weilte, zu Ohren gekommen, dass der König eine ungewöhnliche Vorliebe für schöne Frauen hegte. Und schön war Lola wirklich mit ihren himmelblauen Augen, dem tiefschwarzen Haar, der weißen Haut und der zierlichen Gestalt mit den erstaunlich üppigen Rundungen. Der König würde ihr nicht widerstehen können, dessen war sie sich sicher.

Was Lola mit ihrem gut ausgeprägten Instinkt gefühlt hatte, trat prompt ein. Der 60-jährige König war von ihr hingerissen, betört. Alles andere lief wie von selbst: Lola tanzte im Hoftheater, wurde für die Schönheitsgalerie gemalt, von ihrem Anbeter und Liebhaber großzügig beschenkt, sodass sie endlich nach langer Zeit wieder aus dem Vollen schöpfen konnte. Und das tat sie reichlich nach Herzenslust. Aber damit begnügte sie sich nicht: Sie wollte mehr, vor allem endlich eine Staatsbürgerschaft, da sie bis dahin beinahe wie eine Zigeunerin überall umhergezogen war. Nachdem ihr Ludwig sogar eine Villa in der Barerstraße zum Geschenk gemacht hatte, schien einer Einbürgerung in München nichts mehr im Wege zu stehen. So sah dies der König, so hoffte seine Mätresse. Beide hatten jedoch die Rechnung ohne das Ministerium Abel gemacht. Man gab dem König Folgendes zu bedenken: »*Es ist nicht bloß der Ruhm und das Glück der Regierung Eurer Königlichen Majestät, es ist die Sache des Königtums, die auf dem Spiele steht ...*« Für Ludwig jedoch zeichnete sich nur eine einzige Lösung ab, um aus dem Dilemma herauszukommen: die Demission Abels und seiner Leute.

Nach diesem politisch äußerst fragwürdigen Akt schien der Weg für Lola endlich frei zu sein. Bei jedem Zusammentreffen mit dem alternden König fühlte sie, wie hörig ihr Ludwig geworden war. Er selber aber blühte regelrecht auf. An einen seiner Freunde, die ihm noch geblieben waren, schrieb er folgende enthusiastische Zeilen: »*Ich kann mich mit dem Vesuv vergleichen, der für erloschen galt, bis er plötzlich wieder ausbrach. Ich glaubte, ich könnte nicht mehr der Liebe Leidenschaft fühlen, hielt mein Herz für ausgebrannt. Aber nicht ein Mann mit vierzig Jahren, wie ein Jüngling von Zwanzig, ja, comme un amoureux des quinze fasste mich die Leidenschaft wie nie zuvor. Esslust und Schlaf verlor ich zum Teil, fiebrig heiß wallte mein Blut ... Ich war glücklich, bin glücklich. Einen neuen Schwung hat mein Leben bekommen.*«

Seltsamerweise trat zunächst durch Lolas Einfluss eine positive Veränderung in der Politik ein, da jetzt durchaus liberal gesinnte Männer an die Macht kamen. Das Ministerium der »Morgenröte« erweckte Hoffnung auf mehr Freiheit auf allen Gebieten. Viele politische Entscheidungen, die schon längst fällig gewesen wären, standen nun auf dem Programm, wie die Befreiung der politischen Gefangenen oder auch die Gleichstellung der Juden in Bayern.

Hatte unter dem Kabinett Abel eine beinahe orthodox strenge katholische Richtung den Ton angegeben, so machte sich jetzt ein ganz neuer Wind bemerkbar. Denn obwohl der König bisher seine Beamten manchmal von den Geistlichen auf ihre Loyalität hatte überwachen lassen, wurde nun beinahe von heute auf morgen jeglicher Einfluss der katholischen Kirche auf die Politik für null und nichtig erklärt. Auch für prominente politische Gefangene öffneten sich nach Jahren die Kerkertüren, was zu einer großen Sympathiewelle für den König führte. Von allen Seiten wurden Stimmen laut, die die Maßnahmen Ludwigs begrüßten und die selbst für seine Mätresse besondere Worte fanden, wie der berühmte Dichter Franz Grillparzer in seinem Gedicht »Lola Montez«:

»Drum kehrt euch nicht verachtend von dem Weib,
In deren Arm ein König ward zum Mann,
Sie gab dem besseren Gedanken Leib,
Verlor sich selbst, allein die Welt gewann.«

Was anfangs günstig für das Volk ausgesehen hatte, entwickelte sich allmählich zur reinen Privatpolitik Lolas. So konnte es nicht lange dauern, bis man in Bayern den Eindruck hatte, dass alles, was geschah, ausschließlich dazu diente, die Bedürfnisse einer Lola Montez zu befriedigen, angefangen von der Aufhebung des Rauchverbotes in der Öffentlichkeit, da die »spanische Tänzerin« eine leidenschaftliche Zigarrenraucherin war, bis hin zur Verleihung der bayerischen Staatsbürgerschaft für diese dubiose Person, die der König noch, ohne lange zu zögern, zur »Gräfin von Landsfeld« ernannte – gegen den absoluten Widerstand seines Ministers Maurer. Diese Verweigerung sollte Maurer für seine politische Zukunft noch schlecht bekommen.

Was Ludwig allerdings in seiner blinden Verliebtheit, über die man in ganz Europa, namentlich am Wiener Kaiserhof den Kopf schüttelte, nicht wissen konnte, war, dass seine Mätresse keineswegs nur Augen für ihn hatte, sondern dem einen oder anderen Jüngling hinter vorgezogenen Gardinen ausgiebig ihre Huld schenkte, wie dem Studenten Elias Peißner, der über seine Beziehungen zu Lola Folgendes berichtete: *»Im Monat November 1847 befand ich mich allein bei der Gräfin in einem kleinen Schlafzimmer und nach längerem Liebkosen küsste und drückte sie mich und fragte mit fingierter Überraschung plötzlich: ›Qu'avez vous? Que voulez vous? Vous êtes si rouge ...‹, berührte mich alsdann, und bahnte mir einen Weg, sie* (zu) *genießen, worauf, um kurz zu sein, ich fühlte, was ich nie zuvor gefühlt ... Die Folge davon, ... dass ich in jener Zeit selbst mein Leben für sie gegeben hätte.«*

Ludwig I., König von Bayern

Sicherlich stammten viele der Ideen, die Lola dem König vortrug, aus den ihr ergebenen Studentenkreisen, denn bald schon hatte sich eine Gruppierung namens Alemannia innerhalb der Studentenverbindungen gebildet, die der schönen Tänzerin mit Leib und Leben ergeben war. Sie bildete eine Art Schutztruppe für Lola.
Noch war es aber nicht so weit, noch ertrug man in München die Eskapaden der umstrittenen Dame, selbst als bekannt wurde, dass Lola ungeheure Geldsummen dem König entlockte, zunächst nur aus der königlichen Privatschatulle, zu der sie schon nach kurzer Zeit unumschränkten Zugang erhalten hatte. Am 20. November 1846 ging Ludwig noch einen Schritt weiter: Er setzte seine Geliebte in seinem Testament als Erbin von 100 000 Gulden ein. Außerdem sollte sie jährlich 2400 Gulden Rente erhalten, allerdings nur, solange sie unvermählt war. Wie aus späteren Briefen hervorging, erhielt Lola von

Ludwig in den nächsten beiden Jahren 158 084 Gulden – ein Vermögen, wenn man bedenkt, dass ein Richter zu der damaligen Zeit im Jahr 600 Gulden verdiente. Aber die Rückkehr der Leidenschaft der Jugend war Ludwig jede Summe wert!

Selbst die hohen Geldgeschenke, die der König seiner Mätresse machte, hätten die Münchner ihm verziehen, wäre Lola nicht mit jeder Woche, mit jedem Tag unverschämter und frecher geworden. Sie sah sich als Herrscherin, der der König aus der Hand fraß. Wer ihr nicht zu Gesicht stand, der wurde von ihr sogar eigenhändig gezüchtigt. Sie ohrfeigte auf offener Straße Leute und schlug ihnen mit der Reitpeitsche ins Gesicht, so wie sie dies in ihrer Jugendzeit im kolonialen Indien gesehen und erlebt hatte. Sie beeinflusste Ludwig dahingehend, Männer von einem Moment auf den anderen zu entlassen, die ihm jahrzehntelang treu gedient hatten. Sie fand in ihrer Machtgier weder Maß noch Ziel und überspannte den Bogen täglich aufs Neue.

In München begann man sich, nachdem man sich vom ersten Schrecken erholt hatte, gegen dieses unverschämte Frauenzimmer zu formieren. Dabei war es notwendig, zunächst den König davon zu überzeugen, dass bei seiner Geliebten die Liebhaber ein- und ausgingen. Nur wenn Ludwig sich innerlich von Lola löste, bestand die Chance, dass die freche Pseudo-Spanierin endlich die Stadt verlassen musste. Aber dies war leichter gesagt als getan. Denn als die Haushälterin Lolas, die Aufzeichnungen über die Männerbekanntschaften ihrer Herrin gemacht hatte, diese dem König vorlegte, war es Lola ein Leichtes, den liebestollen Monarchen von ihrer Unschuld zu überzeugen. General Heideck, der Zeuge dieses äußerst peinlichen Vorfalles geworden war, berichtete Folgendes: *»Sie schwor bei allem was heilig, bei den Gebeinen ihres Vaters, dass sie unschuldig und dass alles Vorgebrachte ein Gewebe von Lüge und Verdrehung sei, schimpfte über die Schwäche des Königs, dass er solche Lügen glaube und verfluchte ihr ganzes Verhältnis, fest entschlossen, sogleich nach Paris zurückzukehren; dabei raste sie auf dem Kanapee, wo sie neben mir Platz genommen hatte, dann aufspringend im Zimmer herum, warf Schal und Hut weg, riss an ihrem Überrock herum, sodass sie die Brust fast entblößte, kurz sie war das Bild einer Medea, ihre Augäpfel erweiterten sich, dass ihr sonst blaues Auge schwarz erschien, ihr Mund schäumte, sie war grauenhaft anzusehen.«*

Lola konnte den König in der darauf folgenden Nacht von ihrer absoluten Unschuld überzeugen, denn schon am nächsten Morgen rief Ludwig Heideck gut gelaunt zu: »*Oh, mein wahrsagend Herz! Sie ist unschuldig und ich bin wieder glücklich.*«
Alle, die sich öffentlich gegen Lola gestellt hatten, wurden nun ihrer Strafe zugeführt. Vor keinem machte ihre Rache Halt, sie wollte Genugtuung, auch wenn sie sich selber mit diesen Aktionen auf lange Sicht am meisten schadete. Aber sie liebte, wie es der englische Schriftsteller Francis ausdrückte, die Macht über alles. Sie war zu heftig, zu unversöhnlich in ihren Abneigungen und sie hatte nicht genug Kraft, ihre Leidenschaften unter das, was sie als spanisches Blut bezeichnete, zu beugen. Selbstdisziplin kannte sie nicht.
Nicht nur in München erregte das Verhältnis des Königs zu dieser dubiosen Tänzerin öffentliches Ärgernis, in ganz Europa begann man den Kopf über die »Sinnesverwirrung« Ludwigs zu schütteln. Seine Schwester Karoline Auguste ließ in Wien Bittgottesdienste für ihren verirrten Bruder im Stephansdom lesen und der Erzbischof von Reisach sagte seine Teilnahme am Hofball ab, eine Brüskierung des Königs von Bayern, worauf Ludwig den beinahe sprichwörtlich gewordenen Ausspruch tat: »Bleib er bei seiner Stola, ich bleib bei meiner Lola!«
Auch Ludwigs Stiefschwester Amalie, die mit dem König von Sachsen verheiratet war, schaltete sich in die Affäre ein und bot Lola eine jährliche Rente von 2000 Pfund, sollte sie sich entschließen den König aufzugeben. Außerdem kursierten immer wieder Gerüchte in München, wonach man die Entführung dieser gefährlichen Person plante oder Giftattentate auf sie verüben wollte. Der Fürstbischof von Breslau, Freiherr von Diepenbrock, redete dem König ins Gewissen, worauf Ludwig sich zu einer seltsamen Erklärung veranlasst sah. Er ließ öffentlich verkünden: »*Mätressenwirtschaft mochte ich nie und mag sie nicht, Bekanntschaften hatte ich aber fast immer, welche meine Fantasie angeregt, und gerade sie waren mein bester Schutz gegen Sinnlichkeit. Ich besitze ein poetisches Gemüt, was nicht mit dem gewöhnlichen Maßstab gemessen werden darf. Wie der Schein trügt, will ich Ihnen sagen, indem ich hiermit mein Ehrenwort gebe, dass ich nun im vierten Monat weder meiner Frau noch einer anderen beigewohnt, und vorher es beinahe fünfe waren, in welchen ich mich dessen enthalten.*« Wie immer diese Erklärung

des Königs zu verstehen sein mag, er übergab diese Zeilen auch den Bischöfen in Bayern für eine öffentliche Erklärung ...

Obwohl sich Ludwig immer noch im Banne der schönen Lola befand, waren die Tage seiner Mätresse gezählt. Nicht nur die Situation in München hatte sich bedrohlich zugespitzt, auch von außen her wurden immer mehr Stimmen laut, die endlich die Vertreibung der frechen unglücksbringenden Person forderten. Wollte man eine Revolte verhindern, die sich zu einer allgemeinen Revolution erweitern konnte, so hieß es, rasch zu handeln. Agitatoren stachelten die Volkswut gegen Lola auf, bei der schon im Januar die Fensterscheiben eingeschlagen worden waren. Lebensgefährlich allerdings wurde dann die Situation für sie, als ihre Dogge am heutigen Marienplatz einen Mann biss. Hals über Kopf musste sich Lola über Hinterhöfe vor der wütenden Menge in Sicherheit bringen, die nichts dabei gefunden hätte, die verhasste Frau zu lynchen. Öffentlich prangerte man nun alle »Schandtaten« der Mätresse des Königs an und das »Lola-Montez-Vaterunser« wurde nicht mehr nur unter vorgehaltener Hand gesprochen: *»Lola Montez, leider Gott noch die Unsere, die du bald lebst in, bald um München, bald in China, bald in Sendling, die du das Volk nennst Canaille, und die du selbst eine Canaille bist, du Verpesterin der Ruhe und Ordnung, der Sitte und Zucht, des Vertrauens und der Liebe, du Teufel ohne Hörner und Schweif, aber mit sonst allen Teufelskünsten und Attributen, du Babylonische, die nirgends fast mehr leben kann, weil sie doch schon überall hinaushauen, verwünscht sei dein Name, zerrissen dein Adelsbrief, verdammt bist du von den Guten und den Schlechten, von Groß und Klein, von Nieder und Hoch! ... Kein Versprechen, kein Geld und Gut, kein gestickter Kragen und Orden verführt uns, deine Partei zu nehmen, mach dir also keine Müh', komm und lass dich massakrieren oder bleib draußen und lass dich woanders totschlagen, aber bleib uns vom Leib, dazu hoffet man's zu bringen durch Gewalt der Pflastersteine und den festen Willen der Stände, und dass wir erlöst sind von dir und allen daran hängenden Übeln. Amen.«*

Und die Pflastersteine begannen tatsächlich in München zu fliegen, selbst in die Fenster der Residenz! Aber noch trotzten sowohl Lola als auch der König den Handgreiflichkeiten, ja, Lola wirkte immer provokanter. Sie reizte die Volkswut weiter auf, indem sie sich vor der wütenden Menge, die ihr Haus belagerte, mit einem Sektglas

auf dem Balkon zeigte und den aufgebrachten Münchnern lauthals zuprostete – eine besondere Art von Galgenhumor, denn es konnte ihr nicht entgehen, dass ihr Stern längst gesunken war.
Die Krisensituation erreichte den Höhepunkt, als Professor Ernst von Lasaulx von der Münchner Universität den Vorschlag machte, dem demissionierten, von Lola abgrundtief gehassten Abel für seine staatspolitischen Leistungen Dank und Anerkennung auszusprechen. Ludwig I. reagierte so, wie er unter dem Einfluss Lolas nur reagieren konnte: Er entließ den Professor. Als dies in der Universität publik wurde, kam es zu lebhaften Tumulten, die dazu führten, dass die Universität per Anordnung des Königs geschlossen wurde. Damit war der letzte Tropfen Öl ins Feuer gegossen worden!
Per Dekret wurde die Schließung der Alma Mater am 10. Februar 1848 den Studenten mitgeteilt mit der gleichzeitigen Order, dass jeder Student die Stadt bis auf weiteres zu verlassen hatte. Mit dem Rücken zur Wand stehend hatte der König damit eine Aktion gesetzt, die Lolas, aber auch seinen eigenen Abgang einleiten sollte.
Es musste zu keinem eigenen Aufruf der empörten Studenten an die Münchner kommen, die aufgebrachten Bürger formierten sich von sich aus und unter Geschrei und johlenden Spottgesängen auf Lola zog man zu deren Haus in der Barerstraße, um, wie man sich ausdrückte, dieser Blutsaugerin endgültig den Garaus zu machen. Als man die Fensterscheiben eingeschlagen hatte, betrat Lola frech und kühn, wie es ihre Art war, den Garten um sich zu präsentieren. Diese Geste reizte die Volkswut aufs Äußerste, man sah nur noch ein Ziel vor Augen: Man wollte Lola endlich tot vor sich liegen sehen. Von einem Pflasterstein getroffen, wurde die wild um sich schlagende Frau im letzten Moment in eine Kutsche gezerrt, in gestrecktem Galopp jagten die Pferde durch die Menge, hin zur Residenz, wo Lola vergeblich Einlass begehrte. Als sie erkannte, dass die Tore plötzlich für sie verschlossen blieben, gab sie Befehl, sie aus München fortzubringen.
In der Residenz saß mittlerweile ein verzweifelter König inmitten seiner Familie, der es schließlich gelang, ihn zu überzeugen, dass er den Vertretern der Münchner Bürger Gehör schenken sollte. Nach einigem Hin und Her versprach er dem Bürgermeister Steinsdorf, die Pforten der Universität wieder öffnen zu lassen und vor allem, dies war sicherlich das Hauptanliegen der Münchner, Lola Montez aus der Stadt zu verbannen.

Aber noch war die »spanische Tänzerin« nicht am Ende. Als Mann verkleidet schlich sie sich des Nachts wieder in die Stadt und versuchte mit Hilfe ihres Geliebten Peißner Kontakt mit dem König aufzunehmen. Ihr Versteck wurde aber verraten. Man griff sie auf, übergab ihr einen Pass, der auf den Namen Mrs. Bolton ausgestellt war, und ohne viel Federlesens wurde sie in den Zug nach Lindau gesetzt, von wo aus sie nach Paris weiterreisen sollte. Man wollte sie in München nie mehr wieder sehen.
Obwohl auch in den nächsten Wochen immer noch Aussagen von Augenzeugen bekannt wurden, die über eine heimliche Rückkehr Lolas berichteten, so schien dies angesichts der politischen Ereignisse von geringerer Bedeutung zu sein.
Denn die Revolution war von Frankreich ausgehend auch auf die einzelnen deutschen Staaten übergeschwappt. Zunächst ging man Anfang März 1848 gegen die Günstlinge Lolas vor, um dann die Forderungen nach Pressefreiheit, einem neuen Polizeigesetz, öffentlichen Gerichtsverhandlungen, Befreiung der Bauern und der Einberufung des Landtages mit allem Nachdruck martialisch kundzutun. Da der König durch die seelische Situation, in die er geraten war, beinahe handlungsunfähig war, übernahm Prinz Karl die Verhandlungen mit den Revolutionsführern.
König Ludwig I. aber hatte schon längst resigniert. Ob er bei einem letzten Treffen mit Lola in der Polizeiwache in der Weinstraße tatsächlich von seiner Mätresse den Rat erhalten hatte zurückzutreten, lässt sich heute nicht mehr mit Sicherheit sagen. Der König hatte für den 20. März die männlichen Mitglieder des Hauses Wittelsbach zu sich beordert, um ihnen ohne lange Erklärungen seinen Thronverzicht zu Gunsten seines ältesten Sohnes Maximilian bekannt zu geben. In einer Abschiedsrede wandte er sich an sein Volk mit folgenden Worten: *»Eine neue Richtung hat begonnen, eine andere als in der Verfassungsurkunde enthaltene, in welcher ich nun im 23. Jahre geherrscht ... Dem Wohle meines Volkes war mein Leben geweiht; als wenn ich eines Freistaates Beamter gewesen, so gewissenhaft ging ich mit dem Staatsgute, mit den Staatsgelder um. Ich kann jedem offen in die Augen sehen. Und nun meinen tief gefühlten Dank allen, die mir anhingen. Auch vom Throne herabgestiegen, schlägt mein Herz glühend für Bayern, für Teuschland!«*
Fortan lebte Ludwig als Privatmann. In München, wo er als »der

alte König« vom Volk verehrt wurde, hatte man ihm die Lola-Affäre schnell verziehen. Als seine Gemahlin Therese, die ein Leben lang so viel Verständnis für ihren Ehemann aufgebracht hatte, an der Cholera im Jahre 1854 starb, glaubte er ihren Tod nicht überwinden zu können. Aber längere Aufenthalte im Süden oder im Salzburger Land trösteten ihn über den schweren Verlust hinweg. Erst 14 Jahre später starb er am 29. Februar 1868 in Nizza. Und so wie er sein Leben fast stets geplant hatte, so hatte er auch seinen letzten Weg ganz genau festgelegt. Nachdem der Sarg mit seinen sterblichen Überresten unter großer Anteilnahme der Münchner Bevölkerung an den Prachtbauten in der Ludwigstraße vorbeigetragen worden war, wurde der bedeutendste bayerische König in einem Marmorsarkophag in der Bonifatius-Basilika beigesetzt.

Ein ewiges Rätsel wollte er sich selber bleiben und den anderen

Der bayerische Traumkönig und »Cousin« Elisabeths: Ludwig II.

»... Er ist leider so schön und geistvoll, seelenvoll und herrlich, dass ich fürchte, sein Leben müsse wie ein flüchtiger Göttertraum in dieser gemeinen Welt zerrinnen ...«
Mit diesen euphorischen Worten pries Richard Wagner seinen großzügigen Gönner und Mäzen König Ludwig II., der Mann, der durch seine Dichtung und Musik mitgeholfen hatte, die Traumwelt des Bayernkönigs zu erschaffen. Denn kaum ein anderer seiner Zeitgenossen hatte Ludwig II. so geprägt wie der große Musikdramatiker. Wie kein Zweiter hatte es Richard Wagner verstanden, die romantischen Saiten des träumerischen Jünglings zum Klingen zu bringen, sodass der junge König vollständig in den Bann des Meisters geraten musste, aus dem es für ihn kein Entrinnen gab. Mit Wagner begann für Ludwig der Tag, der mit ein paar Takten aus »Lohengrin« zu Ende ging. Dass Richard Wagner sich allerdings nicht nur in der Anbetung seines Gönners sonnte, sondern von Anfang an ganz konkrete Absichten mit aller Hartnäckigkeit und List verfolgte, das konnte der schwärmerische junge Bayernkönig nicht durchschauen. Er verweigerte sich auch jahrelang der Realität, und erst, als die Beweise gegen Wagner erdrückend waren und er sich nicht mehr den Argumenten seiner Berater verschließen konnte, trennte er sich für einige Zeit von dem Freund, wobei ihm das Herz zu brechen schien.
Ludwig II. war weder zum Herrschen geeignet noch fähig, sich der Realität des Alltags zu stellen. Von Jugend an ein Fantast und Träumer, lebte er in einer anderen Welt, ähnlich wie seine »Cousine« Elisabeth, die in Wien ihr Geschick betrauerte, Kaiserin von Österreich sein zu müssen.

Und doch war sein Schicksal vorhersehbar gewesen, anders als bei Sisi, die nur durch einen Zufall in Ischl anlässlich der geplanten Verlobung ihrer Schwester Helene den Kaiser von Österreich bezaubert hatte. Immerhin war Ludwig der älteste Sohn des bayerischen Königs Maximilian II. und somit nach dem Tod des Vaters Anwärter auf den bayerischen Königsthron. Wenn man allerdings hätte meinen können, dass der Vater, ein rundum gebildeter Mann, den Sohn von Kindesbeinen an auf sein zukünftiges Herrscheramt vorbereitet hätte, irrt man gewaltig. Denn weder für Ludwig noch für seinen Bruder Otto wurden die entsprechenden Lehrer und Instruktoren ausgesucht, noch kümmerten sich die Eltern um die Interessen und Vorlieben ihrer beiden Söhne. Warum Maximilian II. diese unverantwortliche Haltung seinen Söhnen gegenüber zeigte, ist unbegreiflich, da er sich über alles, was in seinem Land passierte, informieren ließ. Er hatte einen Kreis von hoch gebildeten Wissenschaftlern und Dichtern um sich gebildet, um sich von ihnen bei den regelmäßigen Zusammenkünften, den Symposien, eingehend beraten zu lassen. Daneben interessierten ihn die politischen Tendenzen im In- und Ausland und wenn er es für richtig hielt, ließ er selbst der neu gegründeten Sozialdemokratischen Partei Geldmittel zukommen, die eigentlich die Abschaffung des Königtums auf ihre Fahnen geheftet hatte. Eine Tat, die bei manchem treuen Monarchisten nur Kopfschütteln hervorrief.
Obwohl König Maximilian II., ein Neffe von Sisis Mutter Ludovika, sich überall, wo er konnte, redlich bemühte, für Recht, Ordnung und soziale Gerechtigkeit zu sorgen, wurde er niemals so populär wie sein politisch unfähiger, verschwenderischer und unberechenbarer Sohn Ludwig. Es grenzt an eine Ironie des Schicksals, dass der rechtschaffene Vater beim Volk schon mit dem letzten Ton der Totenglocke in Vergessenheit geraten war, noch ehe sein schöner, junger Sohn sich die Krone auf die schwarzen Locken setzen konnte. Aber Unsterblichkeit ist aus dem gleichen Material gewoben, aus dem die Träume sind. Es treffen sich dabei die unerfüllten und unerfüllbaren Wünsche der Menschen, die auf Traumbilder ihre Sehnsüchte projizieren. Der geheimnisvolle Bayernkönig wurde auf diese Weise genauso verewigt wie seine schöne »Cousine« Elisabeth.
Dabei war die Verwandtschaft der beiden eher kompliziert, denn sie besaßen nur einen gemeinsamen Vorfahren. Jenen legendären Max

I. Joseph, der für Elisabeth Großvater, für Ludwig aber Urgroßvater war. Daneben waren die Schwiegermutter von Sisi, Erzherzogin Sophie, und ihre eigene Mutter Ludovika Stiefschwestern von König Ludwig I., sodass auch Kaiser Franz Joseph im gleichen Verwandtschaftsverhältnis wie Sisi zu Ludwig II. stand, eine Tatsache, die er allerdings nie hervorkehrte, zu unterschiedlich waren die beiden Charaktere.
Kaiserin Elisabeth, die sich genauso wenig um die Verwandtschaftsverhältnisse kümmerte, war also keineswegs die Cousine Ludwigs, eher vielleicht eine Art Tante, da innerhalb der beiden Familien eine Generation fehlte. Sisi hätte sich sicherlich einige schlaflose Nächte erspart, hätte sie sich genau über die verwandtschaftlichen Zusammenhänge informieren lassen. Denn als Ludwigs Wesen im Laufe der Jahre immer eigentümlicher wurde, verfiel Elisabeth oft tagelang in Angstzustände, da sie glaubte, auch einmal, so wie Ludwigs Bruder Otto oder auch Ludwig selbst, wahnsinnig zu werden. Elisabeth befürchtete nämlich, dass der Irrsinn aus der Wittelsbacher Familie käme, was nur zu einem bestimmten Grad richtig war. Denn ihr Großvater väterlicherseits, Herzog Pius in Bayern, besaß einen absonderlichen Charakter, worüber sich Sisi nicht allzu sehr den Kopf zerbrach, denn über das »schwarze Schaf in der Familie« wurde nicht allzu häufig gesprochen. Herzog Pius hatte nämlich einst ein derart unkonventionelles und exaltiertes Leben geführt, das ihn selbst vor einem Gefängnisaufenthalt nicht bewahrt hatte. Und in der damaligen Zeit musste schon allerhand geschehen sein, wenn man sich dazu durchrang, einen leibhaftigen Herzog hinter Schloss und Riegel zu setzen!
Es war ein übergroßes Versäumnis, das sich König Maximilian II. hatte zu Schulden kommen lassen, dass er seinen Sohn nicht in die Pflichten und Rechte eines Herrschers eingeweiht hatte. Aber er war überzeugt gewesen, dass ihm noch viele Jahre des Regierens beschert sein würden, und niemals war ihm der Gedanke gekommen, in relativ jungen Jahren von einem überraschenden Tod hinweggerafft zu werden. Sein Leben war ausgefüllt gewesen mit Arbeit, unendlich vielen Verpflichtungen, denen er gerne nachgekommen war, und einer Ehe, die harmonischer nicht hätte sein können. Er liebte seine Frau Maria, eine Hohenzollern-Prinzessin, die sich schon nach kurzem Aufenthalt in Bayern ungewöhnlicher Beliebtheit erfreute,

obwohl ihr ein nicht zu verzeihender Makel anlastete: Sie war eine Preußin! Aber schon nach kurzer Zeit überhörte man ihre »deutsche« Art zu sprechen, denn selbst der einfachste Mensch bemerkte mit freudigem Erstaunen: Marie war eine Königin zum Anfassen, die sich leutselig unters Volk mischte und allein schon durch die Art ihrer Kleidung – sie bevorzugte Lodenröcke und Lodenmäntel – zeigte, dass sie den guten Willen hatte, ihr Preußentum abzulegen und eine echte Bayerin zu werden. Was allerdings Maximilian bei seiner Eheschließung nicht bedacht hatte, war die Tatsache, dass in der Familie seiner Frau der Irrsinn beheimatet war. Damals allerdings waren die Erbgesetze noch nicht bekannt, und niemand war auf die Idee gekommen, dass die Geisteskrankheiten der Vorfahren einmal zukünftige Generationen belasten könnten.

Als die Ärzte im Jahre 1864 ratlos am Krankenbett des todkranken bayerischen Königs standen, wurde dem jungen Ludwig mit einem Schlag die Situation klar, die auf ihn unaufhaltsam zukommen würde. Sein Vater würde in kürzester Zeit die Augen für immer schließen und ihm die Bürde des Königtums hinterlassen, ob er wollte oder nicht. Niemand fragte nach seinen Überlegungen und geheimen Wünschen, er musste das Schicksal auf sich nehmen und irgendwie zu meistern versuchen.

Sein Amtsantritt wurde ihm durch die Euphorie der Münchner Bevölkerung leicht gemacht. Hoch aufgerichtet und schön wie ein Prinz aus dem Märchen war er ordengeschmückt hinter dem Sarg seines Vaters geschritten, umjubelt vom Volk trotz des traurigen Anlasses, und die Tränen trockneten schnell. Man konnte sich nicht satt sehen an dem 18 Jahre jungen hinreißenden König.

Genauso war es einst Elisabeth ergangen, als sie in ihrer frischen Jugendlichkeit und Lieblichkeit die Wiener Bevölkerung zu Begeisterungsstürmen hingerissen hatte, wenn sie an der Seite ihres verliebten Gemahls in der offenen Kutsche durch die Straßen der Stadt fuhr. Aber Liebe muss nicht immer auf Gegenliebe stoßen. Die Nichtbeachtung, die König Ludwig dem Volk schenkte, erzeugte um ihn eine beinahe göttliche Aura, die wiederum den einfachen Menschen vor Ehrfurcht erstarren ließ.

Nur so ist es zu verstehen, dass man jahrelang in Bayern die Marotten König Ludwigs ertrug, dass man die finanziellen Opfer ohne allzu lautes Murren auf sich nahm, die den Staat in den finanziellen

Ruin trieben. Man verzieh »unserm Kini« einfach alles, allein ein Blick aus seinen strahlend blauen Augen genügte, um die Männer und Frauen aus dem Volk zu bezaubern, ganz zu schweigen von seinem Augenaufschlag! Er hatte gleichsam Narrenfreiheit, die allerdings auch einmal zu Ende gehen musste. Denn Jahre hindurch hatten sich die verantwortlichen Berater des Königs, allen voran sein Ministerpräsident von der Pfordten, bemüht, dem König vor Augen zu führen, dass er sich in erster Linie um das Wohl seiner Untertanen kümmern sollte. Dass von der Pfordten vor allem der Einfluss Richard Wagners auf Ludwig ein Dorn im Auge war, das erkannte selbst der sonst an Politik so uninteressierte König. Und gerade, weil von der Pfordten unverhohlen seine Antipathie Wagner gegenüber zeigte, war er Ludwig suspekt. Er wollte nicht einsehen, dass der von ihm vergötterte Freund vor allem seine eigenen finanziellen Interessen im Auge hatte und den König, wo es nur ging, ausnützte.
Aber Wagner wusste, was er wollte.
Schon die erste Einladung von Seiten des Königs an ihn war geradezu schicksalhaft, denn sie war in dem Augenblick gekommen, als sich der Komponist in einer für ihn geradezu verhängnisvollen Situation befand. Von Gläubigern umringt wusste er kaum noch, wie er die nächsten Tage überstehen sollte, ohne seiner übergroßen Schulden wegen im Gefängnis zu landen. Er war ein finanziell Gestrandeter, für den sich über Nacht ein Wunder ereignet hatte. Denn ab dem Tag, an dem er den jungen König getroffen hatte, konnte er alle Sorgen vergessen, das erkannte Wagner schnell. Schon nach den ersten Gesprächen war es dem lebenserfahrenen Wagner klar geworden, dass Ludwig einmal Wachs in seinen Händen sein würde.
Die Verehrung, die der Bayernkönig dem Künstler entgegenbrachte, ging bereits in Ludwigs Jugendjahre zurück, als er als pubertierender Jüngling in einer Aufführung des »Lohengrin« in München in Tränen ausgebrochen war. Von diesem Tag an sah er sich selbst in seinen Wachträumen als Schwanenritter, der danach trachtete, rein und geheimnisvoll in dieser nicht mehr mittelalterlichen Welt den Heiligen Gral zu suchen. Er begann den Schöpfer des »Lohengrin«, seinen »Meister«, aus tiefstem Herzen zu verehren, wobei ihn weniger die Musik Wagners ergriff als dessen Textdichtungen, da er wohl eine künstlerische Seele besaß, selber aber unmusikalisch war. Und schon bald nach der ersten Begegnung mit dem »göttlichen« Wagner zeigte

es sich, dass Ludwig bereit war, dem Künstler jeden nur erdenklichen Wunsch von den Augen abzulesen, auch wenn darüber der bayerische Staat zu Grunde ging. Dass Wagner in seinem Egoismus Ludwig mit in den Abgrund reißen würde, das konnte der König in seiner Verblendung nicht erkennen. Und die Ratschläge wohlmeinender Personen schlug er ohnedies meist in den Wind.
Einzig und allein Elisabeth hätte die Macht über ihn gehabt, ihm die Realität vor Augen zu führen. Aber sie war die Letzte, die sich für politische Probleme und komplizierte Situationen interessierte. Lediglich, dass Ludwig in der Auseinandersetzung mit Preußen im Jahre 1866 auf österreichischer Seite kämpfte, registrierte sie wohlwollend, obwohl die Bayern keine übergroße Hilfe in diesem Desaster darstellten. Ironisch bezeichnet der bayerische Generalstabschef von der Tann das Eingreifen seiner Truppen: »*Wir schlugen das erste Mal, als der Krieg schon entschieden war, wir fochten noch, als der Krieg bereits zu Ende war.*« Und obwohl Bayern auf der Seite der Verlierer stand, ging Bismarck glimpflich mit dem 20-jährigen König um, denn er verfolgte damals schon konsequent sein Lebensziel, die Einigung der deutschen Staaten herbeizuführen durch die Schaffung eines deutschen Kaisertums. Natürlich all dies unter der Führung Preußens.
Bismarck bediente sich des unbedarften Bayernkönigs auf seine Weise. Er hatte klar erkannt, dass der romantische Jüngling auf dem bayerischen Königsthron keinerlei konkrete Ambitionen hatte, sich tatkräftig zu engagieren. Daher war es für den preußischen Kanzler ein Leichtes, in die bayerische Politik von außen her einzugreifen, ohne dass dies allzu großes Aufsehen erregt hätte. Anders als der junge Thronfolger von Österreich, Kronprinz Rudolf, der den abgebrühten Kanzler durchschaute, ließ sich Ludwig von Bismarck geradezu einlullen. Nachdem von der Pfordten seinen Abschied genommen hatte, wurde Fürst Hohenlohe Premierminister, der aus seiner Neigung zum Preußentum kein Hehl machte. Das bayerische Heer wurde reformiert, die Rekruten wurden nach preußischer Art gedrillt und letztlich wurden die Truppen unter preußischen Oberbefehl gestellt. Dass dies natürlich in Bayern viel böses Blut machte, merkte selbst der weltabgewandte König. Es konnte ihm nicht entgehen, dass durch sein Nichthandeln alles in andere Bahnen zu laufen schien, als man sich das bei seinem Regierungsantritt gedacht hat-

te. Es bildete sich eine antipreußische Patriotenpartei, die allerdings in sich nicht geschlossen war, sodass sie die Neutralität Bayerns im Krieg 1870/71 nicht durchsetzen konnte. Und obwohl König Ludwig sich zu keiner selbstständigen entschlossenen politischen Handlung aufraffen konnte, beklagte er die durch die Initiative Bismarcks entstandene Situation für Bayern zutiefst. *»Die Folgen von 70 und 71 verbittern mir die Existenz!«*, erklärte er deprimiert, war aber nicht mehr in der Lage, das Staatsruder herumzureißen. Viel zu lange hatte er den Staatskahn vor sich hin treiben lassen. Jetzt waren andere gekommen, die das schwankende Schiff an Land gezogen hatten. Der Bayernkönig war zu einer Marionette von Bismarcks Gnaden geworden, er war nur mehr zum Schein Souverän seines Landes.
In dem politischen Spiel, in dem es für den preußischen Kanzler um die Zukunft Deutschlands ging, spielte Otto von Bismarck eine zwiespältige Rolle. Denn so sehr er auch zum Vorteil Preußens handelte, so war er dennoch einer der wenigen Politiker, die sich innerlich weigerten, den Bayernkönig für unzurechnungsfähig zu halten. Er hatte bei Ludwig die Bereitschaft geschätzt, persönliche Wünsche und Pläne zu Gunsten einer Gesamtidee hintanzustellen. Ludwig wiederum bewunderte Bismarck für seine Konsequenz in allen politischen Angelegenheiten und seinen Weitblick. Er schrieb folgende Zeilen am 10. August 1881 an den Kanzler: *»Wie Großes Sie nach beiden Seiten hin leisten, ist der Gegenstand meiner Bewunderung. Für die Friedensaussichten bin ich ebenso empfänglich als für Ihr festes Standhalten gegen die Gelüste nach parlamentarischer Majoritätsregierung, welche gegenwärtig auch in Bayern, wenn auch von anderer Seite her, auftauchen. Ich werde dafür sorgen, dass ihr Ziel, das mit dem monarchischen Prinzip nicht zu vereinen ist und nur endlose Unruhe und Unfrieden herbeiführen würde, unerreicht bleibt ...*
Ihr aufrichtiger Freund
Ludwig«
Es war anscheinend gegenseitige Sympathie, die sich zwischen den beiden so ungleichen Männern aufgebaut hatte, denn nach einer der zahlreichen persönlichen Begegnungen erklärte Bismarck rundheraus: *»... ich bin aber mit ihm ... bis an sein Lebensende in günstigen Beziehungen und in verhältnismäßig regem brieflichen Verkehr geblieben und habe dabei jederzeit von ihm den Eindruck eines*

geschäftlich klaren Regenten von national deutscher Gesinnung gehabt, wenn auch mit vorwiegender Sorge für die Erhaltung des föderativen Prinzips der Reichsverfassung und der verfassungsmäßigen Privilegien seines Landes.« Selbst als man den König schon für unzurechnungsfähig und damit regierungsunfähig erklärt hatte, nahm Bismarck Ludwig noch in Schutz, indem er erklärte: »*Sein königliches Bewusstsein war nicht bloße Eitelkeit, sein mehrseitiges Wissen nicht blendende Allwisserei, sein staatsmännisches Tun keine Torheit.«*

Wahrscheinlich waren da und dort der österreichischen Kaiserin gewisse Aussagen des von ihr gehassten preußischen Kanzlers zu Ohren gekommen, denn sie konnte dem »Cousin« sein Naheverhältnis zu Bismarck nie verzeihen, ganz abgesehen davon, dass es sie bis ins Innerste empörte, dass Soldaten ihrer bayerischen Heimat Seite an Seite mit den preußischen gegen Frankreich marschiert waren. Ihr Verhältnis zu Ludwig hatte sich durch diese Tatsachen merklich abgekühlt und besserte sich auch nicht bei dem Gedanken, dass Ludwig eigentlich ihren einzigen Sohn Rudolf zu seinem Nachfolger in Bayern hatte einsetzen wollen. Aber dazu war es durch die Eingliederung Bayerns in das deutsche Kaiserreich ohnedies viel zu spät. Denn wenn sich auch Elisabeth nicht für politische Dinge interessierte, so war sie nicht erst seit dem »Bruderkrieg« von 1866 zu einer Preußenfeindin geworden, genauso wie ihr Sohn Rudolf.

Man musste keine ausgesprochene prophetische Gabe besitzen, um voraussagen zu können, dass es für den zielstrebigen preußischen Kanzler ein Leichtes sein würde, den labilen Bayernkönig mit vielen Verlockungen auf seine Seite zu ziehen. Denn Ludwig war niemals der Mann, der einem Bismarck widerstehen hätte können. Eitel, wie er nun einmal war, sah es der Bayernkönig als persönliche Ehre an, dass der preußische Thronfolger nach München gereist war, damit man sich am 27. Juli 1870 gemeinsam im Hoftheater dem Volke zeigen konnte. Bismarcks Rechnung war aufgegangen, denn schon vier Monate später schrieb König Ludwig an den preußischen König einen Brief, in dem er ihm die deutsche Kaiserwürde antrug.

Diese Großzügigkeit sollte von Seiten des neuen Kaisers auch belohnt werden: Bayern blieb Königreich, eine Voraussetzung für Ludwig, irgendwelche Abmachungen zu unterschreiben, denn für ihn, den mittelalterlichen Gralsritter, war das Königtum die einzig wahre

Herrschaftsform. Daneben erhielt er einige Privilegien, die den Anschein erwecken sollten, dass die Eingliederung in ein deutsches Kaiserreich nur eine Formsache wäre. Was König Ludwig aber übersah, da er viel zu wenig politische Erfahrung besaß, war die Tatsache, dass die Souveränität des Staates zu Ende gegangen und Bayern ohne Machtbefugnisse ein Teil des deutschen Kaiserreiches geworden war, in dem nicht der bayerische König die Geschicke bestimmte, sondern der deutsche Kaiser!

Doch das interessierte Ludwig nur wenig. Er war in einer anderen, wie ihm schien, besseren Welt zu Hause, seine Gedanken wurden von anderen Dingen beherrscht. Er hatte sich zum Ziel gesetzt, für »seinen« Richard Wagner Spielstätten für dessen Musikdramen zu schaffen, die den Werken würdig waren. Für diese Wünsche plünderte Ludwig II. die Staatskassen, allein für den Bau des Festspielhauses in Bayreuth machte er 25 000 Taler locker und zeichnete noch ein weitaus größeres Darlehen, ohne das der Bau nicht hätte realisiert werden können. Den Dank für seine Großzügigkeit erntete er bei der ersten Gesamtaufführung des »Ringes«, als er neben Richard Wagner als Mitschöpfer des Werkes vom Publikum frenetisch gefeiert wurde.

Zur Realisierung der Märchenwelt, in der der König lebte, gehörte aber auch der Bau von Traumschlössern. In ihnen wollte er die Zeit vergessen und im Stil eines mittelalterlichen Königs oder Gralsritters leben, hier waren nur diejenigen willkommen, die ihn in diese Traumwelt begleiten konnten. Allen anderen, realistisch denkenden Menschen war der Zutritt verwehrt, sie würden die heiligen Stätten mit ihren aktuellen Problemen entweihen, den Frieden der Götterwelt stören.

Einsamkeit war es, die Ludwig suchte, die er schon als Kind gespürt und an die er sich gewöhnt hatte. Denn außer dem einen oder anderen Lehrer hatte er die Kindheit und Jugendzeit ohne Freunde verbracht und auch als Heranwachsender hatte er weder Kontakt zu Gleichaltrigen noch zum anderen Geschlecht gesucht. Mädchen interessierten ihn ganz und gar nicht, was man zunächst aber bei Hofe nicht wahrhaben wollte. Denn der junge König musste eine Familie gründen und für Nachkommenschaft sorgen, sollte nicht diese Linie der Wittelsbacher aussterben, da man auch von seinem Bruder Otto, bei dem sich schon sehr früh Zeichen einer schweren Geisteskrankheit gezeigt hatten, keine Kinder erwarten konnte.

Auswahl an schönen, reizenden und willigen Damen hätte Ludwig genug gehabt, die bereit gewesen wären, den jungen König in die Geheimnisse der Liebe einzuführen. So manche Mutter aus achtbarer adeliger Familie hatte gehofft, die heiratsfähige Tochter würde dem Bayernkönig ins Auge stechen, aber so sehr sich die Einzelnen auch Mühe gaben, die jungen Damen zu präsentieren, Ludwig ging wie mit geschlossenen Augen an ihnen vorbei. Eine Einzige nur fand das Wohlgefallen des schwärmerischen Jünglings, aber die war schon lange vergeben: Kaiserin Elisabeth, die ferne »Cousine« in Wien. Schon von Jugend an hatte der König eine unübersehbare Schwärmerei für die um acht Jahre ältere Elisabeth entwickelt. Er fühlte sich in platonischer Weise zu ihr hingezogen, ja, er empfand eine gewisse Seelenverwandtschaft. Das war es, was Ludwig bei einer Frau suchte. Körperlich wollte er eine möglichst große Distanz wahren, kein weibliches Wesen sollte ihm zu nahe kommen!
Das merkwürdige Verhalten des jungen Königs, auf den die Augen der Öffentlichkeit beinahe Tag und Nacht gerichtet waren, erstaunte nicht nur den österreichischen Gesandten Graf Blome, der sich über Ludwig 1865 dahingehend äußerte, dass der König mit seinen 20 Jahren »*... überhaupt bis jetzt keinen Wohlgefallen an Damengesellschaften und Umgang mit dem weiblichen Geschlecht*« fände. Dass durch sein Verhalten der Fantasie bei Hofe keine Grenzen gesetzt waren, war nur eine logische Folge von Ludwigs Gebaren.
Eine Schauspielerin, die man auf den mädchenscheuen König angesetzt hatte, Lila von Bulyowsky, wollte es genau wissen. Sie bedrängte Ludwig bei einem Aufenthalt auf Schloss Hohenschwangau derart mit ihren Reizen und ihrer Gunst, dass sich der König keinen anderen Rat wusste, als völlig außer Fassung sich in eine Ecke des Zimmers zu flüchten. Obzwar die Schauspielerin zunächst andere Berichte abgegeben hatte, um sich ins Gespräch zu bringen, gestand sie schließlich, dass Ludwig kalt wie ein Fisch wäre, der wahrscheinlich weder von Frauen noch von Männern etwas wissen wollte und sich daher, wie sie sich ausdrückte, mit »jenem dritten« begnüge.
Lila von Bulyowsky hatte mit ihrer Vermutung nur teilweise Recht, aber es entsprach dem Stil der Zeit, Homosexualität überhaupt nicht in Betracht zu ziehen, schon gar nicht, wenn die Person des Königs mit im Spiel war. Gleichgeschlechtliche Liebe war rundweg verboten und wurde mit strengen Strafen belegt. Daher konnte man den Kö-

nig niemals homoerotischer Neigungen verdächtigen, so offenkundig seine Beziehungen zu Männern immer mehr wurden. Vor allem, als Ludwig seine Verlobung mit Sophie, einer Schwester Elisabeths, beinah Hals über Kopf löste.
Er war in die Geschichte mehr durch Zufall verwickelt worden. Denn immer wieder war er gern gesehener Gast im Hause des Herzogs Max in Bayern, wo es lustig zuging und er seine selbst gewählte Einsamkeit als Schwanenritter für ein paar Stunden vergessen konnte. Nicht nur, wenn kaiserlicher Besuch in Possenhofen angesagt war, fuhr die königliche Kalesche vor, auch zwischendurch amüsierte sich Ludwig im Kreise der ungezwungenen Herzogsfamilie. Nun galt es, Sisis Schwester Sophie in der nächsten Zeit standesgemäß zu verheiraten, was durch die hochgeborenen Schwiegersöhne Kaiser Franz Joseph und König Franz II. von Neapel keineswegs ein Kinderspiel war. Daher hatte Ludovika auf den schönen Bayernkönig schon lange ein Auge geworfen, er schien in jeder Hinsicht der passende Ehemann für ihre Tochter zu sein.
Fast gegen den Willen Ludwigs wurde Verlobung gefeiert, wobei sich der Bräutigam mehr als zurückhaltend seiner jungen Auserwählten gegenüber verhielt. Er vermied jeglichen körperlichen Kontakt, der sich in dieser ungewöhnlich prüden Zeit ohnedies höchstens auf einen Handkuss oder einen hingehauchten Kuss auf die Wange beschränkt hätte.
Die folgende Zeit der Verlobung verbrachten die beiden Brautleute nicht minder körperfern. Kam man zusammen, was ohnedies höchst selten geschah, so wurde Sophie von Ludwig gebeten, auf dem Klavier Melodien von Richard Wagner zu spielen, am liebsten aus »Lohengrin«. Und mit der Zeit identifizierte der Bayernkönig seine junge Braut mit Elsa, der hehren Frauengestalt aus dem Wagner'schen Musikdrama.
In der Herzogsfamilie in Possenhofen schaute man besorgt auf das Brautpaar. Allmählich erkannten die Eltern, dass Ludwig sicherlich nicht der geeignete Ehemann für Sophie sein konnte, da irgendetwas mit ihm nicht stimmte. Herzog Max schritt zur Tat: Er stellte Ludwig kurzerhand ein Ultimatum, in dem er einen baldigen Hochzeitstermin forderte, denn der Ruf seiner Tochter würde andererseits in Gefahr geraten. Als der König sich in Ausreden zu flüchten schien, forderte Max ein klares Ja oder Nein und Ludwig musste Farbe be-

König Ludwig II. mit seiner kurzzeitigen Braut Sophie, Elisabeths Schwester

kennen. Was in der Luft lag, trat ein: Die Verlobung wurde gelöst und Ludwig konnte endlich wieder frei atmen. Ein Albtraum war von ihm genommen!

Es waren viele höchstpersönliche Dinge, die die ohnehin sensible Psyche des jungen Mannes belasteten. Er war in streng katholischem Glauben erzogen worden, alles, was nicht in die Normen der Kirche passte, wurde zur Sünde erklärt. Der junge Mensch in dieser Zeit hatte nur zwei Möglichkeiten, um mit seinem Körper zurechtzukommen: Entweder unterdrückte er jedwede sexuelle Neigung oder er sündigte permanent, indem er verschiedene Formen der Befriedigung suchte. Die Ehe galt als einzig zulässige Institution, um sich

sexuell betätigen zu können, was allein der Fortpflanzung dienen sollte.
Ludwig litt schon als junger Mensch ständig unter einem schlechten Gewissen, unter dem Gefühl, bei allen Gedanken, die sich mit Sexualität beschäftigten – und diese überfielen ihn mit Urgewalt –, ständig zu sündigen. Die Angst vor Gottes Strafe quälte ihn genauso wie seine Triebhaftigkeit. Für ihn, der noch dazu entdecken musste, dass das eigene Geschlecht auf ihn einen unwiderstehlichen Reiz ausübte, schien die Situation nahezu aussichtslos zu sein. Selbst er als König hatte sich den Moralvorstellungen seiner Zeit zu beugen. Es blieb ihm nur eine einzige Möglichkeit: Er musste seine Wünsche und Sehnsüchte vor der Welt geheim halten. Um nicht den ohnedies kursierenden Gerüchten noch weitere Nahrung zu geben, trachtete er danach, seine sexuellen Beziehungen zu den diversen jungen Männern, die aus allen Kreisen stammten, so weit es ging zu verschleiern. Dabei begab er sich mit jeder neuen Liebesaffäre in immer größere Gefahr, erpressbar zu sein. Aus diesem Grund überhäufte er seine »Lustknaben« mit Liebesgaben, er überschüttete jeden Einzelnen mit kostbarem Schmuck und großen Summen Geldes – einen ganz besonderen Liebesdiener bedachte er allein mit 80000 Mark und einem wertvollen Gegenstand aus seiner Schatzkammer –, nicht um ihre Liebe, wohl aber um ihr Schweigen zu erkaufen. Seinen langjährigen intimen Freund, den Stallmeister Richard Hornig, beschenkte er mit einer Villa am Starnberger See, was Hornig allerdings nicht daran hinderte, dem König in fortgeschrittenem Alter den Laufpass zu geben und zu heiraten.
Längst hatte es sich unter den Lakaien und Dienern des Königs herumgesprochen, wie man am besten bei Hofe Karriere machen konnte, was aber nicht bedeutete, dass der König seine Auserwählten nicht ab und zu, wenn ihn dazu die Laune überkam, über alle Maßen schikanierte. Richard Hornig konnte ein Lied davon singen, denn er ritt nicht nur einmal dem königlichen Wagen hinterher, um dem König dann und wann nur die kostbare Decke zurechtzuziehen. Andere Burschen, wie der österreichische Schauspieler Josef Kainz, standen auf Verlangen Ludwigs stundenlang im Raum, um entweder selber Teile aus den Schiller'schen Dramen vorzutragen oder sich endlose Deklamationen des Königs anzuhören. Dabei sah der König etwas Unerhörtes und eine gegen seine eigene Person gerichtete

Frechheit darin, wenn den Günstling die Müdigkeit überfiel und er das Gähnen nicht mehr unterdrücken konnte. Josef Kainz fiel auf diese Weise beinahe von heute auf morgen in allerhöchste Ungnade, nicht ohne vorher aber wertvollste Geschenke für die »seligen Stunden«, die der König mit ihm in seinen romantischen Grotten verbracht hatte, erhalten zu haben.

Das Verhalten Ludwigs gab schon in jungen Jahren Anlass zu allen möglichen Spekulationen. Dabei ist nicht auszuschließen, dass das ständige schlechte Gewissen, die ununterbrochene Geheimnistuerei, die Furcht vor Entdeckung seiner homosexuellen Neigungen und Tätigkeiten erheblich zum geistigen Verfall des Königs beitrugen, der natürlich schon erblich bedingt angelegt war. Aber die ständige Angst vor der Enthüllung seiner intimsten Geheimnisse, die zwangsläufig zu einem öffentlichen Skandal geführt hätte, beeinflusste sein Leben grundlegend. Tag für Tag musste er fürchten, dass einer seiner Stallburschen für einen Judaslohn »auspacken« und intime Details einer Zeitung zugänglich machen könnte.

Was König Ludwig allerdings nicht bedachte, war die Tatsache, dass keine der damaligen Zeitungen so große Summen Geldes bot, als er selber »seinen« Leuten Schweigegeld bezahlte, sodass jeder ungeschickt gewesen wäre, mit Skandalgeschichten an die Öffentlichkeit zu gehen. Da war es schon wesentlich gefährlicher, wenn er sich in einer Zornesanwandlung dazu hinreißen ließ, einen Diener, der es gewagt hatte, ihm ins Gesicht zu sehen, eigenhändig züchtigte, ihn an den Haaren riss oder anspuckte. Hatte sich einer seiner Lakaien seinen Unmut zugezogen, so durfte sich der Schuldige nur mit einer schwarzen Maske vor dem Gesicht und auf Knien ihm nähern. Wie leicht hätte der so Gedemütigte seinen Langmut verlieren und den König öffentlich anprangern können! Vielleicht hätte er mit seinen Darstellungen von den seltsamen Launen des Königs offene Türen eingerannt, denn in Bayern machte sich schon seit geraumer Zeit Unmut über den exzentrischen König breit. Nicht nur, dass man mit scheelen Augen die gewaltigen Baustellen betrachtete, wo neue Schlösser im Auftrag des Königs errichtet werden sollten, sondern auch, weil Ludwig, der sich in keiner Weise um die Anliegen der Politik kümmerte, das Geld mit vollen Händen ausgab, so, als wäre es sein eigenes. Was hatte man schon von einem König, der persönlich nicht einmal den Wert der einzelnen Münzen kannte, wenn er sie zu Gesicht bekam. Der einfache Mann auf der Straße, der sich im Schweiße seines Angesichtes sein tägliches Brot verdiente, konnte die Lebensweise des Königs nie und nimmer verstehen. Ein Mensch, der die Tage mit Nichtstun verbrachte, der unmäßig aß und trank, sodass man beinahe von Monat zu Monat sehen konnte, wie der attraktive junge Mann, der er noch vor kurzer Zeit gewesen war, aufgeschwemmt und aufgedunsen wirkte, der sich, wo es ihm möglich war, aus der Öffentlichkeit zurückzog, so ein König konnte keine Liebe beim einfachen Volk erwarten. Ludwig II. hatte beileibe für die Bevölkerung keinen Reiz mehr, namentlich die Münchener nahmen es ihm besonders übel, dass er sich so wenig in der Residenzstadt aufhielt. Aber Ludwig konnte München nichts Positives abgewinnen. In der Residenz fühlte er sich nicht wohl, sie war ihm zu einfach und erinnerte ihn zu sehr an seinen Vater und Großvater. Außerdem konnte er es nicht verwinden, dass man ihm in München den Bau eines Festspielhauses verwehrt hatte, wie es später in Bayreuth entstanden war. Die Münchner hatten in seinen Augen keine Kultur, keinen Sinn für das Schöne, sie waren Banausen, die er nur meiden konnte. Daneben störte ihn ihr Dialekt, in seiner Umgebung verbot er sich jeglichen Bezug zur bayerischen Mundart. So war der »urbayerische Kini«, als der er in die Geschichte eingegangen ist, in Wirklichkeit ein München-Hasser, der nur die Bevölkerung in den Bergen akzeptierte, weil er die Vorstellung hatte, dass dort das wahre Leben zu Hause war.

Aber selbst hier zeigte er sich kaum in der Öffentlichkeit. Zwar konnte es hie und da vorkommen, dass die Hofgesellschaft spontan in einer Jagdhütte einkehrte, um dort ein Picknick zu veranstalten, zu dem die Bauern der Umgebung eingeladen waren mitzuessen und mitzutrinken, wobei man allerdings nie so genau wusste, ob die gute Laune, in der der König diese Einladung ausgesprochen hatte, auch die nächsten Stunden über anhalten würde. Denn oft kam es vor, dass von einer Minute auf die andere sich Ludwigs Stimmung schlagartig änderte und er die einfachen Gäste, die sich um die hölzernen Tische geschart hatten, kurzerhand vertreiben ließ. Er hatte mit diesem Gebaren eine nicht zu übersehende Ähnlichkeit mit seiner schönen »Cousine« Elisabeth im fernen Österreich. Denn auch Sisi konnte umwerfend liebenswürdig zu ihren Gästen sein, um sie im nächsten Augenblick zu beschimpfen und vor die Tür zu setzen.

In nur wenigen Jahren war aus dem viel bewunderten König ein Mann geworden, den kaum einer noch berechnen konnte, am allerwenigsten die Politiker seines Landes. Aus einer Laune heraus, meist völlig unbegründet, widerrief er Beschlüsse, um die seine Berater wochenlang gekämpft hatten, mit einem Federstrich. Wollte man mit ihm über die schnell herbeigeführten Verfügungen diskutieren, zog er sich eilends in seine selbst gewählte Einsamkeit zurück und war für niemanden zu sprechen. Nur bei Elisabeth machte er eine Ausnahme. Für sie erschien er sogar grippekrank am Bahnhof, um ihr einen kurzen Gruß zuzuwerfen.

Die innige Beziehung zwischen Elisabeth und Ludwig hielt vor allem von Ludwigs Seite her ein Leben lang. Er sah in der »Cousine« das Idealbild der Frau. Sie hatten so vieles gemeinsam, vor allem die Suche nach Einsamkeit, die Sehnsucht nach dem Schönen in dieser Welt, der beide entfliehen wollten. Weilte Elisabeth in Bayern, so kam es nicht nur ein Mal vor, dass ein Treffen der beiden zu mitternächtlicher Stunde arrangiert wurde. Der König trat in großem Ornat auf, verehrte seiner Angebeteten 1000 rote Rosen und saß ihr eine Stunde lang schweigend vis-a-vis, nur um sie zu betrachten. Schlug die Uhr eins, war für beide diese »Geisterstunde« zu Ende, stumm wie sie gekommen waren, gingen sie wieder auseinander.

Je eigenartiger sich Ludwig in seiner Umgebung gebärdete, umso lauter wurden die Stimmen, die unisono kundtaten, dass der König absolut geistesgestört sein müsse. Für die bayerische Politik und für die Zukunft des Landes gab es nur eine Lösung: Ludwig II. musste so rasch wie möglich abgesetzt werden. Aber trotz aller Diskussionen, die immer noch in aller Heimlichkeit zu diesem Thema geführt wurden, dauerte es geraume Zeit, bis man diese Pläne in die Tat umzusetzen versuchte. Denn letztlich konnte so ein Schritt nur offiziell von Seiten der politisch Verantwortlichen in Bayern durchgeführt werden. Man hatte keine Vorbilder, wie die Absetzung eines Königs aus Krankheitsgründen vor sich gehen sollte. Erst als sich das Verhalten Ludwigs in jeder Hinsicht als untragbar erwies, beschlossen die Minister, ein Entmündigungsverfahren gegen den König anzustreben. Mit jeder Handlung, die Ludwig setzte, wurde es offenkundiger, dass er sich von Tag zu Tag mehr in einen »Majestätswahn« hineinsteigerte, der ihn die Realität vergessen ließ. Nicht nur, dass er selbst seine Mutter maßregelte und sie nur als Untertanin bezeichnete, er verkehrte mit seinen Ministern beinahe ausschließlich über seine Leiblakaien, hatte keine konkreten Vorstellungen mehr von seinen Schuldenbergen, die sich angehäuft hatten, machte wirre Pläne, wie er für den Bau seiner Schlösser neue Geldsummen auftreiben wollte, und ahnte nicht, dass man von Seiten des Volkes, aber auch von Seiten der Minister schon längst mit seiner Absetzung spekulierte. Nur wusste man nicht genau, wie man dies in nächster Zukunft bewerkstelligen sollte.

Fest stand, dass man einen Arzt zu Rate ziehen musste, der die Kompetenz aufwies, den König für geisteskrank erklären zu können. Für die Minister ging es vor allem auch darum, ihre eigenen Ämter unter einem neuen Regenten zu behalten. Daher musste man diplomatisch zu Werke gehen. Ministerpräsident Lutz und alle anderen, die einflussreiche politische Ämter bekleideten, fürchteten, dass der Prinzregent, den man als Nachfolger des kranken Königs ins Auge gefasst hatte, seine eigenen Leute mitbringen könnte.

Dennoch ließ Lutz am 23. März den bekannten Psychiater Dr. Gudden zu sich rufen und informierte ihn über die Pläne der Regierung. Der Arzt galt als Spezialist auf dem Gebiet der Gehirnanatomie und Gehirnphysiologie. Ohne den König persönlich untersucht zu haben, was unter den gegebenen Umständen auch kaum möglich gewesen wäre, kam Gudden zu dem Urteil, dass Ludwig »originär verrückt sei«. Dabei stützte sich das medizinische Gutachten vor allem auf Zeugenaussagen, die zunächst nicht gerade leicht zu erreichen waren. Aber der König hatte einige seiner engsten Vertrauten und Mitarbeiter zu sehr durch seine Eskapaden und Schikanen gedemütigt, dass sie keine allzu großen Skrupel hatten, wichtige Details zu Protokoll zu geben.

Da Gudden allerdings keineswegs die alleinige Verantwortung übernehmen wollte, wurden andere Kapazitäten zu Rate gezogen, das Gremium bestand schließlich aus vier kompetenten Medizinern. Gemeinsam kam man auf Grund von Zeugenaussagen zu dem Schluss, dass der König in fortgeschrittenem Maße seelengestört wäre und an Paranoia litte. Diese Verrücktheit würde sich nach Aussage der Ärzte in den kommenden Jahren noch verschlechtern, sodass der König an der Ausübung seiner Regierungstätigkeit absolut gehindert wäre. Es musste, wollte Bayern in den nächsten Jahren nicht in politisches Chaos versinken, ein Stellvertreter gefunden werden.

Da Ludwig und auch sein Bruder Otto kinderlos waren, griff man bei der Suche nach einem Regenten auf einen Onkel der beiden zurück, auf Luitpold, den Bruder König Maximilians II.
Der Prinzregent schien nicht die beste Wahl zu sein, denn im Grunde seines Wesens interessierte er sich in keiner Weise für Politik, er hatte vielmehr das Bedürfnis, wie ein Privatmann zu leben und seinen geruhsamen Hobbys zu frönen.
Aber der amtierende Ministerpräsident Lutz ließ nichts unversucht, Luitpold die Regentschaft schmackhaft zu machen und ihn von der Notwendigkeit des Königssturzes zu überzeugen. Am 9. Juni 1886 stimmte Luitpold endlich bei einer Sitzung im Ministerium zu den König offiziell zu entmündigen. Gleichzeitig erklärte er sich bereit die Regentschaft zu übernehmen.
Wie man meinte, überbrachte man Ludwig das Schreiben, in welchem dem König seine Entmündigung mitgeteilt wurde, in respektvoller Form durch enge Vertraute. Man hatte die Mitglieder der Kommission sorgfältig ausgewählt, die vor den König hintreten sollte. Wahrscheinlich war dies aber jedem Einzelnen im Grunde seines Wesens peinlich – auch wenn sie sich als ehemalige Freunde und Vertraute längst gegen Ludwig gestellt hatten –, denn bevor sie sich nach Neuschwanstein wagten, wo sich Ludwig in der Nacht vom 9. zum 10. Juni 1886 aufhielt, beschlossen sie, ein ausgiebiges »Henkersmahl« zu halten, bei dem nicht nur überreichlich gegessen, sondern auch 40 Maß Bier und 10 Flaschen Champagner getrunken wurden. So gestärkt und mit frischem Mut wollte man sich auf den Weg zum König machen. Der hatte aber mittlerweile von den Vorgängen im Dorf durch seinen getreuen Kutscher Osterholzer Informationen erhalten, dass irgendetwas gegen ihn im Gange war. Daher beorderte Ludwig mitten in der Nacht Gendarmen und Feuerwehrleute nach Neuschwanstein, die seinen Leib und sein Leben schützen sollten. Als die Abordnung der Politiker bei ihrem Eintreffen vor dem Schloss bemerkte, dass ihre Aktion verraten war, beschloss sie auf der Stelle kehrtzumachen und sich zurückzuziehen. Man hatte nicht gerechnet, dass die bayerischen Gendarmen sich so königstreu und pflichtbewusst verhalten würden. Denn wie Gespenster waren in den dichten Nebelschwaden, die das Schloss umgaben, neun Gendarmen erschienen, die auf Grund eines Haftbefehls, den der König ausgestellt und unterzeichnet hatte, dem Minister Crailsheim sowie

den Kuratoren Holnstein und Törring Handschellen anlegten und sie abführten. Auch die übrigen »Verschwörer« wurden festgenommen, wobei sie sich einer drohenden Menge aufgebrachter Menschen gegenübersahen. Am nächsten Tag entschärfte sich die Situation. Ohne großes Aufsehen ließ man die Verhafteten wieder frei.
Der Lebensmut Ludwigs allerdings war durch diese Vorkommnisse gebrochen. Er fand sich mehr und mehr mit dem Gedanken ab, von der politischen Bühne abzutreten und dem Prinzregenten das Staatsruder zu übertragen, obwohl ihm Bismarck geraten hatte, sich dem Volk in München zu zeigen. Aber Ludwig war nicht mehr zu irgendwelchen öffentlichen Schritten in der Lage, mehrmals äußerte er den Wunsch nach Gift oder trug sich mit dem Gedanken, sich von Neuschwanstein aus in die Tiefe zu stürzen. Aber auch dazu fehlte ihm die Initiative und letztlich auch der Mut. Um sich wieder in seine Traumwelt flüchten zu können, trank er während der Nacht eine ganze Flasche Rum und dazu noch eine Flasche Champagner.
In München hatte sich in der Zwischenzeit das Schicksal des Königs entschieden. Schloss Berg war für ihn als Aufenthaltsort ausgewählt worden, wo er auf Anraten Dr. Guddens nicht wie ein König interniert werden sollte, sondern wie ein gewöhnlicher Geisteskranker: bewacht rund um die Uhr. Es war neuerlich eine Überrumplungsaktion, die auf Schloss Neuschwanstein stattfand, der König wurde in die Enge getrieben, und ließ sich widerstandslos gefangen nehmen. Dr. Müller, ein Augenzeuge dieser Aktion, berichtete später, dass der König Dr. Gudden über die unmenschlichen Vorgänge zur Rede stellte, indem er ihm vorwarf: »Wie können Sie mich für geisteskrank erklären, Sie haben mich ja gar nicht angesehen und untersucht?« Worauf Gudden ihm antwortete, dass das Beweismaterial zu erdrückend wäre. Die Antwort des Königs zeigte die ganze Deprimiertheit Ludwigs: »So? So? Also Prinz Luitpold hat es jetzt gleichlich so weit gebracht, dazu hätte er nicht so einen Aufwand an Schlauheit gebraucht, hätte er nur ein Wort gesagt, dann hätte ich die Regierung niedergelegt und wäre ins Ausland gezogen ...« Aber wer hätte das bei dem aufbrausenden, unberechenbaren Wesen Ludwigs wirklich gewagt?
Am 12. Juni traf der König wie ein Gefangener auf Schloss Berg ein, wo er nicht nur glückliche Stunden in seiner Jugend verbracht hatte, sondern wo er am Ufer des Starnberger Sees oft seine »Cousine«

Elisabeth getroffen hatte. Jetzt aber wurde sein Leben von Grund auf verändert. Er war nicht mehr Herr seiner Befehle, ja, nicht einmal Herr über sich selbst. Ihm wurde ein Leben auferlegt, das ihm eine einzige Qual sein musste: Keinen Augenblick des Tages blieb er unbeobachtet, durch Gucklöcher in den Türen beobachteten ihn ständig Irrenwärter. Er wurde gezwungen, während des Tages wach zu bleiben und in der Nacht zu schlafen, etwas, was er Jahre hindurch nicht mehr getan hatte. Ludwig wehrte sich kaum gegen diese Schikanen, fragte aber die behandelnden Ärzte immer aufs Neue, ob diese Behandlung auf Dauer sein sollte. Dabei zeigte er sich leutselig und keineswegs renitent. Vor allem Dr. Gudden gegenüber verhielt er sich ausgesprochen friedlich, wenn der Arzt mit dem König einen Spaziergang unternahm, bei dem allerdings immer ein Pfleger in einigem Abstand folgte. Da sich der König anscheinend in das unvermeidliche Schicksal gefunden hatte, sah Dr. Gudden nichts dabei, diese Spaziergänge allein mit dem König fortzusetzen.

Nachdem Ludwig am 13. Juni 1886 am späteren Nachmittag ausgiebig getafelt hatte, beschloss man noch einen Spaziergang im Park zu machen. Um 18.45 Uhr verließen die beiden Männer das Schloss in Richtung See ...

Als man nach stundenlanger Suche zunächst die Überkleider des Königs, seinen Regenschirm und den Hut entdeckte, wusste man, dass ein furchtbares Unglück geschehen sein musste. Die beiden Leichen, die im knietiefen Wasser auf dem See trieben, bestätigten den schrecklichen Verdacht.

Was konnte geschehen sein? Es ist nicht zu vermuten, dass Ludwig fliehen, wohl aber, dass er seinen »Peiniger« abschütteln wollte. Jedenfalls wies die Leiche von Dr. Gudden Spuren eines Kampfes auf Leben und Tod auf. Er hatte Kratzer und blutunterlaufene Stellen im Gesicht, außerdem war der Nagel seines Mittelfingers abgebrochen. Vielleicht wollte Ludwig den Tod im See suchen, wurde aber von seinem Bewacher daran gehindert, der dies mit dem Leben bezahlte.

Wie immer der Tod sich ereignet haben mag, auszuschließen ist, dass der König, ein ausgezeichneter Schwimmer, im seichten Uferwasser des Starnberger Sees ertrunken ist. Vielmehr ist anzunehmen, dass Ludwig in dem relativ kalten Wasser einem Herzschlag erlegen ist.

Heute wäre es – auch nach so langer Zeit – mit den Methoden der modernen Pathologie wahrscheinlich möglich, die wahre Todesursache des unglücklichen Königs zu ergründen. Aber kaum einer, außer Historikern, die sich mit der bayerischen Geschichte beschäftigen, ist daran interessiert, den Mythos um Ludwig II. zu zerstören. Sein Leben verlief für seine Zeitgenossen mehr als seltsam, sein Tod machte aus dem geistesgestörten Herrscher einen Heroen.

Ganz Bayern trauerte um den König, der durch seinen geheimnisvollen Tod von einem Moment auf den anderen zum Liebling des Volkes geworden war. Mit einem Schlag hatte man alles vergessen, was er eigentlich Bayern und seinen Menschen angetan hatte. Als er in München öffentlich aufgebahrt lag, kursierten nicht nur die absurdesten Gerüchte, wer den König umgebracht haben könnte, es zogen auch Tausende an ihm vorbei, um dem schönen König, der er einst gewesen war und dem der Tod wieder sein ebenmäßiges Aussehen zurückgegeben hatte, die letzte Ehre zu erweisen.

Zur Beisetzung König Ludwigs II. waren alle gekommen, die Rang und Namen hatten, nur seine »Cousine« Elisabeth fehlte. Sie hatte sich durch ihren Sohn Rudolf vertreten lassen. Sie fühlte sich körperlich und seelisch nicht in der Lage, von dem ihr so nahe stehenden Vertrauten ihrer geheimen Wünsche und Sehnsüchte Abschied zu nehmen. Sie ließ in der Feldafinger Dorfkirche ein feierliches Amt für den König lesen, wie ihre Tochter Marie Valerie in ihrem Tagebuch berichtete: *»Über dem schwarzverhangenen Altar war das Wittelsbacher Wappen mit der Inschrift Ludwig II., König von Bayern, Pfalzgraf bei Rhein, Herzog von Bayern, Franken und Schwaben, geb. 25. 8. 1845, gest. 13. 6. 1886. Und vor dem Altar stand ein großer Katafalk mit Eichenlaub und Kränzen von Jasmin und Rosen bedeckt, das darauf befindliche Wappen war mit Alpenrosen bekränzt ... Mama war in München, um in der Wittelsbacher Gruft in der Michaelskirche einen Kranz an den Sarg des Königs zu legen.«*

Ihre Schwester Sophie, die einstige Braut Ludwigs, hatte als letzten Gruß einen Jasminzweig geschickt, den man dem toten König auf die Brust legen sollte. Aber der Blumengruß war zu spät gekommen.

Die bayerische Prinzessin Sophie

Sisis »böse« Schwiegermutter

Alles, was man in einem Leben falsch machen kann, hat sie falsch gemacht, jene intelligente Frau im Schatten des Habsburger Thrones, die mit eisernem Willen das Schicksal Europas durch ihre erzkonservative Haltung in verhängnisvolle Bahnen gelenkt hat. Als Frau im Hintergrund des Weltgeschehens übte sie, ohne selber eine herausragende Stellung erreicht zu haben, politischen Einfluss aus wie kaum eine Frau vor oder nach ihr. Die österreichische Politik der zweiten Hälfte des 19. Jahrhunderts wäre in jeder Hinsicht anders verlaufen, hätte Erzherzogin Sophie, die Mutter von Kaiser Franz Joseph, die Fäden nicht in der Hand gehabt und sie nach eigenem Gutdünken gezogen. Dabei war sie felsenfest davon überzeugt, dass alles, was in ihren Augen richtig schien, auch zum Wohle des Staates gereichte. Sie war die Kraft, die das Gute schaffen wollte und das Übel heraufbeschwor, zuerst als Erzieherin, später als einflussreiche Beraterin ihres ältesten Sohnes Franz, der als Franz Joseph I. jahrzehntelang auf dem Kaiserthron saß.

Aufgewachsen in einem Elternhaus, in dem liberale Ideen durchaus auf Akzeptanz stießen, hätte man von der Wittelsbacher Prinzessin Sophie annehmen können, dass sie modernes Gedankengut auch nach Österreich bringen würde.

Aber alle, die auf eine geänderte politische Zukunft gehofft hatten, sollten sich gründlich getäuscht haben. Denn kaum hatte Sophie als blutjunges Mädchen österreichischen Boden betreten, war sie am Wiener Kaiserhof in den Bann des Fürsten Metternich geraten, aus dem sie sich weder lösen konnte noch wollte. Zweifelsohne war der Fürst, der aus dem Rheinland stammte und der in Österreich zum mächtigsten Mann aufgestiegen war, eine faszinierende Persönlichkeit, die auf eine junge Frau, die sich in der neuen, ungewohnten Umgebung erst zurechtfinden musste, einen starken Eindruck machte. Hier in Wien war für Sophie einfach alles anders: Während ihr Vater, der bayerische König Maximilian I. Joseph, die Zeichen der neuen Zeit erkannt hatte, die nach den Kriegszügen und dem Wirrwarr, den Napoleon hinterlassen hatte, angebrochen war, verhielt man sich am Kaiserhof umso konservativer. Es wäre für Sophie wahrscheinlich sehr schwer gewesen, die für Wiener Begriffe geradezu revolutionären Gedanken, die sie im Elternhaus kennen gelernt hatte, am Habsburgerhof zu propagieren. Leichter war es für sie auf alle Fälle, sich in das konservative Flair einzufügen und jede andere Art des Denkens aufzugeben. In ihrem jugendlichen Alter wagte Sophie es zunächst nicht, ihre eigene Meinung kundzutun, die sich anfangs noch grundlegend von den Metternich'schen Ideen unterschied. Wahrscheinlich aber war auch die neue Lebenssituation daran schuld, dass sich Sophie zunächst um alles andere kümmerte, als sich mit politischen Problemen zu beschäftigen.

Zu groß waren die eigenen Sorgen und zu traurig erschien zunächst ihr privates Schicksal an der Seite des unattraktiven, beinah einfältigen Erzherzogs Franz Karl, dem man sie – gegen alle menschlichen Überlegungen – zur Frau gegeben hatte.

Sophie hatte tief betrübt und schweren Herzens von ihrer bayerischen Heimat und den liebevollen Eltern Abschied genommen und hatte als junge schöne Braut am Wiener Kaiserhof Einzug gehalten. Kaiser Franz, ihr zukünftiger Schwiegervater, hatte sie zwar liebevoll in die Arme geschlossen, als sie die Stufen in Schönbrunn hinaufgestiegen war, aber dieses herzliche Willkommen konnte Sophie nicht darüber hinwegtäuschen, dass sie mit einem Mann den Bund fürs Leben schließen sollte, den sie weder liebte noch achtete, ja, der nicht einmal besonderes Interesse an ihr zu haben schien, an ihr, der die attraktivsten und interessantesten Männer zu Füßen lagen.

Als guter Familienvater, der sich um seine zahlreichen Kinder rührend kümmerte, bis sie verheiratet waren, nahm der Kaiser Sophie wie selbstverständlich in die Familie auf. Die lustige familiäre Atmosphäre ließ Sophie beinahe vergessen, dass sie eigentlich noch einen Mann an ihrer Seite und in ihrem Bett hatte. Sie fühlte sich eher als Kind von Kaiser Franz denn als Ehefrau von dessen Sohn Franz Karl. Denn seinen ehelichen Pflichten kam der junge Mann höchst selten nach, seine Interessen lagen beileibe nicht im Bett bei seiner jungen reizenden Frau. Er liebte es, in den Morgenstunden durch die Wälder zu streifen und den Rehen und Hirschen nachzujagen,

Sophie, Prinzessin von Bayern

hier in Gottes freier Natur war es ihm möglich, so manchen Bock zu schießen, ohne deshalb scheel angesehen zu werden. Kaiser Franz beobachtete seinen Sohn mit großer Skepsis. Wie war es möglich, dass Franz Karl sich so wenig zu seiner schönen Frau hingezogen fühlte? Der Kaiser war nämlich bei all seinen Schwächen, die ihm nachgesagt wurden, durchaus kein Frauenverächter, er selber hatte vier Frauen zum Altar und drei von ihnen zum Grabe geleitet. Zwölf Kinder aus seiner zweiten Ehe, die zu seinem großen Leidwesen von allen möglichen Erbkrankheiten auf Grund der nahen Verwandtschaft zwischen Vater und Mutter befallen waren, waren das Ergebnis ununterbrochenen ehelichen Bemühens. Nur wenige der Söhne und Töchter zeichneten sich durch besondere Begabungen aus. Bedauernswert erschien vor allem der älteste Sohn des Kaisers,

Ferdinand, der an schrecklichen Anfällen von Epilepsie litt. Aber trotzdem stand er in der Erbfolge an erster Stelle – die Primogenitur im Hause Habsburg schien nicht zu umgehen zu sein, auch wenn der Kronprinz manchmal kaum in der Lage war, auf den eigenen Beinen zu stehen und einen ganzen Satz zu sprechen!
Auch der auserkorene Ehemann Erzherzog Franz Karl war für die schöne junge bayerische Prinzessin Sophie keineswegs ein begehrenswerter Mann. Mit seiner schmächtigen Gestalt, den schon in jungen Jahren schlaffen Augenlidern und der schweren Habsburgerlippe wirkte er temperament- und teilnahmslos. Und sein Äußeres täuschte nicht! Alles, was Franz Karl sich ein Leben lang wünschte, war in Ruhe gelassen zu werden. Nichts erschien ihm interessant, nichts regte ihn auf, für fast nichts konnte er sich begeistern. Wenn er sich jemals aktiv an Gesprächen beteiligte, so höchstens, wenn es um die Jagd oder ums Theater ging. Denn im Gegensatz zu seinem Sohn Franz Joseph liebte er genauso wie Sophie die Theateratmosphäre und unterstützte die Schauspieler vor allem des sich in ständiger Geldnot befindlichen Ischler Theaters mit größeren Spenden. Die Schauspieler dankten dem Mäzen auf ihre Weise und spielten so manches Stück im gähnend leeren Saal einzig und allein für den Erzherzog. Als schöne Geste ließ dieser ihnen dann eine großzügige Rente für die Wintersaison aussetzen. Alle übrigen Dinge dieser Welt gingen an Franz Karl vorüber, ohne dass er sich zu irgendwelchen Aktionen, ja, nicht einmal zu allgemein gehaltenen Kommentaren entschließen konnte, etwas, was seine aufgeweckte junge Frau niemals verstehen konnte. Aber so sehr sie sich auch bemühte, ihren lethargischen Ehemann zu der einen oder anderen Tat zu bewegen, so wenig Erfolg hatte sie, ja, sie erreichte beinahe das Gegenteil.
So hatte sich die schöne Königstochter aus München ihren Ehemann beileibe nicht vorgestellt! Allerdings war es für die übrigen Mitglieder der bayerischen Königsfamilie genauso ein Schock gewesen, als man Sophies zukünftigen Ehemann das erste Mal zu Gesicht bekommen hatte. Die Familie hatte sich erwartungsvoll am Starnberger See versammelt, um hier den Bräutigam zu begrüßen. Und alle waren beinah vor Schreck erstarrt, als der junge Erzherzog unbeholfen und linkisch aus der Kutsche kletterte und verlegen nach allen Seiten grüßte. König Maximilian I. Joseph und seine Gemahlin Auguste Friederike Wilhelmine konnten nur gute Miene beim jämmerlichen

Anblick ihres auserkorenen Schwiegersohnes machen, wollten sie nicht zu erkennen geben, wie deprimierend der Eindruck war, den Franz Karl auf sie machte. Sophie konnte sich vor Entsetzen kaum fassen. Ihre einzige Hoffnung in dieser schrecklichen Situation war ihre geliebte Mutter, die seit eh und je einen großen Einfluss auf ihren Gemahl gehabt hatte. Vielleicht würde sie noch das Unglück, das auf Sophie zukam, abwenden können.

Natürlich war sich auch der bayerische König bewusst, welchem Schicksal er seine Tochter aussetzte, wenn er diese Ehe zu Stande kommen ließ. Ein glückliches Leben stand Sophie sicherlich nicht bevor. Auf der anderen Seite aber gab es für den ersten bayerischen König vielfältige politische Überlegungen. Denn es war anzunehmen, dass der Nachfolger von Kaiser Franz, sein ältester Sohn Ferdinand, niemals in der Lage sein würde, Kinder zu zeugen, er war viel zu krank und – wie man munkelte – zeugungsunfähig. Ein Sohn Sophies mit Franz Karl würde die besten Chancen haben, Kaiser von Österreich zu werden. In den Adern des zukünftigen Monarchen würde dann zur Hälfte Wittelsbacher Blut fließen – für den neu ernannten König von Bayern eine verlockende Idee!

König Maximilian I. Joseph und seine Gemahlin befanden sich in einem Wechselbad der Gefühle. Schließlich siegte über alle persönlichen Überlegungen die Staatsraison: Sophie sollte Franz Karl ihr Ja-Wort geben und die Mutter einer neuen, hoffentlich lebenskräftigeren Dynastie werden.

Durch diesen Beschluss war das Schicksal Sophies besiegelt. Als das schöne Mädchen mit den dunkelbraunen Augen und den kunstvoll gedrehten Stoppellocken dem schmächtigen, unattraktiven Habsburger Erzherzog Franz Karl in der Augustinerkirche in Wien sehr zögerlich und mit leiser Stimme das erwartete Ja-Wort gab, überfiel so manchen der zahlreichen Hochzeitsgäste ein Gefühl tiefen Mitleids und niemand konnte sich nur im Entferntesten vorstellen, dass diese Frau einmal die Zukunft Europas beeinflussen sollte.

Denn keiner der Anwesenden konnte ahnen, wie stark dieses zierliche Mädchen war, das mit eisernem Willen versuchte, seinem Schicksal die Stirn zu bieten, ganz anders als ihre zukünftige Schwiegertochter Elisabeth, die sich von vornherein ins Abseits stellte.

Gestärkt durch eine glückliche Kinder- und Jugendzeit bemühte sich Sophie nach Kräften, sich am Wiener Hof einzuleben. Sie war an ein

fröhliches Familienleben in München gewöhnt gewesen, das sich nur wenig von dem der bürgerlichen Familien unterschied. Dies war in ganz München bekannt und dafür liebte man die Königsfamilie ganz besonders. Wie gewöhnliche Buben und Mädchen fuhren die Prinzen und Prinzessinnen in der offenen Kutsche durch die Stadt, grüßten und winkten lustig den Männern und Frauen zu, so manches freundliche Wort fiel dabei und jeder dachte bei sich, »ein Glück, dass wir hier in Bayern so eine leutselige Königsfamilie haben«. Besonders aber freute man sich, wenn man die entzückende Prinzessin Sophie und ihre nicht minder hübsche Schwester Ludovika in ihrem drolligen kleinen Wagen erblickte, vor den zwei Ponys gespannt waren und den die beiden Mädchen kunstvoll selber kutschierten. Der König fand nichts dabei, dass seine Kinder allein ausfuhren und überall selber Hand anlegten. Eines allerdings verlangte der königliche Vater ohne jedes Pardon: absolute Pünktlichkeit von all seinen Sprösslingen. Und er konnte sehr ungehalten werden, wenn man diese Forderung nicht beachtete. Sophie übernahm diese Eigenschaft in ihr Lebenskonzept. Dabei versuchte sie nicht nur ihren Mann zur Pünktlichkeit zu bewegen, sondern sie erzog ihre Söhne ebenfalls in diesem Sinne. Nur bei ihrer Schwiegertochter Elisabeth musste sie beinahe kapitulieren, denn für eine Tochter von Herzog Max in Bayern schien es keine Uhren und keine festgelegte Zeit zu geben!
Viele grundlegende charakterliche Unterschiede sollten später zwischen Schwiegermutter und Schwiegertochter zu den unendlichen Reibereien führen, die in ganz Europa publik wurden. Hatte sich Sophie gleich von Anbeginn in Wien ein Betätigungsfeld gesucht, so zog sich Sisi in ihr Schneckenhaus zurück und gab sich ganz ihrem – wie sie glaubte – Unglück hin, Kaiserin sein zu müssen. Sophie hingegen liebte Abwechslung und Gesellschaft, auch wenn diese manchmal nur aus älteren Männern wie Fürst Metternich oder dem Wiener Kardinal Rauscher bestand. Sophie erkannte schon bald, welch großer Geist in beiden Männern steckte, wenn dieser auch nicht mehr der Zeit entsprach. Denn in ihrer jugendlichen Bewunderung merkte sie nicht, dass beide nichts anderes im Sinne hatten, als das Rad der Geschichte zurückzudrehen, die Ergebnisse einer Französischen Revolution ad acta zu legen und Politik zu machen, als hätte es diesen großen Aufschrei in Frankreich nie gegeben. Zurück zu den Zuständen vor 1789, das war eine Devise, die Fürst Metternich unter allen

Umständen in die Tat umsetzen wollte. Bei Kaiser Franz I. hatte er leichtes Spiel gehabt. Der Monarch hatte dem Polizeispitzelstaat, den der Kanzler aufgebaut hatte, nicht den geringsten Widerstand geleistet. Ohne sich um das zu kümmern, was in Österreich geschah, lebte Franz sein beschauliches Leben im Kreise der Familie und beschäftigte sich mit seinen Steckenpferden.

Sophie war wahrscheinlich zu jung, um die Gefahren zu erkennen, die eine Denkungsweise wie die Metternichs für ihr ganzes zukünftiges Leben brachte. Dem Einfluss des Kanzlers konnte sie sich nie mehr entziehen und übertrug alles, was ihr ein Metternich gepredigt hatte, auf ihren ältesten Sohn, auf Franz, den sie erst nach großen Schwierigkeiten zur Welt gebracht hatte.

Dass endlich der ersehnte Sohn in der Wiege lag, grenzte für die junge Mutter beinahe an ein Wunder, denn einige Fehlgeburten gingen diesem freudigen Ereignis voraus. Sophie hatte ihr ganzes Leben auf Anraten der Ärzte verändern müssen, damit es endlich zur Geburt des Sohnes kommen konnte. Man glaubte nämlich, dass frische Luft und Bewegung einer werdenden Mutter schaden könnten, daher schloss man die Zimmer, in denen Sophie monatelang liegen sollte, beinahe hermetisch ab, etwas, was die Erzherzogin besonders hart ankam, war sie doch von Jugend auf daran gewöhnt, sich tagtäglich in der freien Natur ausgiebig zu bewegen. Aber allein die Tatsache, dass es so lange gedauert hatte, bis man bei ihr die erste Schwangerschaft festgestellt hatte, ließ sie all ihre persönlichen Wünsche vergessen, so sehr konzentrierte sie sich auf das zu erwartende Kind. Dabei kam es allerdings in Wien zu allerlei oft böswilligen Gerüchten, denn man konnte sich nicht erklären, dass eine junge blühende Frau nicht schon nach den ersten Ehemonaten in anderen Umständen war. Wenn man jedoch den phlegmatischen Ehemann betrachtete, so schien die Erklärung für die lange Kinderlosigkeit auf der Hand zu liegen. Als dann aber aus dem Kaiserhaus die freudige Botschaft verbreitet wurde, kochte die Gerüchteküche beinahe über. Denn nicht umsonst, so dünkte es manchem, warf Sophie sehr ungeniert dem feschen schwedischen Prinzen Gustav Wasa, in dessen Begleitung man die junge Frau des Öfteren in der geschlossenen Kutsche erspähen konnte, verliebte Blicke zu. Der Prinz war ein Mann wie aus dem Bilderbuch, galant und verführerisch. Was wäre also dabei gewesen, hätte Sophie sich ein paar amouröse Stunden mit

diesem Herzensbrecher gegönnt! Die Folgen wären sicherlich für das vor Inzucht strotzende Kaiserhaus durch die Blutauffrischung auch nicht zu verachten gewesen.
Als zweiter möglicher Vater ihrer beiden Söhne Franz und Ferdinand Maximilian galt für viele Wiener der »deliziöse Reichstadt«, der Sohn Napoleons, der seit vielen Jahren am Kaiserhof lebte. Obwohl er reichlich jünger war als seine angeheiratete Tante, hätte es durchaus sein können, dass aus der harmlosen Freundschaft, die die beiden verband, mehr geworden wäre. Immerhin hatte man das ungleiche Paar auf den diversen Bällen schwungvoll miteinander tanzen und heftig flirten gesehen.
Weniger klatschsüchtigen Wienern schien aber die Annahme einleuchtend, dass Sophie nach einer Badekur in Ischl in andere Umstände gekommen war, da man dem Ischler Wasser alle möglichen Heilwirkungen zuschrieb. Die diversen Vermutungen allerdings, die in Wien kursierten, wurden auch dadurch genährt, dass der kleine Sohn Franz so gar nicht seinem habsburgischen Vater ähnlich sah. Er war ein entzückendes Kind, das die Herzen seiner Umgebung im Sturm eroberte. Seine Geburt wurde als großartiges Fest von Seiten des Kaiserhauses gefeiert, am glücklichsten aber war die Mutter, für die nun endlich die Zukunft hoffnungsvoll aussah. Denn von Anfang an hatte sich Sophie vorgenommen, Franz als den zukünftigen Kaiser aufzubauen. Es war für sie nicht schwer zu erkennen gewesen, dass der Nachfolger ihres Schwiegervaters, der schwer kranke Ferdinand, wohl kaum in der Lage sein würde, die Bürde der Macht zu übernehmen. Als jedoch Franz I. im Jahre 1835 die Augen für immer schloss, war es beinahe eine Selbstverständlichkeit, dass ihm sein ältester Sohn Ferdinand auf den Thron folgte, ob er konnte oder nicht. Diese politische Unsinnigkeit musste zwangsläufig zu großen inneren und äußeren politischen Schwierigkeiten führen, unterstützt noch durch die Tatsache, dass sich der alternde Metternich immer starrer verhielt und die kritischen Töne, die da und dort vernehmbar wurden, einfach zu überhören schien.
Es waren zunächst nicht die in größter Armut dahinvegetierenden Arbeiter, die auf die Barrikaden stiegen, die Studenten machten sich zum politischen Sprecher und forderten eine politische Umstrukturierung. Was in den Anfängen noch beherrschbar gewesen wäre, entwickelte sich zu einem revolutionären Sturm, der die Kaiserfamilie

zwang, beinahe bei Nacht und Nebel aus Wien zu fliehen und im sicheren Innsbruck Zuflucht zu suchen, wollte sie sich nicht größeren Gefahren aussetzen. Auch Metternich verließ die Stadt, in der er Jahrzehnte hindurch die Macht in Händen gehabt hatte, fast wie ein Bettler. Verkleidet, um nicht erkannt zu werden, schlich er sich über eine Hintertreppe aus der Hofburg. Welch ein Ende dieses einst so mächtigen Mannes!

In dieser für die Monarchie kritischen Situation behielt Sophie als eine der wenigen klaren Kopf, sie wusste genau, was sie wollte.

Die Wiener hatten, nachdem man zu dem Schluss gekommen war, dass der Kaiser in die Hauptstadt gehörte, eine Abordnung nach Tirol geschickt um Ferdinand und seine Familie zurückzuholen. Dabei hatte sich die Lage in Wien keineswegs beruhigt, im Gegenteil: Man hatte eine Art Parlament eingesetzt, das in Kremsier tagte und eine neue Verfassung ausarbeiten sollte. Das Volk verlangte nach mehr Rechten und vor allem auch nach Mitsprache bei politischen Entscheidungen. Die Situation erschien Erzherzogin Sophie, der Einzigen in der Familie, die politisch zu denken vermochte, absolut brenzlig. Wie leicht konnte es sein, dass Ferdinand, der Trottel – wie er von den Wienern liebevoll spöttisch genannt wurde –, tatsächlich die Flinte ins Korn werfen und eine Abdankungsurkunde unterzeichnen würde. Das Ende der uralten Habsburgermonarchie schien zum Greifen nahe!

Jetzt galt es für die Erzherzogin, rasch zu handeln. Ihr eigener Mann, um dessen Zukunft es bei dem politischen Roulette gehen sollte, machte ihr genauso wenig Schwierigkeiten wie ihr Schwager Kaiser Ferdinand. Ihr Plan war ausgeklügelt und einsichtig: Franz, ihr ältester Sohn, der bestens auf das Herrscheramt vorbereitet war, sollte nach der freiwilligen Abdankung seines Onkels Ferdinand zum Kaiser gekrönt werden. Sophie brachte in diesen Monaten, in denen sie dieses zukunftsorientierte Spiel vorbereitete, das größte Opfer ihres Lebens. Sie würde an der Seite ihres Mannes niemals Kaiserin werden, sondern immer nur die Mutter des Kaisers bleiben.

Am 2. Dezember 1848 hatte die bayerische Prinzessin ihr Lebensziel erreicht. In der mährischen Stadt Olmütz wurde ihr 18-jähriger Sohn Franz, der sich ab diesem Zeitpunkt Franz Joseph nannte, in feierlicher Zeremonie zum Kaiser gekrönt.

Der junge Kaiser ging von Anfang an mit Feuereifer an seine neue

Aufgabe. Gewissenhaft, wie er von Kindheit an war, versuchte er das Beste für die Monarchie zu erreichen, wobei er zu unerfahren war und daher nicht wissen konnte, dass die Berater, die ihm seine Mutter an die Seite gestellt hatte, keineswegs Männer mit Weitblick und Visionen waren, wie sie in dieser wirren Zeit vonnöten gewesen wären. In den Jahren am Wiener Kaiserhof war Sophie konservativ rückschrittlich geworden, sodass sie niemals Ratgeber ausgewählt hätte, die tatsächlich den Staat in eine moderne Zeit geführt hätten. Dem jungen Kaiser war nicht einmal ein Vorwurf zu machen, dass er auf die Vorschläge hörte, die ihm gemacht wurden und die teilweise unendliche Schwierigkeiten vor allem mit den Ungarn nach sich zogen. Nur mit Hilfe der Russen war es nämlich Franz Joseph möglich gewesen, die Aufstände im ganzen Land mit brutaler Gewalt niederzuschlagen, und seine Mutter unterstützte ihn mit ihrem Hass gegen alles Ungarische, keine Gnade den Verschwörern gegenüber walten zu lassen. Allzu sehr ließ sich Sophie von ihren Abneigungen und Vorlieben leiten, wodurch auch ihr Sohn in jeder Hinsicht beeinflusst wurde.

Vielleicht war es Erzherzogin Sophie tatsächlich ernst mit dem Vorsatz gewesen, sich zusammen mit ihrem Mann nach der Krönung des Sohnes nach Innsbruck zurückzuziehen. Immerhin hatte sie all ihre Pläne umsetzen können und hätte sich allmählich ein beschaulicheres Leben verdient. Aber noch gab es für sie – so empfand sie es zumindest – jede Menge zu tun. Sie musste ihrem »Franzi« bei allen Gelegenheiten den Rücken stärken und der gute Sohn nahm die Ratschläge seiner Mutter freudig an und auf. Für den jungen Kaiser war es beruhigend zu wissen, dass er sich auf die liebe Mama in allen Situationen blind verlassen konnte. Er war abhängig von der Erzherzogin und ihren Ansichten.

Dass die »liebe Mama« sich jedoch in seine privateste Angelegenheit einmischen und sein Lebensglück zerstören würde, das konnte Franz Joseph nicht voraussehen. Denn er hatte sich entschlossen, nicht die von der Mutter vorgeschlagene Cousine Helene, die Tochter des Herzogs Max in Bayern, zu ehelichen, sondern deren reizende kleine Schwester Elisabeth. Er traf diese Entscheidung gegen den Willen der Mutter, die in der 16-jährigen Sisi einen unreifen Fratzen erblickte, den es nach den habsburgischen Traditionen zu erziehen galt.

Dass Sophie in ihren Vorstellungen, aber auch in ihren Methoden

weit über die Stränge schlug, erkannte Franz Joseph viel zu spät. Er liebte seine junge Frau vom ersten Augenblick des Kennenlernens von ganzem Herzen und wünschte sich nichts Sehnlicheres als einen Ausgleich der beiden so verschiedenen Frauen. Aber keine Seite zeigte sich kompromissbereit: Sophie konnte sich eine unkonventionelle, mimosenhaft empfindliche Träumerin als Kaiserin von Österreich nicht vorstellen und Elisabeth wehrte sich mit allen ihr zur Verfügung stehenden Mitteln, sich in das habsburgische Korsett pressen zu lassen, das ihre Schwiegermutter für sie angefertigt hatte. Es gab zwischen den beiden grundverschiedenen Frauen keine Gesprächsbasis, keinen Weg, auf dem man hätte gemeinsam gehen können. Zwei Welten standen einander gegenüber, die doch einst eine gemeinsame Basis gehabt hatten: Sisi war die Tochter von Sophies Schwester Ludovika. In München waren die Wurzeln für beide zu suchen, die sich in so verschiedene Richtungen ausgebreitet hatten. Durch den unterschiedlichen Werdegang der beiden Schwestern – beide waren mit ihren Ehemännern nicht glücklich geworden – hatte sich der völlig konträre Stil der Kindererziehung ergeben. Während Sophie den Sohn und auch dessen Geschwister zu pflichteifrigen, pünktlichen, arbeitsamen Menschen erzogen hatte, lebten die Kinder Ludovikas mehr oder weniger in den Tag hinein. Sowohl Sophie musste Ludovika verständnislos gegenüberstehen als auch die Schwiegermutter der Schwiegertochter. Was aber Sophie von allem Anfang an von einer Gemahlin ihres Sohnes Franz Joseph gefordert hatte, war, dass diese Frau eine würdige Kaiserin der Monarchie sein sollte, eine echte Stütze ihres Mannes in allen politischen Belangen. Wie konnte ein naturbelassenes Mädchen wie Sisi diese Pflichten je erfüllen? Auch Franz Joseph, der zwischen den beiden Frauen stand, die er liebte, musste erkennen, dass es niemals zu einer Annäherung der Standpunkte kommen konnte.
Als die Kinder geboren wurden, bestand die Erzherzogin auf den bisher üblichen Traditionen, dass die Kinder nicht bei den Eltern bleiben durften, sondern unter ihren Fittichen erzogen werden sollten. Denn alle Kaiserkinder hatten bisher Ajos und Ajas, da die Eltern mit dem »Regieren« beschäftigt waren und sich nicht um die Betreuung der Kinder kümmern konnten.
Für die junge Elisabeth war es ein schwerer Schock, als man ihr die Kinder wegnahm, sie konnte nicht einsehen, dass sie als Kaiserin

andere wichtigere Pflichten zu erfüllen hatte. Als halbes Kind, das Elisabeth nach der Geburt ihrer ersten Tochter war, hatte sie ihre Rolle als Mutter wahrscheinlich illusionistisch gesehen. Dabei zog sie die habsburgischen Traditionen überhaupt nicht ins Kalkül, sodass es ihr als reine Böswilligkeit der Schwiegermutter vorkam, dass man ihr ihre eigenen Kinder entfremdete. Franz Joseph war viel zu schwach, um ein Machtwort gegen seine Mutter zu Gunsten seiner Frau zu sprechen, er war nicht in der Lage, einen Trennungsstrich zwischen seiner Familie und der Mutter zu ziehen.

Je länger Elisabeth am Wiener Hofe weilte, umso mehr fiel sie in eine Apathie. Es mussten schon gravierende Dinge passieren, dass sie aus ihrer Lethargie gerissen wurde, dass sie sich aufraffte, um der alles bestimmenden Schwiegermutter Paroli zu bieten. Unverständlicherweise hatte Sophie im Einverständnis mit ihrem Sohn Franz Joseph für ihren Enkel Rudolf einen Erzieher ausgewählt, der das Kind nicht nur mit überstrengen Maßnahmen traktierte, sondern es auch auf sadistische Art und Weise quälte. Für den übersensiblen, intelligenten Rudolf bedeuteten die Methoden, die Graf Gondrecourt anwandte, eine Katastrophe, die sich Jahre später auswirken sollte.

Die Gelegenheiten, ihre Kinder zu sehen, waren für Elisabeth immer seltener geworden. Sie hatte sich nach dem plötzlichen Tod ihrer kleinen Tochter Sophie in tiefer Trauer zurückgezogen, von Schuldgefühlen gepeinigt. Denn die Schwiegermutter hatte ihrem Sohn abgeraten, die Kleinkinder mit auf eine Reise nach Ungarn zu nehmen. Elisabeth aber hatte ganz gegen ihre sonstige Gewohnheit ihren Willen bei ihrem Mann durchgesetzt, sodass die kleine Sophie zusammen mit ihrer Schwester Gisela mit den Eltern mitfuhr. Das Schicksal wollte es, dass die Kinder an einer bösartigen Darminfektion erkrankten, wobei die robustere Gisela alles gut überstand, Sophie aber in den Armen der Eltern starb.

Die Schwiegermutter machte der gebrochenen Elisabeth zwar keine Vorwürfe, aber diese fühlte, dass alles anders gekommen wäre, hätte sie auf die Ratschläge der Erzherzogin gehört. Elisabeth schien am Boden zerstört. Mehr denn je suchte sie die Einsamkeit um sich mit Selbstvorwürfen zu quälen. Mit Sorge sah man am Kaiserhof, wie die schöne junge Frau immer mehr verfiel, bleich und abgehärmt aussah und zu husten begann. Die Ärzte wussten schließlich keinen anderen Rat mehr, als dem Kaiser nahe zu legen, seine Frau zur Kur

auf die Insel Madeira zu schicken, wo sie in dem milden Klima völlig gesunden sollte.
Für Elisabeth, die sich in der Fremde gut erholte, begann damit ein neues Leben, die Tage, die sie am Wiener Hof verbrachte, wurden immer weniger. Sie sah in den ständigen Reisen die einzige Möglichkeit, zu sich selbst zu finden, ein eigenständiges Leben zu führen und der verhassten Schwiegermutter zu entkommen, die ohnedies nach wie vor das Regiment führte, obwohl Elisabeth bei Franz Joseph durchgesetzt hatte, dass die Gemächer der Kinder in ihrer Nähe sein sollten. Außerdem bewirkte sie die Entlassung Gondrecourts, als sie bei einem kurzen Aufenthalt in Ischl erkannt hatte, wie psychisch geschädigt ihr einziger Sohn auf sie wirkte. Damals hatte sie ihrem Mann ein Ultimatum gestellt, wobei sie nicht nur die Abberufung des sadistischen Erziehers von Rudolf forderte, sondern sämtliche Erziehungsgewalt über ihre beiden Kinder. Sollte Franz Joseph ihre Wünsche nicht erfüllen, so drohte ihm Elisabeth mit dem Abbruch jeglichen intimen Beisammenseins.
Trotz der manifesten Forderung nach mehr Erziehungsrechten schwand das Interesse an den Kindern und an deren Erziehung im Laufe der Zeit immer mehr. Erst als sie nach dem politischen Ausgleich mit Ungarn noch eine Tochter zur Welt brachte, erwachten ihre wahren Muttergefühle. Denn dieses Kind gehörte ihr ganz allein, ihre Schwiegermutter stellte auf diese Tochter keine Ansprüche mehr. Wäre zwar Marie Valerie ein Sohn gewesen, wäre es wahrscheinlich aufs Neue zu einer schweren Konfrontation der beiden Frauen gekommen. So aber überließ Erzherzogin Sophie das Kind Elisabeth.
Je mehr Zeit ins Land ging, umso mehr nahm der Einfluss der Kaisermutter ab. Franz Joseph umgab sich mit eigenen Beratern, die allerdings auch keine modernere Politik propagierten. Sophie erkannte die Situation und zog die Konsequenzen. Sie hatte den Sohn geleitet und dorthin geführt, wo sie ihn haben wollte. Jetzt konnte sie ein beschauliches Privatleben im Familienkreis führen. Da die Schwiegertochter meist außer Landes war und sich um ihre Kinder nach wie vor nicht kümmerte, genossen Gisela und Rudolf die gemütlichen Stunden in den Gemächern der Großeltern. Hier traf man sich gerne zum gemeinsamen Tee, plauderte und amüsierte sich über die kleinen Wortgefechte zwischen Erzherzogin Sophie und ihrem

immer schwerhöriger werdenden Gemahl, der bei der Redegabe seiner Frau nicht die geringste Chance hatte. Sie lebten nach wie vor nebeneinander her ohne viel füreinander zu empfinden, aber auch ohne Hass und Groll aufeinander – beide wurden alt.
Nur einmal noch mischte sich Erzherzogin Sophie in die internationale Politik, als es darum ging, eine Vereinbarung zwischen dem Kaiser und dem Hl. Stuhl zu treffen, die ganz im Sinne der beinahe bigotten Sophie war. Obwohl Franz Joseph im christlichen Sinn erzogen war und auch dies ein Leben lang zur Schau stellte, wäre das Konkordat mit dem Vatikan wahrscheinlich nicht in dieser Form zu Stande gekommen, hätte die Erzherzogin nicht ihre Hände im Spiel gehabt. Inwieweit sie auch ihren jüngeren Sohn Maximilian beeinflusst hatte, sich eine Position in Europa zu verschaffen, ist nicht ganz geklärt. Denn dieser zweifelsohne begabtere Sohn stand stets im Schatten seines älteren Bruders Franz Joseph, der von klein auf eine gewisse Eifersucht auf seinen Bruder Maximilian verspürte. Vielleicht erkannte Franz Joseph schon sehr bald die Fähigkeiten seines Bruders oder aber er sah, wie die geliebte Mutter Maximilian des Öfteren ihm vorzog. Dabei wusste der Kaiser ganz genau, dass Maximilian kaum irgendwelche politische Chancen in Europa haben würde. Nur er als Kaiser hätte ihn mit Aufgaben betrauen können, die dem Bruder ein befriedigendes Leben in der Heimat ermöglicht hätten. Dies aber hatte Franz Joseph niemals vorgehabt. Daher musste Maximilian, wollte er nicht das übliche Drohnendasein eines Erzherzogs führen, irgendeine Initiative ergreifen, um eine politische Stellung zu erlangen. So war es nur logisch, dass er das Angebot des französischen Kaisers Napoleon III. annahm Kaiser von Mexiko zu werden und damit sein katastrophales Schicksal besiegelte. Der tragische Tod Maximilians traf Sophies Lebensnerv. Als man ihr die blutbefleckte Decke, in die man den Leichnam Maximilians unmittelbar nach der Erschießung im Jahre 1867 gewickelt hatte, überreichte, brach die Mutter zusammen. Man hatte in ihren Augen nicht nur ihren Lieblingssohn getötet, durch diese Tat war auch das Haus Habsburg für alle Zeiten gedemütigt worden.
Nach diesem Schreckensjahr kränkelte Sophie dahin, wobei sie immer wieder versuchte ihre Leiden zu verbergen. Aber jeder, der sie zu Gesicht bekam, erkannte, dass all ihre Lebenskraft geschwunden war, dass sie eigentlich nur mehr ihre Ruhe haben wollte. Aus

der dynamischen Frau von einst war eine beschauliche alte Frau geworden, die kaum mehr wiederzuerkennen war. Auch ihrer Schwiegertochter gegenüber verhielt sie sich immer zurückhaltender. Die Feindschaft der beiden Frauen, die in ihrem Charakter und in ihrer Lebenseinstellung so grundverschieden waren, war einer gewissen Gleichgültigkeit gewichen. Man suchte den Kontakt nicht, wenn er sich aber nicht vermeiden ließ, dann ging man sich auch nicht aus dem Weg.

Das Ende Sophies kam schneller als erwartet. Nach einer Theateraufführung wollte die Erzherzogin noch etwas Luft schnappen. Sie setzte sich in der Dunkelheit auf ihren Balkon und schlief in der Kühle der Nacht ein. Als sie nach Stunden schlotternd vor Kälte aufwachte, hatte sie sich eine schwere Verkühlung zugezogen, die für sie todbringend sein sollte. Als die kaiserliche Familie nach Aussagen der Ärzte wusste, dass keine Rettung mehr für die Kaisermutter bestand, versammelten sich alle Mitglieder an ihrem Sterbebett. Man hatte die Kerzen um ihr Lager angezündet, stundenlang hielt man Wache und flehte zu Gott um eine rasche Erlösung der Sterbenden. Auch Elisabeth war aus Südtirol eingetroffen, um ihrem Mann in dieser traurigen Stunde beizustehen. Der Tod vermochte auch für sie die leidvolle Erinnerung auszulöschen, die sie beinahe ein Leben lang mit ihrer Schwiegermutter verbunden hatte.

Maximilian IV. (I.) Joseph
1756–1825
1. ⚭ Wilhelmine von Hessen Darmstadt 1765–1796
2. ⚭ Karoline von Baden 1776–1841

Ludwig I.
1786–1868
⚭ Therese v. Sachsen-Hildburghausen 1792–1854

Sophie
1805–1872
⚭ Ehg Franz Karl
1802–1878

Ludovika
1808–1892
⚭ Maximilian
Herzog in
Bayern
1808–1888

Maximilan II. Joseph
1811–1864
⚭ Marie Friederike v. Preußen 1825–1889

Ludwig II.
1845–1886

Ludwig Wilhelm
»Louis«
1831–1920

Wilhelm Karl
1832–1933

Helene
1834–1890

Carl Theodor
1839–1909

Marie Sophie
1841–1925

Mathilde
1843–1925

Maximilian
1845

Sophie Charlotte
1847–1910

Maximilan
Emanuel
1849–1893

Franz Joseph
Kaiser v. Österreich
1830–1916

⚭

Elisabeth
1837–1898

Sophie Friederike
1855–1857

Gisela
1856–1932

Ehg. Rudolf
1858–1889

Marie Valerie
1868–1924

Ausgewählte Literatur

Andics, Hellmut: Die Frauen der Habsburger, Wien/München/Zürich 1969
Bankl, Hans: Die kranken Habsburger, Wien 1998
ds.: Woran sie wirklich starben, Wien/München/Bern 1989
Bestenreiner, Erika: Sisi und ihre Geschwister, München 2002
Bismarck, Otto von: Gedanken und Erinnerungen, München o. J.
Böhm, Gottfried: Ludwig II. König von Bayern, Berlin 1924
Bosl, Karl: Bayerische Biographien, Regensburg 1983
ds.: Bayerische Geschichte, München 1980
Corti, Egon Cäsar Conte: Elisabeth. Die seltsame Frau, Salzburg 1934
Dallmeier, Martin u. a.: Dieser glänzende deutsche Hof. 250 Jahre Thurn und Taxis in Regensburg, Regensburg 1998
Dallmeier, Martin/Schad, Martha: Das fürstliche Haus Thurn und Taxis, Regensburg 1996
Dickinger, Christian: Die schwarzen Schafe der Wittelsbacher, Wien 2003
Dreyer, Alois: Herzog Maximilian in Bayern, München 1909
Flesch-Brunningen, Hans: Die letzten Habsburger in Augenzeugenberichten, Düsseldorf 1967
Gebhard, Heinz: König Ludwig II. und seine verbrannte Braut. Unveröffentlichte Liebesbriefe Prinzessin Sophies an Edgar Hanfstaengl , o. O. u. o. J.
Goldner, Johann: Bayerische Herzöge, München o. J.
Görlitz, Walter: Franz Joseph und Elisabeth. Die Tragik einer Fürstenehe, Stuttgart 1938
Grein, Edir (Hg.): Tagebuchaufzeichnungen von Ludwig II., König von Bayern, Schaan/Liechtenstein 1925
Größing, Sigrid-Maria: Zwei Bräute für einen Kaiser, Regensburg 1999
ds.: Kaiserin Elisabeth und ihre Männer, Wien 1998
ds.: Kronprinz Rudolf. Freigeist – Herzensbrecher – Psychopath, Wien 2000
ds: Mord im Hause Habsburg, Wien 2001
ds.: Starke Frauen – schwache Männer, Wien 1995
Grunwald, Konstantin von: Ludwig II. Die dramatische Geschichte eines Märchenkönigs, Genf/Paris 1986
Hamann, Brigitte: Elisabeth – Kaiserin wider Willen ,Wien/München 1982
ds: Rudolf – Kronprinz und Rebell, Wien/München 1978
ds.: Kaiserin Elisabeth – Das poetische Tagebuch, Wien 1984
ds.: Kronprinz Rudolf – Majestät, ich warne Sie. Geheime und private Schriften, Wien 1979
ds. (Hg.): Die Habsburger. Ein biographisches Lexikon, Wien 1988
Hantsch, Hugo: Die Geschichte Österreichs, 1618–1916, Graz 1937
Haslip, Joan: Elisabeth von Österreich, München 1966
Herre, Franz: Ludwig II., München 1986
ds.: Kaiser Franz Joseph von Österreich, Köln 1978
Holler, Gerd: Sophie. Die heimliche Kaiserin, Wien/München 1993
Holzer, Franz: Der Fluch über dem Hause Habsburg, München 1981
Hubensteiner, Benno: Bayerische Geschichte, München o. J.
Judtmann, Fritz: Mayerling ohne Mythos, Wien 1982
Kobell, Luise v.: Unter den vier ersten Königen Bayerns, München 1894
Kuhn, Annette/Rüsen, Jörn (Hg.): Frauen in der Geschichte, Düsseldorf 1982
Lehrmann, Hilde: Die Braut des Märchenkönigs. Sophie von Wittelsbach, München 1997
Mann, Golo: Ludwig I. von Bayern, Frankfurt am Main 2000
McGuigan, Dorothy Gies: Familie Habsburg, Wien 1967
Mehler, J. B. Das fürstliche Haus Thurn und Taxis in Regensburg, Regensburg o. J.

Mitis, Oskar Freiherr v.: Das Leben des Kronprinzen Rudolf, Leipzig 1928, neu herausgegeben von Adam Wandruszka, Wien 1971
Nostitz-Rieneck, G.: Briefe Kaiser Franz Josephs an Kaiserin Elisabeth, Wien 1966
Palmer, Alan: Metternich, Düsseldorf 1972
Petacco, Arrigo: Die Heldin von Gaeta, Graz/Wien/Köln 1994
Piendl, Max: Thurn und Taxis, 1517–1867, Regensburg 1967
Rauh, Reinhold: Lola Montez. Die königliche Mätresse, München 1996
Rall, Hans und Marga: Die Wittelsbacher in Lebensbildern, Graz/Wien/Köln 1986
Rall, Hans/Petzel, M.: Ludwig II. in Augenzeugenberichten, Düsseldorf 1966
Redlich, Joseph: Kaiser Franz Joseph von Österreich, Berlin 1928
Redwitz, Marie v. : Hofchronik 1888–1921, München 1924
Reger, K.-H.: Bayerns verkaufte Prinzessinnen, Pfaffenhofen 1988
Schad, Martha: Kaiserin Elisabeth und ihre Töchter, München 1997
ds.: Elisabeth von Österreich, München 1998
ds.: Martha: Bayerns Königinnen, Regensburg 1992
ds.: Frauen, die die Welt bewegten, Augsburg 1997
Schad, Martha und Horst (Hg.): Marie Valerie – Das Tagebuch der Lieblingstochter von Kaiserin Elisabeth, München 1998
Schnürer, Hans (Hg.): Briefe Kaiser Franz Josephs an seine Mutter, 1838–1872, Wien o. J.
Schrott, Ludwig: Herrscher Bayerns, München 1974
Sexau, Richard: Fürst und Arzt, Graz/Wien/Köln 1963
Sokop, Brigitte: Jene Gräfin Larisch, Wien/Köln/Graz 1985
Spindler, Max: Handbuch der bayerischen Geschichte, Bd. 4, München 1975
Stephanie von Belgien, Fürstin von Lonyay: Ich sollte Kaiserin werden, Leipzig 1935
Szeps, Julius: Kronprinz Rudolf, Politische Briefe an einen Freund, Wien/München/Leipzig 1922
Sztaray, Irma: Aus den letzten Jahren der Kaiserin, Wien 1909
Vogel, Juliana: Elisabeth von Österreich. Momente aus dem Leben einer Kunstfigur, Wien 1992
Wallersee-Larisch, Marie Louise: Kaiserin Elisabeth und ich, Leipzig 1935
ds.: Meine Vergangenheit, Berlin 1935
Weissensteiner, Friedrich: Frauen um Kronprinz Rudolf, Wien 1991
ds.: Mein lieber Rudolf, Wien 1993
Witzleben, H. v./Vignau, I. v.: Die Herzöge in Bayern. Von der Pfalz zum Tegernsee, München 1976
Zöllner, Erich: Geschichte Österreichs, Wien 1961

Internet:
www.gen.heinz-wember.de/wittelsbacher/MaxB1808.htm
www.kaiserinelisabeth.de/geschwister.htm
www.ludwig.evelynn.de/verlobung.htm
www.sophie-von-alencon.de.vu